金ピカ時代の日本人

狂騒のニッポン｜1981年〜1991年

目次

装丁◉長山良太
写真◉須田慎太郎

まえがきにかえて——『フォーカス』創刊の頃

◉三木淳先生との出会い

　一九八〇年（昭和五十五年）三月に大学を卒業した私は、多くの友人が就職する中で、なんの疑いもなくフリーランスの写真家になる道を選んだ。自分自身のはっきりした将来像を見据えていたわけではなかったが〝明日は河原乞食〟といわれるフリーランス、「大変な道を選んでしまったかな」という、武者震いのようなものを全身に感じていたことだけは覚えている。
　もちろん、まったくの徒手空拳というわけではなかった。私の師である三木淳先生の紹介によって、卒業する前から既に日本コカ・コーラ社が発行している『爽《さわやか》』というPR誌をはじめ、複数の雑誌の仕事をさせてもらっていた。脆弱ではあったが、フリーランスとして踏み出すための土台みたいなものができ上がっていたわけである。もっとも、仕事を紹介した三木先生からすると、『ウォンテッド』という個展を銀座ニコンサロンで開くなど、学生としては目立っていた私を、フリーのプロ写真家になれるかどうか試す意味もあったようだ。また、三木先生は「あいつは組織に入ってやっていけるような人間じゃないからオレが面倒見るしかない」と私の友人に語っていたらしい。確かに私の性格は、良く言えばでしゃばりで目立ちたがりというフリー向き、悪く言うと自分勝手で協調性に欠けていた。

三木淳
一九一九年岡山県倉敷市生まれ。日本における報道写真の第一人者。慶應義塾大学経済学部卒。在学中から土門拳およびグラフィックデザイナーの亀倉雄策に師事。卒業後、野村貿易勤務中に招集を受けて陸軍に入隊。戦後まもなく名取洋之助の誘いを受けてサンニュース・フォトス社に入社。その後INP通信社時代にシベリア抑留の旧陸軍将兵を乗せた引き揚げ再開の第一船高砂丸帰還を舞鶴で取材し、米『LIFE』誌に「JAPAN'S "RED ARMY" GETS BACK HOME」と題して掲載され、タイム・ライフ社に正式入社。「マッカーサー元帥東京を去る」「日本の皇太子」等、数々の話題作を発表。中でもサンフランシスコ講和条約調印時に撮影した「葉巻をくわえた吉田茂首『アエラ』相」は大きな反

また、その頃お付き合いをさせていただいていた女性との自業自得的な別れがあった。朝方目覚めると、隣に寝ているはずのその彼女が、正座して背中をこちらに向けていた。薄暗いなかに凛として美しいと感じたのも束の間、その彼女が「N子ってだれ?」と振り向きもせず、迫るような低い声で言い放った。私がたじろいだ瞬間、彼女が首だけ回し「寝言でN子、N子って言ってたわよぅ」と探るようにおっしゃった。グゥの音も出なかった。ほかの女性に愛されていることが寝言でバレてしまったのだ。その彼女の冷ややかな目は「これっきりです」と語っていた。

三木先生は日本報道写真の先駆者であるが、私が大学二年の時に日本大学の教授に就任し、芸術学部写真学科で教鞭を執るようになっていた。当時の私は三木先生の経歴を詳しく知っていたわけではなかったが、すごい写真家だということぐらいは認識していた。初めてその姿を見かけた時、三木先生は人間離れしたオーラに包まれていた。それまで経験したことのない三木淳という人物を包んでいたイメージに、ビックリ仰天したことを今でもはっきり覚えている。私にとっては、まさに運命的な出会いだった。

大学四年になった時、『爽』のデザインを担当している山岡茂氏に『月刊プレイボーイ日本版』の編集部を紹介していただいた。『月刊プレイボーイ日本版』は、男性垂涎のグラマラスなブロンド女性や日本のトップ女優・モデルのフルヌード写真が掲載され、文章と写真を使ったドキュメンタリーも傑出していた。当時の『月刊プレイボーイ』は百万部を超えるほどの人

響を呼んだ。タイム・ライフ社退社後はフリーとして活躍。フォトジャーナリストとして海外からも高い評価を受ける。講談社写真賞、日本写真協会年度賞、同功労賞、紫綬褒章、勲三等瑞宝章を受賞(章)する。日本写真家協会会長、日本写真作家協会会長、土門拳記念館館長、日本大学教授、ニッコールクラブ会長を歴任。一九九二年逝去。享年七十二歳。正五位叙位。

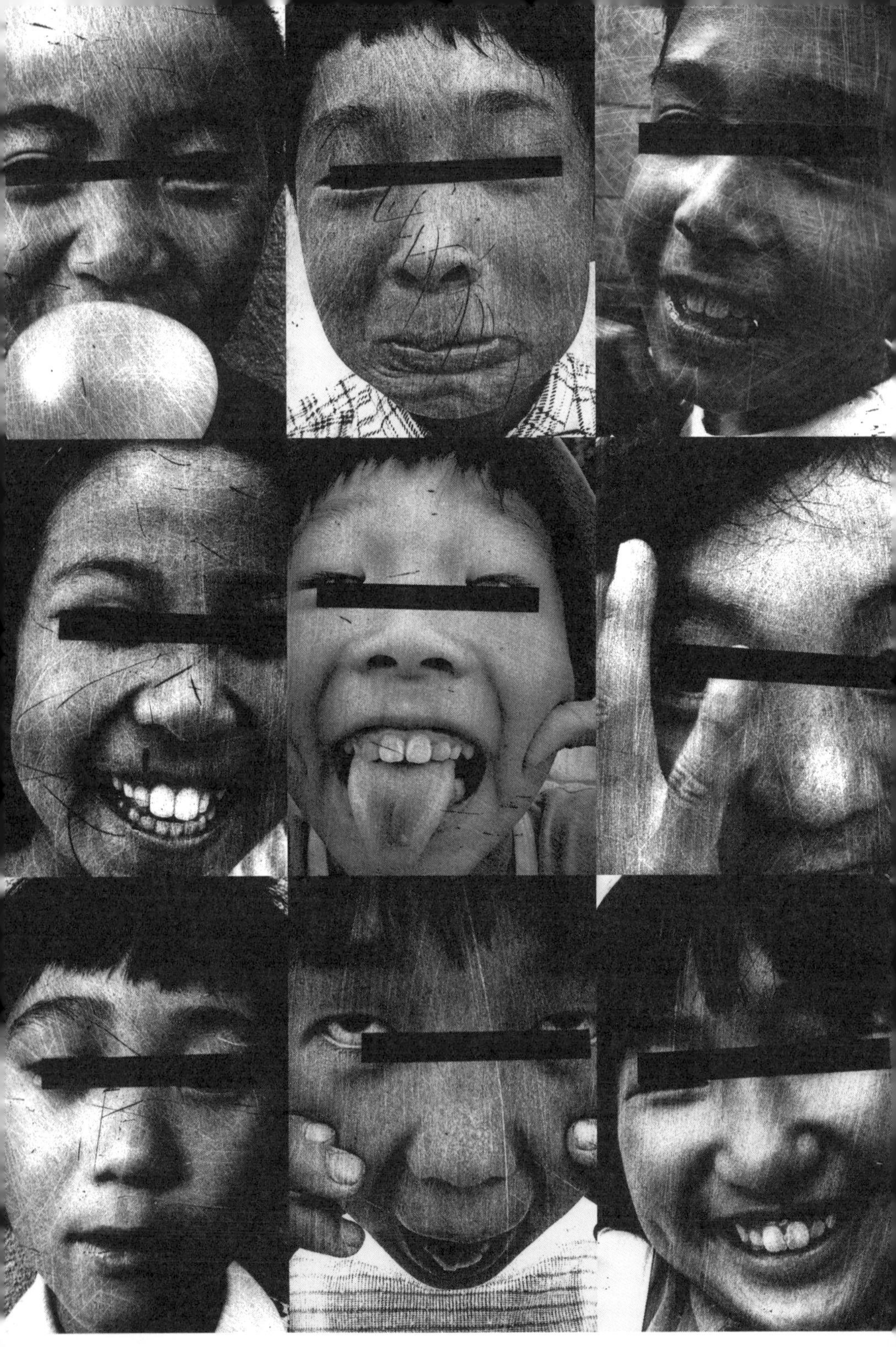

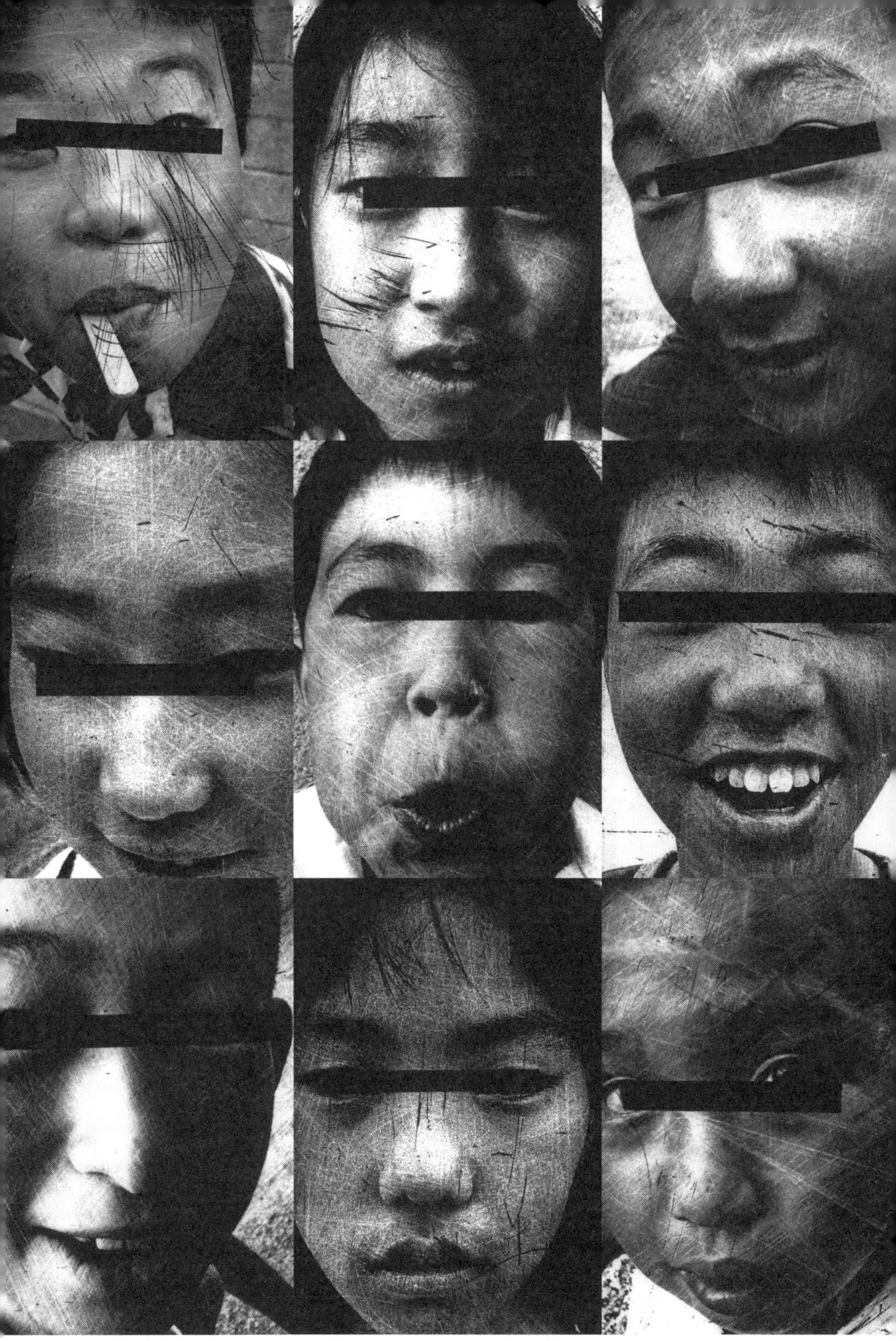

須田慎太郎写真展「ウォンテッド」銀座ニコンサロン（1978年10月）

気雑誌であり、執筆作家だけでなく写真家も第一線で活躍するスーパースターばかりだった。そこで仕事をすることは、若い作家たちにとってひとつの憧れだった。編集部にも勢いと活気があった。

当然のことながら、当初は学生だった私に仕事の依頼があるはずもなかったが、図々しくも私は若さとバイタリティーだけを売りにして、ちょくちょく編集部に顔を出していた。そうこうするうちに、記事中写真からカラーグラビアへ、そして実力派ノンフィクション作家と組んだ撮影も任されるようになった。

余談ではあるが、まだ在学中だった頃、三木先生に紹介された仕事を失敗したことがあった。一度目は簡単な露出ミスだった。その時は、「その生意気なヒゲを剃れ」と、先生からこっぴどく怒られた。

二度目は、徹夜しても写真を仕上げることができず、編集者との約束の時間に遅れた時だった。

「頭を丸めるしかないな」と先生。私は肩まであった髪をバリカンで一ミリに刈った。

「またしくじったら次はここだぞ」と、先生に股間を指されて脅されたが、幸いにもとりあえず三度目の失敗はなかった。

◉バブル前夜

さて、ここで私が卒業した頃の世相を簡単にスケッチしておこう。

一九七九年（昭和五十四年）、イラン革命によっていわゆる「第二次オイルショック」が引き起こされた。しかし、日本ではパニックに陥った欧米諸国とは異なり経済的な影響は比較的軽微だった。その理由は、日本の政財官民が一九七三年（昭和四十八年）に勃発した第四次中東戦争を起因とする「第一次オイルショック」の経験から学習し十分に対策を練っていたからである。第一次オイルショックは日本の高度経済成長神話の終焉をもたらした。原油の供給逼迫および原油価格が高騰し、異常なインフレに見舞われて「狂乱物価」に翻弄された。その経験から政府はせっせと石油の備蓄に励み、企業は低成長下にあっても収益が上がるように体質転換を徹底して行った。また、深夜番組の放送自粛やガソリンスタンドの日曜休業など国民が自発的に省エネを励行し、さらに日本銀行（日銀）が迅速な金融引き締め政策を実施した。こうして日本はオイルショックを克服したわけである。

日本の輸出は引き続き増加の一途をたどり、経済面では米国を猛然と追い上げていた。特に日本車の集中豪雨的な対米輸出は、ゼネラル・モーターズ（GM）社、フォード・モーター社、クライスラー社のビッグスリーおよびアメリカン・モーターズ社を軒並み赤字に転落させた。ちなみに、当時アメリカで行われたアンケートでは、ソ連の軍事力よりも日本の経済力の方がアメリカにとって脅威だという声が過半数を占めた。

一方、日本の大企業の設備投資は堅調だったが、個人消費は底這い状態からようやく抜け出しつつあるといった程度で、我々庶民の生活実感としては景気は依然として低迷しているように感じていた。日本中が夢を見ているかのごとく沸き立った「バブル景気」という狂瀾の好景気を謳歌するには、まだ数年を要していた。いわば「バブル時代」のリハーサルのような時代だった。そうした中にあって「価格破壊」を掲げるスーパーマーケットのダイエーは、小売業として初めて年度売上高一兆円を突破した。

同年四月には、イラン革命の余波を受けて革命派に占拠された駐イラン米国大使館の人質を奪還するための米国による「イーグルクロー作戦」が失敗し、米軍特殊部隊員ら八人が死亡。五月、お隣の韓国ではクーデターで全斗煥陸軍少将が実権を握り、軍部による民主化運動弾圧で多数の死傷者を出した「光州事件」が起こり、米国ではセントヘレンズ山が大噴火した。六月に「ア〜ウ〜宰相」と呼ばれた大平正芳首相が選挙期間中に急死、自由民主党がその〝弔い選挙〟を戦って史上初の衆参ダブル選挙に圧勝した。七月、多数の若い女性と逃避行を続けていた「イエスの方舟事件」で、その信仰集団の教祖・千石イエス氏（本名千石剛賢）らが指名手配された。また、ソ連軍のアフガニスタン侵攻に抗議して、米国や日本、西ドイツなどがボイコットした「モスクワオリンピック」が開幕した。

小笠原諸島の父島を訪れ、私がその島の欧米系島民やウミガメの産卵などの撮影を終えて帰ってきた八月中旬に「新宿西口バス放火事件」が起こり、九月に入ると中東では「イラン・イラク戦争」が勃発。十月には松坂慶子主演の「蒲田行進曲」の大ヒットと読売巨人軍の長嶋茂雄監督解任騒動があった。十一月、国民的アイドルだった山口百恵が俳優の三浦友和と結婚。十二月にはジョン・レノンが凶弾に倒れるという悲報が米国から伝わってきた。

その十二月、金融の国際化いわゆるグローバル化が始まる。自由貿易を建前として、全面的に改正された「外国為替法」および「外国貿易管理法」（改正外為法）が施行されたのである。銀行や信託会社、証券会社、保険会社など、日本の金融機関の海外活動、ならびに外国の金融機関の日本での活動が原則自由化され、日本人が外国株式や外国債券などに投資できるようになった。そのため、日本企業の資金が海外へ流れやすくなり、特に対米投資が貿易黒字を上回るペースで拡大、その旺盛なドル買い需要がさらなるドル高・円安を招いた。この日本の金融・資本市場の一層の活性化策が、一九八五年（昭和六十年）のドル高・円安を是正するための「プラザ合意」につながり、バブル景気の遠因になるとは、当時は誰も想像すらしていなかった。

一九八一年（昭和五十一年）一月、中国で文化大革命を指揮した毛沢東の未亡人江青ら四人組に死刑判決が言い渡され、二月には〝強いアメリカ・強いドル〟を標榜するロナルド・レーガン米国大統領が「レーガノミクス」と呼ばれる経済再建計画を発表。この経済政策によってドル高・円安は続き、日本の対米輸出はさらに増えることになった。

◉写真週刊誌『FOCUS』の創刊

その頃私は、三木先生の紹介で写真集『日光東照宮』（中央公論社。現中央公論新社）の撮影のために東京と日光を往復していた。また、『月刊プレイボーイ日本版』の仕事で、ノンフィクション作家の鎌田慧《さとし》氏といっしょに「財田川《さいたがわ》事件」の取材で高松へも行った。一九八一年六月、パリでオランダ人女子留学生を殺害してその肉を食べた「パリ人肉食事件」の佐川一政君がフランス当局に逮捕された（精神鑑定の結果、心身喪失状態での犯行とされ不起訴）。日本では幼い子を含む四人を殺した「深川通り魔殺人事件」の川俣軍司が、猿轡《さるぐつわ》を噛ませられたうえにブリーフ一枚という異様な姿で逮捕された。七月には、『ニューヨーク・タイムズ』に「新種のガン、エイズ発見」という記事が載る一方で、「ダイアナとチャールズの結婚」に

『FOCUS』（フォーカス）
新潮社から創刊された写真週刊誌。一九八一年十月二十三日創刊、二〇〇一年八月七日一〇〇一号を最期に休刊。一つのテーマを見開き頁で写真を主体に短い解説を付けるという斬新な構成は画期的であり、『FRIDAY』（講談社）、『FLASH』（光文社）、『TOUCH』（小学館）、『Emma』（文藝春秋）をはじめ、他社からも続々と類似誌が発刊された。フォーカスは張り込みや突撃取材を得意とする一方で、優れた調査報道も併用。インパクトのある写真と抜群の文章力で他誌を圧倒していた。写真と記事の対象は人物が中心で、その対象は政治、芸能、文化、事件や事故、風俗と多岐にわたり、スキャンダルの暴露も多数あった。最盛期には毎週二百万部を超え、社会現象となり、「フォーカスされる」という流行語までできた。ただ、ロッキード事件の公判で法廷内の田中角栄元首相を撮影したり、神戸連続児童殺人事件の犯人である少年の顔写真を掲載したりして、物議を醸すことも多々あった。

より、世界中が〝ロイヤル・フィーバー〟で沸き返った。

その年の八月末、『爽』の撮影でアラスカから帰国した時だった。新潮社から新雑誌が創刊されるという話があり、私は三木先生の紹介を受けて後藤章夫編集長（当時は新雑誌準備室長）に会い、撮り溜めた写真やこれからやってみたいと考えているテーマを二十本ほど書いて提出した。オンラインシステムを利用して一億三千万円を男に貢ぎ、フィリピンに逃れていた女子銀行員の切なげな姿が、テレビに映しだされている頃だった。

後藤編集長に会ってから間もなく、「創刊準備号」という名のテスト版が三回制作された後、写真週刊誌『FOCUS（フォーカス）』の創刊号（十月二十三日号）が十月十六日の金曜日に発売された。入念につくられたそのテスト版から創刊直後にかけて、私は「千葉県津田沼市のスーパーマーケット戦争」や「大蔵省印刷局での一万円札の印刷」「通産省の陳情風景」などを取材したが、残念ながら掲載されることはなかった。なお、フォーカスの発売日と同じ日、北海道夕張市の北炭夕張新炭鉱でガスが噴出し、大規模な坑内火災が発生して最終的に九十三人が死亡するといった痛ましい事故が起こっている。

一九八〇年の夏から続く〝漫才ブーム〟は衰えることなくテレビを席巻し、沖縄で発見された新種の鳥が一九八一年十一月に「ヤンバルクイナ」と命名された。

同年十一月三十日、私は「バイオリン汚職事件」の渦中にあったU教授を取材し、ようやく私の写真が『フォーカス』の誌面に掲載された。フォーカスのカメラマンとしての実質的デビューとなった写真である。U教授は弱冠二十三歳でNHK交響楽団のコンサートマスターに抜擢されるほどの実力者だった。一流オーケストラとの共演も多く、数々の国際コンクールでも審査員を務め、史上最年少の三十九歳という若さで東京芸術大学の教授に就任するという輝かしい経歴の持ち主だった。しかし、大学における購入楽器の選定にあたり、その楽器輸入販売業者から高額のリベートをもらったとされていた。

十二月十三日、当時社会主義国家であったポーランドで戒厳令が敷かれ、半年前の五月に初来日した独立自主管理労働組合「連帯」のレフ・ワレサ委員長が軟禁された。連帯も非合法化されて軍政による弾圧が始まる。国内では、化学反応に関する「フロンティア電子理論」で、京都大学の福井謙一教授が日本人初のノーベル化学賞を受賞。その授賞式の模様がスウェーデンのストックホルムから伝えられた。

十二月二十日、日本一の大皿が窯《かま》出しされたという知らせをうけ私は石川県金沢市に飛び、陶芸家の灰外《はいそと》達夫さん（当時四十歳。以下登場人物の年齢はすべて当時）を取材。焼き物の世界では長い間不可能とされてきた六尺の大皿に、灰外さんは三年をかけて挑戦し、ついに完成させたのだ。

以上、私がフォーカスの専属カメラマンとなる前後の状況をざっと振り返ってみたが、当時の私は若さにまかせてとにかく無我夢中で写真を撮り続けていた。

かるたの女王──一九八一年十二月二十六日

毎年一月、滋賀県大津市に鎮座する天智天皇ゆかりの近江神社で、「かるた」の名人戦が開かれる。全日本かるた協会主催によるその名人戦は、男子の「名人」と女子の「クイーン」が決まるビッグイベント。前年十月の東西日本予選から始まり、十一月の挑戦者決定戦を経て、翌年の正月にその挑戦者と前年の勝者が、男子は五番、女子は三番勝負を戦い名人とクイーンが決まるのである。

一九八〇年の正月に女子クイーン位を五回連続で防衛し、史上初の「永世かるた女王」の称号を得たのが堀沢久美子さん（二十二歳）だ。また、彼女は史上最年少のクイーン位の記録保持者でもあった。

その彼女を取材するため、十二月二十五日に山口県小野田市に向かった。クリスマスということもあったのかもしれないが、市内のホテルは部屋の予約が取れなかった。夜の八時を過ぎてようやく郊外のホテルに泊まることができたが、その時の夕食が妙に印象に残っている。ラーメン&ライスだったからだ。しかも、部屋の内装をよくよく見ると、かつて「ラブホテル」だった痕跡がいたるところに残っていた。

翌朝、堀沢さんに会って、かるたの実践訓練を見学させてもらった。彼女につきっきりで特

一九八一年の出来事

レーガン大統領就任
一月二十日、ジミー・カーター（民主党）の後継として第四十代アメリカ合衆国大統領に共和党のロナルド・レーガンが就任。

中国残留孤児
三月二日、残留孤児訪日調査団四十七名が血縁関係確認のため来日。

レーガン大統領狙撃される
三月三十日、ワシントンD.C.の路上でレーガン米大統領が銃撃され重傷を負う。

ミッテラン大統領誕生
五月十日、フランスの大統領選挙でフランソワ・ミッテランがジスカール・デスタンを破り当選。

世界初のエイズ患者
六月五日、ロサンゼルス在住の同性愛者五名が、カリニ肺炎を発症したことを発表。世界初のAIDS（エイズ）患者発見となる。

訓するのは、小林広道（五十歳）先生。小林先生自身、かるた八段の腕前であり、ピアノをしていた堀沢さんのかるたの才能を見抜き、口説き落として日本一にまで育て上げた指導者でもある。専修大学野球部ＯＢである先生の指導は勝つことに徹底していて、弟子たちに〝野球式かるた〟と陰口を叩かれるほど厳しいそうだ。かるたの実戦訓練だけでなく、筋力や瞬発力を鍛えるため、毎朝、神社の石段の登り降りやランニングなどが課せられるからである。

袴姿の凛々しい堀沢さんと小林先生が、畳の上に広げられた取り札をはさみ、敵陣と自陣に分かれて対峙すると、空気がピーンと張り詰めた。百人一首が朗々と読み上げられるやいなや、取り札が宙を切って飛んだ。

まったく目に見えない。

かるたは「暗記時間」という試合前の十五分間で、伏せられた五十枚の札を記憶しなければならない。瞬発力だけでなく、優れた記憶力も必須なのである。堀沢さんの記憶力と瞬発力は恐ろしいほどだ。どちらかというと小柄な堀沢さんであるが、彼女の指先が取り札に触れるか触れないか、その瞬間には既に取り札が視界から消えているのである。目にもとまらぬ早業とはこのことだろう。

実戦では、あまりにも激しい動きなので着物の袖が切れたり、袴が破れたりすることもあるというからスサマジイ。この鋭さでビンタを張られたら男は気づかないかもしれない、とツマラナイことが頭をよぎった。

かるたの歴史は平安時代に遡ることができる。当時のそれは、短歌と歌人の絵が描かれた美しい二枚貝の貝殻を合わせる「貝合わせ」という遊びだった。しかし、貴族の典雅な遊戯の面

イギリスの王子結婚
七月二十九日、イギリスの皇太子チャールズ・ウィンザーが貴族スペンサー家の三女ダイアナ・フランセスと結婚。ダイアナフィーバーが巻き起こる。

向田邦子死去
八月二十二日、脚本家・小説家の向田邦子が取材で訪れていた台湾で搭乗していた遠東航空機が墜落事故。享年五十一歳。

江本投手のベンチ批判
八月二十六日、阪神の江本孟紀投手がヤクルト戦終了後、八回表途中に中西太監督に交代を命じられたことを不満としてベンチ裏で新聞記者などを前に「ベンチがアホやから野球がでけへん」と発言。同年限りでの現役引退を表明。

三和銀行オンライン詐欺事件
九月十日、三月に大阪府茨木市の三和銀行（現三菱ＵＦＪ銀行）茨木支店で女性行員が一億八千万円を架空名義の口座に架空入金を行い、横領した金の大部分を既婚者であった愛人に渡し、フィリピンのマニラに逃亡するも逮捕される。行員が美人であったことからメディアで大きな話題となる。

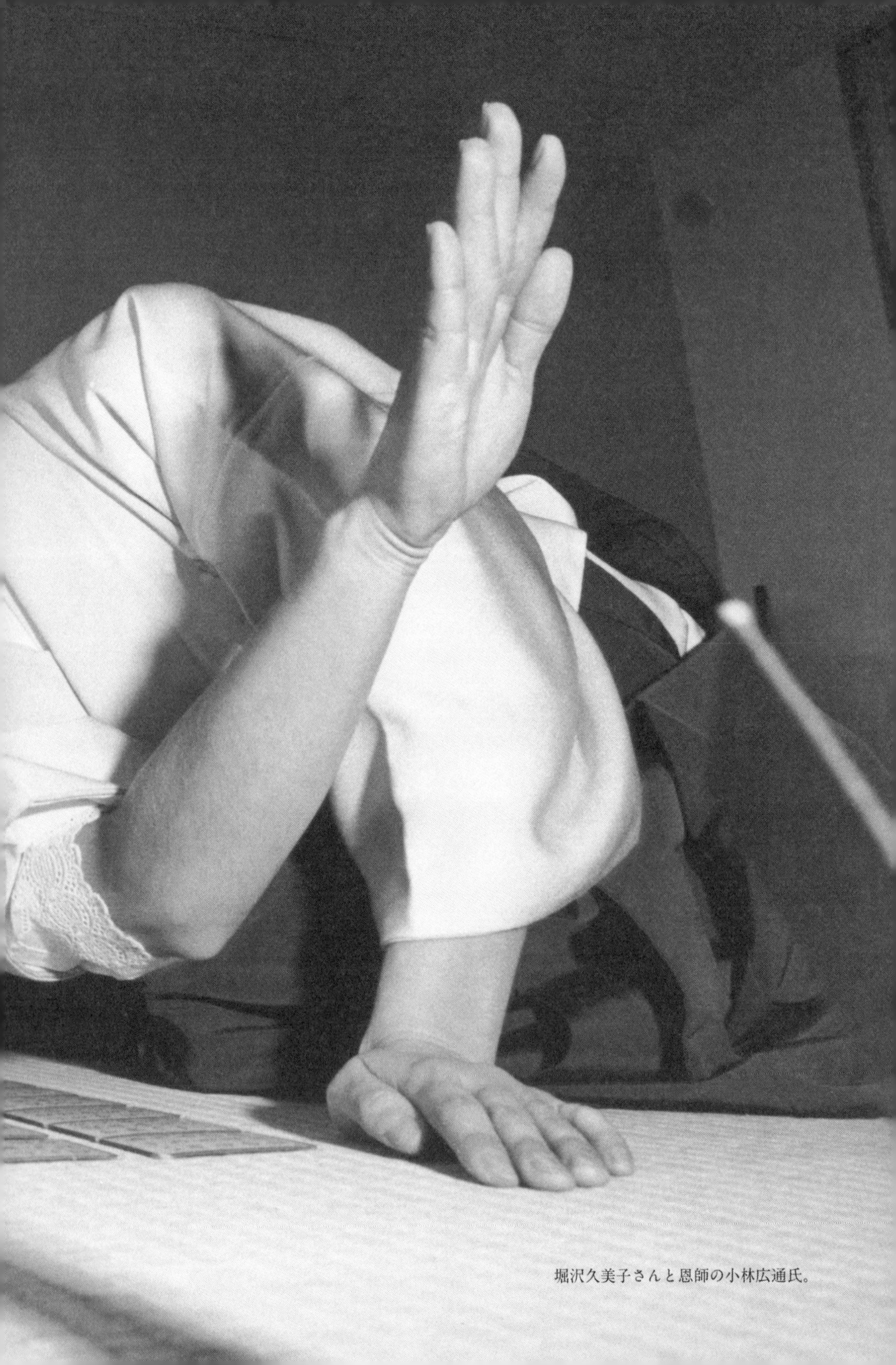

堀沢久美子さんと恩師の小林広通氏。

影など、神経を張り詰めつつも自然体に構える目の前の二人からはまったく感じられない。

堀沢さんが勝負に臨む時は〝ツキ〟が落ちないようにと、前回勝った時と同じ着物や袴に身を包むという。「下着は？」と聞きたかったが、聞けなかった。堀沢さんは車の運転もすればディスコでも踊り、バンドまで結成したことがあるという活発な大学生だが、専攻は聾《ろう》学校教育で、「卒業後は身障者のために役に立ちたい」と将来への抱負を語った。

堀沢さんの挑戦者は既に決まっていた。永世クイーン位を保持する堀沢さんの六年連続防衛の可能性はあるらしいが、今回の挑戦者は、かつて小林先生の弟子であり四年連続防衛という記録を持つ元クイーンを破った実力者だった。勝たなければオンナのメンツが立たない。もしも、堀沢さんが敗れるとなると、小林門下生二人が同じ相手にクイーン位を奪われることになってしまうからだ。

「先生のためにも絶対負けません」

堀沢さんは闘志を燃え上がらせた。

一月九日に行われたクイーン戦の結果、堀沢さんは宿命のライバルを破ってクイーン位を守り、さらに一九八四年（昭和五十九年）まで連続八期守ることになった。

この取材を終えた私は、高知県の金刀比羅宮に向かった。山陽新聞社から出版される予定の『海の聖地・金毘羅』の写真を撮るためだった。神社は年末から年始にかけて重要な行事が多く、訪れる多数の参拝者の熱気も写真に収めておかなければならない。同時に金刀比羅宮が所蔵する宝物や建物も撮らなくてはならず、さらに春の御田植祭、桜花祭などの祭事を撮影する

エジプト大統領暗殺
十月六日、エジプトのムハンマド・アンワル・サダト大統領がイスラム過激派の兵士によって暗殺される。十月十四日、副大統領のホスニー・ムバラクが後継大統領に就任。

ナタリー・ウッド事故死
十一月二十九日、『草原の輝き』、『ウエストサイド物語』で知られるナタリー・ウッドが映画の撮影中、ボートの転覆事故により水死。享年四十三歳。

ヒット曲
『ルビーの指環』寺尾聰、『スニーカーぶる〜す』近藤真彦、『風立ちぬ』松田聖子、『奥飛騨慕情』竜鉄也、『恋人よ』五輪真弓、『みちのくひとり旅』山本譲二、『長い夜』松山千春、『守ってあげたい』松任谷由実、『お嫁サンバ』郷ひろみ、『スローなブギにしてくれ』南佳孝、『セーラー服と機関銃』薬師丸ひろ子

ベストセラー本
『窓ぎわのトットちゃん』黒柳徹子、『なんとなく、クリスタル』田中康夫

ため、約一年かけて高松と東京間を行き来することになった。

なお、この一九八一年（昭和五十一年）十二月は、日本の自動車生産台数が一千百万台を突破し、八百万台に落ち込んだ米国を抜いて世界一になった月でもあった。信頼性と環境技術、低燃費が海外で高く評価され、日本車の黄金時代が訪れようとしていた。

ところが、日本から米国への自動車輸出が急増し、米国内のシェアが二十パーセントにまで拡大してしまったことで日米貿易摩擦が生じ、日本は対米自動車輸出の自主規制枠を設けねばならなくなった。

「私が人殺しに見えますか？」フィリピン保険金殺人事件――一九八二年一月六日

年が明けた一九八二年（昭和五十七年）一月六日、昼は上着を脱いでいたほど暖かかった沖縄も、陽が沈むと冷え込んできた。もう一枚下に着てくればよかったと後悔しながら、私は那覇市内の暗い街角で佐貫雅義記者と二人、立ったりしゃがんだりを繰り返して身体を温めながら、張り込みを続けていた。

取材しようとしているU社長（四十七歳）は、かつてマグロ船七隻と二百人の船員を擁する沖縄屈指の水産会社の社長だったが、沖縄県農林局水産部長に乗用車などの贈賄をしていたことが発覚。これがつまずきの始まりで、一九七三年（昭和四十八年）の「第一次石油ショック」で会社の屋台骨が傾き、珊瑚商売に手を出して失敗。その後、漁船一隻だけをもってフィリピンに渡った。

しかし、フィリピンでの仕事もうまくいかなかった。そして一九七八年（昭和五三年）六月四日、U社長が主犯となり、共犯者三人とともにマニラの北二百キロに位置するサンフェルナンド市のカリフォルニア海岸で、自分の船の乗組員として雇った石岡正光さん（二十八歳）を海中で殺害。石岡さんには、U社長個人が受取人となったものも含め、三社三口、総額九千万円という多額の生命保険が掛けられていて、U社長はその中の二千五百万円を受け取っていた。

一九八二年の出来事

ホテルニュージャパン火災
二月八日、東京都千代田区永田町のホテルニュージャパンで火災発生。三十三名が死亡するという大惨事となった。同ホテルの社長兼オーナー横井英樹は、経費削減を理由にスプリンクラー設備などの消防設備を一切設置せず、また消防当局や専門業者による防火査察・設備定期点検も拒否し続けていたことなどから厳しく指弾され、後に業務上過失致死傷罪で禁錮三年の実刑判決が確定した。

自転車やバイクのヘッドライトがこちらに向かって来るたびに緊張が走った。そして午後七時頃、ヘッドライトを光らせた乗用車がU社長の家の隣にある駐車場に止まった。その車の止め方が手慣れているように思われ、本人に間違いないと感じた。

二十メートルほど走り寄り、

「Uさんですか？　Uさんですか？」

と尋ねた。

もう一度本人かどうか同じ質問を繰り返したが、闇の中でそよとも動かぬ黒い影からの返事はなかった。その場の一種異様な雰囲気から、私はU社長本人に間違いないと決めつけてシャッターを切ったが、ストロボの閃光に浮かび上がった顔は意外にも若かった。勇み足だった。誤認したのだ。背筋が凍った。相手は二人。気まずい沈黙が漂う中、直ちに失礼を詫びて立ち去ろうとした。

だが、彼らはその程度では気が済まなかった。暗闇の中で二人の表情が険しさを増してくるのがわかった。言葉遣いも怒気を含んでいた。あまりの剣幕に話し合っても無駄だと悟って逃げることにした。追いかけてこないだろうとタカをくっていたが、二人は追いかけてきた。道路を右から左へ、信号待ちの車の間を走り抜けた。カメラに取り付けてあったストロボがはずれ、肩にかけたバッグが落ちそうになるのを引き上げ、寒さで鼻水が出るのを耐えながら逃げた。

赤い電灯が仄かにともる交番を遠くに見つけた時、

――地獄に仏とはこのことか。

日航機羽田沖墜落事故
二月九日、日本航空350便が羽田沖で墜落。二十四名死亡。事故の原因は、機長が副機長の制止を振り切りエンジンを逆噴射させたため機体が急降下したことにある。機長は事故の発生時に乗客の救助を率先して行うよう義務付けられているが、350便の機長はその職責を放棄し、乗客に紛れて真っ先に脱出した。事故後、機長は業務上過失致死罪により逮捕されたが、精神鑑定で妄想性精神分裂病と診断され心神喪失の状態にあったとして不起訴処分となった。この事故により「逆噴射」は流行語となった。

岡本綾子優勝
二月二十八日、岡本綾子がゴルフのアメリカLPGAツアーで初優勝。一九八二年から一九九二年にかけて十七大会で優勝する。一九八七年には、アメリカ人以外で初のアメリカLPGAツアー賞金女王になった。同年、年間最優秀選手も獲得。メジャー大会でも単独二位を四度、二位タイを二度達成。

安心するのと同時に、

――地方の交番は、パトロールに出ていて警官がいないことが多いからな。

不安がよぎった。

だが幸運だった。一人だけだったが警官がいたのだ。

四人が団子状になって飛び込んできたので、その警官は驚いて目を剥いた。が、すぐに追われる者と追う者の間に割って入った。

荒い呼吸を鎮めてから警官に事情を説明した。話しているうちに、目の前の青年がU社長の長男だということがわかった。もう一人は彼の友人だった。長男は父親が現在置かれている立場を十分に理解していた。その長男に父親が取材を受け入れてくれるように頼み、いっしょに自宅まで戻ってU社長の奥さんにも説得した。

「本人が帰ってきたら話しておきましょう」

という返事をもらい、再び寒い街角に立つことにした。

家族の口ぶりからすると、U社長は逃げまわっているわけではないらしい。しかし、ここで待ち構えていることを連絡されたら逃げられてしまうだろう。どこか不安な気持ちはあった。

一時間もしないうちに、パタパタパタという軽い音をともない、オートバイのヘッドライトが遠くからこちらに向かってきた。そのオートバイは、先ほど長男が止めた車の横で止まった。黒い人影に声をかけ、U社長本人であることを確認した。取材を申し込むと、一度家の中に入って家族と一言二言、言葉を交わしてから戻って来た。

小さな飲み屋兼食堂の二階に上がり、佐貫記者が少しずつ質問をはじめた。カメラが目障り

韓国プロ野球発足
三月二十七日、韓国で韓国野球委員会が設立されプロ野球が開始される。一リーグ制で現在はKBOリーグと呼ばれる。設立の前年(一九八一年)に大手企業が所有する六球団によるプロ野球創設総会が開かれている。創設直後から高い人気を博し、一九八六年に七球団、一九九九年に八球団となる。

エルチチョン山大噴火
三月二十九日、メキシコのエルチチョン山が大噴火し、火砕流が発生。死者二千人以上。世界の平均気温が〇・三℃低下する。

『小川宏ショー』終了
三月三十一日、フジテレビ系の朝のワイドショーとして十七年続いた長寿番組『小川宏ショー』が終わる。

にならないように少し離れて座った。

「私はニワトリも殺せないんです」

U社長が、ボソリ、ボソリと話し始めた。

「生命保険を掛けたのは、石岡くんには漁に出てもらうつもりでねえ。船員にはみんな掛けてるもんなんですよ。受取人を私の会社にしたのは、彼には身寄りがないと聞いてたから、仕方なくねえ」

饒舌ではないが、その話し方には粘っこさがあった。

「私が人殺しに見えますか? この手で人が殺せると思いますか?」

最後は訴えるような言葉だった。

額に皺の一本も寄せず、あまりにも淡々とした表情だったが、目に力はなかった。それは、自分の腹の中を探られないようにしているようにも思えた。

話が終わる直前、望遠レンズで一枚写真を撮り、その場の空気が乱れなかったことを確認し、続けて三枚撮った。彼にカメラに動じる気配はまったくなかった。警察の捜査が進んでいることを感じていて、近いうちに逮捕されることを覚悟しているのかもしれないと思った。港での撮影も頼んだ。取材を終えるまで約二時間。三十六枚撮りのフィルム一本を撮り終えた。

この事件に対する周辺取材をすべて終えた八日、編集部に帰ってくると、手錠を掛けられたU社長の姿がテレビ画面に映っていた。

U社長の家族が本人の言葉を信じ、その身の潔白を心から願っていたことを思い返すと、胸の中にやるせないものが広がった。一九八三年(昭和五十八年)三月、那覇地裁は主犯のUに

フォークランド紛争勃発
四月二日、かねてよりイギリスと領有権を争っていたイギリス領フォークランド諸島にアルゼンチンが陸軍を上陸させ占領。これに対し、イギリスのサッチャー首相は即時艦隊を派遣、フォークランド紛争が勃発する。両国による三カ月にわたる激しい戦闘の末、六月二日にイギリスが勝利した。

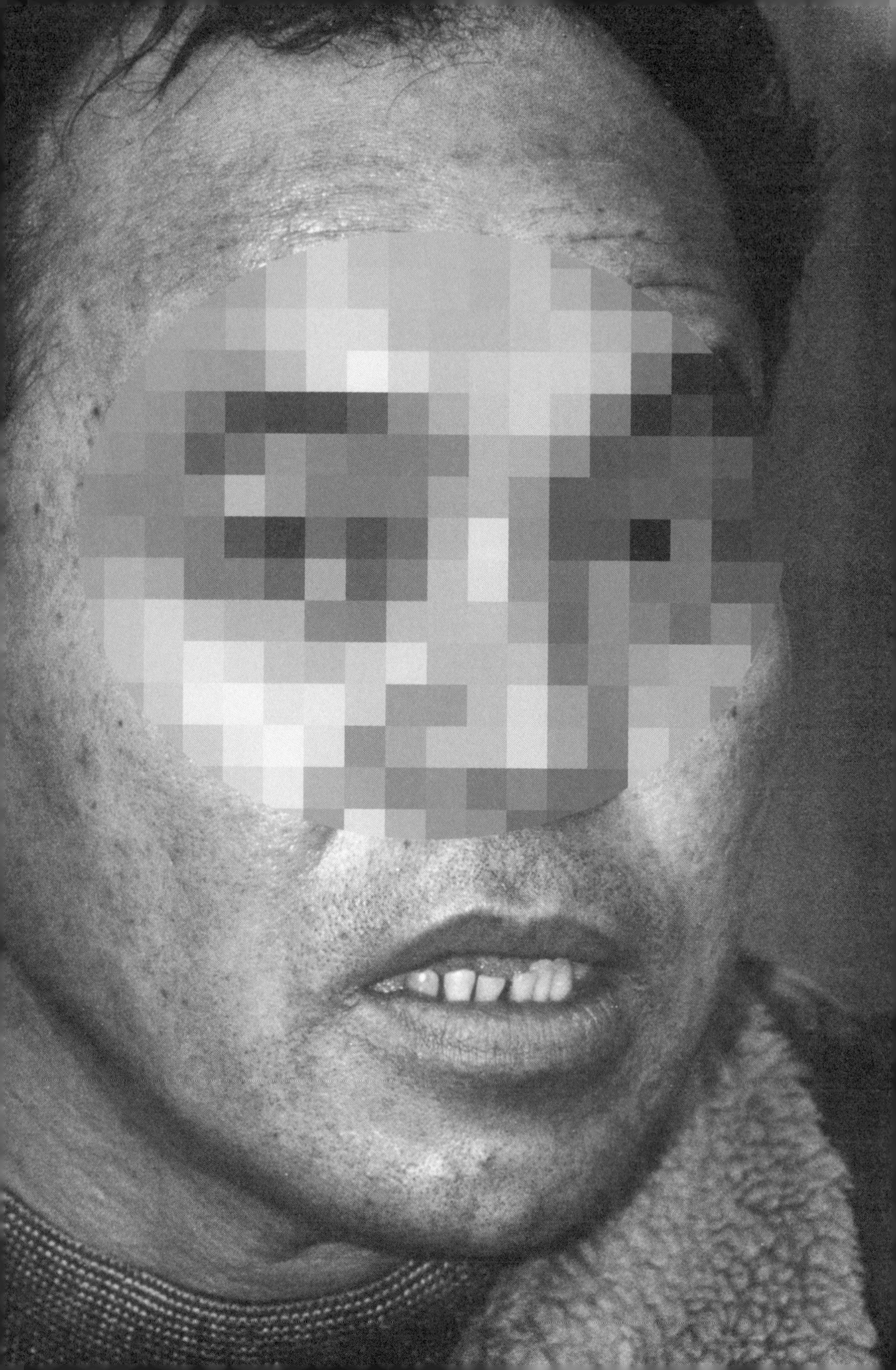

「わたしが人殺しに見えますか？」と訴えるU社長。

懲役十八年、共犯の三名にもそれぞれ懲役刑を下した。U社長は最高裁まで上訴したが棄却された。このU社長を主犯とした事件は、多額の保険金を掛けた人間を、警察の捜査力が弱く、しかも国際捜査が難しい海外に連れ出して殺害し、その保険金を騙し取るという凶悪犯罪事件の最初の例となった。

広域重要指定112号事件
五月二十七日、神奈川県藤沢市で母と娘二人が殺害される事件が発生（藤沢母娘殺人事件）。その後逮捕された犯人Fは女子高生に対しストーカー行為をしていたが拒絶されたことから恨みに思い女子高生とその家族（母親と妹。犯行時父親は不在）を刃物で刺殺した。また、事件に前後してFの窃盗仲間と殺害の共犯者も殺害したことが判明。警察庁により広域重要指定112号事件に指定される。起訴されたFは第一審の横浜地裁で死刑判決を受けるも控訴。Fの精神状態をめぐって裁判はもつれ込み、二〇〇四年（平成十六年）の上告審判決で死刑が確定するまでに十六年を要した異例の長期裁判となった

イスラエルのレバノン侵攻
六月六日、イスラエル軍がレバノンの国境を越えて侵攻を開始。レバノンをPLO（パレスチナ解放機構）ゲリラの拠点とみなしベイルートなどに激しい爆撃を加えたため、PLOはベイルートから退去しチュニジアに本拠を移す。その後、イスラエルはレバノン南部に進駐を続けるが二〇〇〇年に撤退。

雪中の狂騒。日教組教育研修会の右翼と機動隊――一九八二年一月二十九日

一九八二年（昭和五十七年）一月十日、私は「十日戎《とおかえびす》」の取材のため東京日本橋の高島屋に向かった。商売繁盛の福の神、恵比寿様を祀った今宮戎神社で、毎年正月の九日から十一日にかけて催される恒例の年頭行事が東京まで出張してきたのだ。お客様に「福笹」を配り、それに付ける小宝または吉兆と呼ばれる銭袋や小判、小槌、福俵、絵馬、鯛など、俗欲にひかれたご高齢の方々の心を掻き立てる品々を束ねた縁起物を販売するためだった。金色の烏帽子《えぼし》を頭に付ける、紅い着物に真っ白な千早《ちはや》（羽織）姿の若い「福娘」たちは、千七百人の応募の中から厳選された〝容姿端麗かつ知性のある〟二十名の女子大生。彼女たちは、聖心女子大、東京女子大、学習院大、上智大などに在学中。八十五倍もの狭き門となった理由は「三日間で五万円也」の破格のアルバイト料だった。

彼女たちに福娘志願の動機とアルバイト料の使い道を尋ねてみると、例によって「海外旅行や買い物をする資金のため」という答えが返ってきた。恵比寿様のご利益を求めて、この関東版十日戎にも一日五千人以上が詰めかけた。

出来上がった写真を見ながら後藤編集長が、

「好みのコばかりじゃなく、次からは他のコも撮ってきてくれよな」と、苦み走った顔で嘆か

ロッキード事件判決
六月八日、佐藤孝行運輸政務次官や橋本登美三郎元運輸大臣が受託収賄罪で起訴され、佐藤は懲役二年執行猶予三年追徴金二百万円の有罪判決が確定し、橋本は一、二審で懲役二年六カ月執行猶予三年追徴金五百万円の有罪判決となったが上告中に死亡し公訴棄却。

ワールドカップ
六月十三日、FIFAワールドカップがスペインで開催される（七月十一日まで）。決勝はイタリアが西ドイツを三対一で破り、三回目の優勝を遂げる。得点王は六得点を決めたイタリアのパオロ・ロッシ。

IBM産業スパイ事件
六月二十二日、日立製作所と三菱電機の社員六名がIBM社のコンピュータ情報を不法入手したとして、アメリカ連邦捜査局（FBI）のおとり捜査で逮捕される。

東北新幹線開業
六月二十三日、東北新幹線が大宮～盛岡間で開通。

わしげに言った。
——さすが東大仏文科卒、鋭い。

一月十五日は、石毛宏典《ひろみち》選手を埼玉県所沢市の西武球場で撮影した。プロ野球の合同自主トレが本格化し、西武ライオンズの監督に就任した広岡達朗新体制の下で、初トレーニングが行われたからだ。父君が旧日本帝国海軍少佐で、世界一の戦艦大和が建造された呉市で生まれ育った広岡監督による「広岡式海軍野球」でシゴキ抜かれた選手たちは「まるでナチス・ドイツだ、ついていけない」とボヤいたが、この年の十月、西武ライオンズは日本シリーズで中日ドランゴンズを破り、チームとして二十四年ぶり、クラウンライターライオンズから西武ライオンズとなってからは初の日本一に輝いた。

原爆被災地の広島市で、初めての日教組（日本教職員組合）、日高教（日本高等学校教職員組合）による「教育研究全国集会」が一月二十九日に幕を開けた。小雪がちらつく午前九時、毎度のことだが、「国体護持」「反共」「反日教組」を主張している右翼団体が、装甲車のような街宣車数百台で押しかけてきた。

ほとんどの街宣車のボディは黒や深緑色で塗装され、山吹色の菊の紋をあしらい、天皇や大日本帝国などと書き込んである。巨大な日章旗や旭日旗を掲げたそれらの街宣車は、勇ましい「軍艦マーチ」「同期の桜」などの軍歌や「君が代」をがなりたて、ボリュームをいっぱいに上げて「日教組を潰せ！」と連呼し、機動隊に守られた会場周辺を執拗に走り回っていた。

トヨタ自動車発足
七月一日、トヨタ自動車工業とトヨタ自動車販売が合併。トヨタ自動車発足。

第八回サミット開催
七月四日〜六日、第八回先進国首脳会議が議長国フランスのベルサイユで開催。出席した首脳は、フランソワ・ミッテラン（フランス大統領）、ロナルド・レーガン（アメリカ大統領）、マーガレット・サッチャー（イギリス首相）、ヘルムート・シュミット（西ドイツ首相）、鈴木善幸（日本首相）、ジョバンニ・スパドリーニ（イタリア首相）、ピエール・トルドー（カナダ首相）。

レフチェンコ事件
七月十四日、米下院情報特別委員会の秘密聴聞会で、米国に亡命したKGB（ソ連国家保安委員会）少佐、スタニスラフ・レフチェンコが日本での工作活動を証言。レフチェンコは、ソ連の国際問題週刊誌ノーボエ・ブレーミヤの東京特派員という肩書で政界や財界、外務省、マスコミ関係者と接触、スパイ活動を行っていた。聴聞会では、協力者として国会議員や外務省職員の実名を暴露したことから大きな衝撃を与えた。

どこからこんなに右翼が集まってくるのか不思議だったが、その騒然とした中で全国から一万人を超える教師や父母が会場に続々と入っていった。

降り始めた雪が街宣車やライオットシールドと呼ばれる盾を構える機動隊員の肩に積もっていた。機動隊と右翼の小競り合いはあちこちで起こっていたが、それほど激しくなってはいなかった。ところがいきなり、遠くから怒鳴り合う声が聞こえてきた。急いで走り寄ると、この世に生を受けてから悪行三昧といった風情のいかにも悪人ヅラの大男と、中小企業の品の良い重役風の男が、互いに胸ぐらをつかみ合い、その周囲を機動隊員と特攻服に身を固めた右翼の戦闘員が十重二十重に取り巻いていた。

「ヨーシ、始まった！」

こういう場面を見ると反射的に血が騒ぐ。私は一目散に駆け寄り、その取り巻きを掻き分けるようにしてカメラを精一杯持ち上げ、彼らの頭越しにシャッターを切った。一枚でも撮ると気持ちが落ち着き、周囲がよく見えるようになる。二人が何を怒鳴り合っているのかまったくわからなかった。方言まじりのケンカ言葉なのでチンプンカンプンだった。その形相もスゴイ。こめかみに爆発しそうなほどぶっとい青筋を浮き上がらせ、充血した目を剥き出し、相手を威圧して一歩も引かぬといった意気込みで睨み合っていた。その形相は、まるで夫の浮気現場に包丁を光らせて乗り込んできた古女房のような顔だった。

――オモシロイ。

内心で喜びながら〝コトアレ主義〟の私は次の展開に無責任な期待をして身構えた。

その二人について、目の前にいる気の弱そうな右翼の戦闘員に尋ねると、悪人ヅラの大男が

商業捕鯨全面禁止
七月二十三日、国際捕鯨委員会で一九八六年からの商業捕鯨全面禁止案が採択される。

台風十号
八月二日、台風十号が愛知県に上陸。死者・行方不明者は九十五名にのぼる。

世界初のCD
八月十七日、オランダのフィリップスが世界初のCDを発表。

リニアモーターカー実験成功
九月二日、国鉄がリニアモーターカーの世界初の有人浮上走行実験に成功。

実は、日本の国家権力を両肩に担う国家公安の私服警察のオエライさんで、重役風の紳士は天皇を尊崇し愛国者を称する右翼の幹部だと教えてくれた。

——人は見かけによらぬ。

右翼の戦闘員が反日教組と書かれた幟《のぼり》を振り立てながら、いきなり機動隊に突っ込んだ。たちまちあたりは肉弾戦のチマタと化した。戦闘員は長い竹竿で機動隊員を叩きのめし、機動隊員は警棒で応戦する。機動隊の隊長は「タイホ！　逮捕！」と怒声で連呼していた。

私は二十ミリレンズを付けてピントを五十センチ、絞りをF８に合わせ、

——ここは日本だ、弾丸が飛びかう戦場じゃない。

と自分に言い聞かせ、〝江戸時代の百姓一揆〟のような狂騒の中に突入した。

広島県立体育館内の教研集会では、「教え子を再び戦場に送るな」をスローガンに掲げ、人権に根ざした平和・軍縮教育に取り組み、平和教育は人間教育、生命の尊厳と人間の痛みがわかる心を育てることについて、高学歴の先生たちが穏やかに話し合っているらしい。

肉弾戦の真っただ中で夢中になって写真を撮っていると、

「キサマはホンカンの邪魔をするキーか！」

頭のテッペンが爆発したような声で罵られ、蹴り上げられ、小突かれた。シリモチをつくわ、顔から倒れるわで、気がついたら肩から下げていた予備のカメラが無くなっていた。

雪の上に残る〝ツワモノどもが夢の跡〟を撮影しながら、内心ではカメラをあきらめかけていたが、先ほどの悪人ズラの大男が、そのカメラを提げてこちらに歩いてくるではないか。「そ、それはボクのカメラです」と説明したら、「ホイッ」と簡単に返してくれた。

右翼と機動隊の激突。

立ち去るその国家公安サマの後ろ姿を目で追いながら、

――人の外見と内面は違う。国家公安サマも家庭に戻れば愛される夫であり、お父さんなんだ。

と反省し、そして感謝した。

しかし、文字通り体を張って撮った写真は、「右翼と機動隊がぶつかるのはアタリマエだ」という、部長の後藤編集長よりえらい〝カミソリノヒラ〟の異名を持つほど頭脳明晰な野平健一常務の冷たいひと言で、あっけなくボツになってしまった。

――そりゃそうだ……。だけど、なぜ取材費を使って広島にまで行かせたの？

釈然としなかったが、たまに痛い思いをするのも面白い経験なので、それでよしとした。

長沼ナイキ訴訟で原告敗訴
九月九日、長沼ナイキ訴訟の判決で最高裁判所が原告の上告を棄却。北海道夕張郡長沼町に航空自衛隊の「ナイキ地対空ミサイル基地」を建設するため、森林法による国有保安林指定を解除。これに対し反対住民が、「自衛隊は違憲、保安林解除は違法」と主張。処分の取消しを求め行政訴訟を起こしていた。一審の札幌地裁では初の自衛隊違憲判決、原告の勝訴。二審の札幌高裁は一審判決を破棄。原告の住民側は上告をしていた。

グレース・ケリー死去
九月十四日、元ハリウッド女優でモナコ公国のグレース・ケリー大公妃が自動車事故によって死亡。

三越事件
九月二十二日、三越の岡田茂社長が取締役会で解任される。その場で思わず口をついて出た岡田社長の「なぜだ！」という言葉が話題となり流行。

野球に生き野球に死す。松田昇──一九八二年二月九日

明徳義塾高校野球部と松田昇監督（七十六歳）の取材のため、私は高知に向かった。一八九五年（明治二十八年）生まれの松田監督は、当時高校野球史上最高齢の監督だった。松田監督は、戦前は高知商業高校で二年、満州の日本人学校で三年間、監督を務めた。この間、甲子園（選抜高等学校野球大会）に二度出場。戦後は母校の高知商の監督に再び就き、十七年間采配を振るった後に最高顧問を九年間務めた。この足かけ二十六年の間、松田監督は甲子園に出場すること十八回、準優勝二回、国体優勝一回という赫々《かくかく》たる戦績を残した。そして、一九七八年（昭和五十三年）に、明徳義塾中学校の野球部監督に就き、一九八一年（昭和五六年）に生徒の進級に伴って明徳義塾高校の監督に就任したが、既に一九八二年春の甲子園出場が決定していた。

高知入りした翌朝の二月八日、ホテルの部屋でテレビをつけると、東京赤坂の「ホテルニュージャパン」が紅蓮の炎に包まれている映像が目に飛び込んできた。窓際でその燃え盛る炎と黒煙、高熱から逃れようと必死にもがいている人の姿もあった。火災は未明の三時三十分頃に始まったという。『フォーカス』のカメラマンと記者も、その修羅場の中で取材に駆けまわっているに違いないと思った。

国鉄非常事態宣言
九月二十四日、第二次臨時行政調査会（土光臨調）の五年以内に本州四ブロックと北海道、四国、九州に国鉄を分割して民間会社に移行すべきとの基本答申を受けて、政府は「国鉄緊急事態宣言」を出し、新規採用の原則停止、職員数削減などリストラを進める。

シュミット首相退陣
十月一日、西ドイツでヘルムート・シュミット首相が議会で不信任となり退陣。ドイツキリスト教民主同盟党首のヘルムート・コールが首相に就任。

CDプレーヤー発売
十月一日、ソニーが世界初のCDプレーヤー「CDP-101」を発売。

『笑っていいとも！』放映開始
十月四日、フジテレビ系で昼のバラエティ番組『森田一義アワー 笑っていいとも！』放送開始（二〇一四年三月三十一日放送終了）。タモリの司会で「テレフォンショッキング」などの人気コーナーにより国民的番組となる。

松田昇監督と明徳義塾高校野球部の部員たち。この写真を撮影したあと、明徳義塾高校は春の甲子園に出場して初勝利を上げた。しかし、2回戦では和歌山県立箕島高校に敗れた。松田監督はこの 1982 年 11 月 20 日に香川県立中央病院で結腸がんのため亡くなった。

二月九日は松田監督の取材日だった。前日と同様、朝起きてテレビのスイッチを入れると、またもその画面に釘付けになった。羽田空港着陸寸前に墜落した日航機DC8型機が映し出されたからだ。機首が千切れて翼の折れた胴体が、真冬のヘドロの海に浮いていた。その周囲には救助に駆けつけたゴムボートや漁船が群がっていた。生きている人も血糊やヘドロにまみれていた。架空の出来事か、悲惨な夢を見ているような感じだった。しかし、それは現実だった。事故に遭った乗客や乗務員の方々にはお気の毒で申し訳ないが、同時に二日も続けてそういった現場に立ち会えないという報道カメラマンとしての運の悪さに腹が立った。居ても立ってもいられなかったが、高知にいては撮影になど行くことはできない。あまりにも悔しいので、墜落現場上空を旋回しているヘリコプターからのテレビ映像を撮ることで、カメラマンとしての無力感をまぎらわせた。

このテレビ映像を撮っていると、ひと月ほど前に米国ワシントンのポトマック川に旅客機が墜落したショックングなニュース映像がよみがえった。吹雪の中で救助活動が続けられている最中、ヘリコプターから降ろされた救命ロープを近くの女性に譲り、自らは力尽きて氷に覆われた川に沈んでいった男性や、救命ロープを離してしまった女性を助けるために、川に飛び込んで救助する勇敢な一般男性の姿などが映し出されていた。

その頃の『フォーカス』では、創刊時に始まった著名な写真家による複数の連載企画がなくなっていた。その中の一つに藤原新也氏が写真を撮り文章も書いた『東京漂流』という連載企画があった。受験生一柳展也による「金属バット両親撲殺事件」では、大型カメラで事件の起きた新興住宅地にある彼らの自宅を撮り、「アメリカ淵紅葉散歩・バスガール情痴殺人死体遺棄現場」では、奥多摩の紅葉と渓谷の狭い空間に浮かぶ女性の全裸死体の写真を配し、「東京最後の野犬、有明フェリータの死について」は、荒涼とした埋立地に棲息し薬殺された野犬についてのルポだった。

また、倉田精二氏の「欲望の遠近法」という連載もあった。倉田氏によるストロボ光一灯のみの力強い写真には飛び上がるほど驚かされたが、編集長のデスクの上に並べられた写真を見ていると、連載を続けていくことに苦しんでいるのではないかと思った。

藤原氏にしても、人間の死体を犬が食べている写真を使った「ヒト食えば、鐘が鳴るなり法隆寺・ニンゲンは犬に食われるほど自由だ」と題した記事や写真で物議を醸し連載を終えることになったが、自分の身に置き換えて考えてみても、とてもじゃないが毎週毎週一人でその重圧に耐えられるわけがないので、この連載はそれほど長く続かないのではないかと感じていた。ただ、ほかの週刊誌では、写真を主役にしてこれほど濃密で力の籠った連載はできないと期待していただけに、非常に残念だった。

「ホテルニュージャパン火災事故」と「日航羽田沖墜落事故」以降、『フォーカス』の誌面から情緒的、芸術的、回顧的な写真が減った。それまでは編集方針に色々迷いが生じて揺れ動いていたようだが、その呪縛から解き放たれたかのように、写真は目の前に生起する現象をまっすぐに写し撮り、記事はその背後にあるものをストレートに掘り起こそうとするようになった。『フォーカス』編集部が、闇夜に一筋の光明をおぼろげながらも見出した頃だったのかもしれない。

また、当時の日本にも視覚メディアにぴったりの時代が到来していた。八〇年代に入ると情

夕張炭鉱閉山

十月九日、一八八九年に採炭が開始され優良な鉄鋼コークス用原料炭を産出し、最盛期の一九六〇年代には年間百〜百五十万トンの出炭量を誇った北炭夕張炭鉱が閉山。

鈴木首相の退陣表明

十月十二日、総裁選での再選による長期政権が視野に入っていたにも関わらず、鈴木善幸首相が突如退陣を表明。首相就任時から党内融和を掲げてきたことから、「総裁選を争いながら党内融和を説いても説得力がない。退陣によって人心一新を図り挙党体制をつくりたい」というのが退陣表明の理由だった。

PC-9800 発売

十月十三日、NECがパソコンのヒットシリーズとなる「PC-9801」を発売。

シブがき隊のコンサート事故

十月十六日、愛知県豊橋市で行われたジャニーズ事務所のアイドルグループ「シブがき隊」のコンサートで、会場に入ろうと殺到した中高生が将棋倒しとなり、女子中学生1人が死亡。

報化が格段に進んで、その情報過剰に煩わされるようになり、目で見ただけでおよそのことが理解できる視覚情報が好まれるようになった。それ以上に重要なことは、その視覚情報に人を動かす強い力があることがわかってきたことだ。

いま振り返れば、見開き写真一枚と切れ味のよい短い文章で構成された『フォーカス』は、その条件を備えていたことになる。また表紙が三尾公三氏のクールな絵で、価格も百五十円と安く、版形が大判でページ数が六十四と薄いのもシャレていた。しかし、それが売上げに結びつくまでには、新たなチャンスといましばらくの時間が必要だった。『フォーカス』は先駆者としてイバラの道を進み、自らの未来を切り拓かねば、存在し続けることはできなかったのだ。

その後のホテルニュージャパン火災事故について書いておくと、火災時に数人のカメラマンが出動したが、『フォーカス』のトップページを飾ったのは、小平尚典カメラマンの撮った「瞳孔反射なし! ニュージャパン大火災の恐怖レポート」というタイトルを付けられた写真だった。望遠レンズで捉えた、火災現場から救助された被害者の目に救急隊員がペンライトを当てているという、ハッと息を呑むような写真だった。

この火災を拡大させた原因は、〝乗っ取り屋〟との異名を持つ横井英樹社長の行き過ぎた合理化だった。人件費削減による従業員の解雇、スプリンクラーや非常ベルなどの防火設備の不備によって、死者三十三名、負傷者二十八名という大惨事を招いてしまったのである。横井社長はその違法経営により、一九九三年(平成五年)十一月に最高裁において業務上過失致死傷罪で禁固三年の刑が確定、服役した。

三越岡田茂社長と愛人の逮捕
十月十八日、三越事件で同社社長を解任された岡田茂の愛人、Tが脱税容疑で逮捕。十月二十八日には岡田茂社長も特別背任容疑で逮捕される。

中日セリーグ優勝
十月十八日、中日がシーズン最終戦でセ・リーグ優勝を決める。

西武の黄金時代が始まる
十月三十日、西武ライオンズが中日ドラゴンズを破り日本シリーズ制覇。これより広岡達朗、森昌彦両監督の下、八〇年代を通して西武黄金期が始まる。

ブレジネフ首相死去
十一月十日、ソ連のレオニード・ブレジネフ書記長死去。後任にユーリ・アンドロポフ元KGB議長が就任。

日米実戦共同演習
十一月十日、静岡県の東富士演習場で自衛隊と米軍が初の日米実戦共同演習を行う。

山高帽と「ブリキの皇帝」秋山祐徳太子——一九八二年二月十五日

ブリキの像が立ち並ぶ間から、山高帽を目深にかぶったヒゲ面を覗かせている男性は、秋山祐徳太子氏（四十六歳）。山高帽がトレードマークの秋山先生は、一九七五年（昭和五十年）と一九七九（昭和五十四年）の東京都知事選に出馬して〝ケッタイな泡沫候補〟と話題を撒いた。

最初の選挙では、「保革の谷間に咲く白百合」を標語にして、現職の美濃部亮吉氏や元参議院議員の石原慎太郎氏に挑戦、三千百一票を獲得し、十六人中五位という高順位で〝堂々の落選〟を果たす。二度目は「都市の肥満を撃つ」「都市を芸術する」をスローガンに立候補し、四千百四十四票を獲得したが、十三人中七位でまたも落選。悲しいことに二回とも高額な供託金百万円の没収という結果に終わった。その後、まるで音沙汰がないと思っていたら、突如、一九八二年（昭和五十七年）二月初めに東京日本橋の東邦画廊で「彫刻展」を開催。それが大新聞の文化・美術欄で大好評になり、にわかに芸術家としての脚光を浴びていた。というわけで、二月十五日に桜井信夫記者とともに取材させてもらった。

秋山氏は武蔵野美術大学彫刻科の出身で、祐徳太子という名前は大学時代のアダ名。それをそのまま通り名にしてしまったという。ちなみに本名は祐徳。こんなふざけた名前を冠したこ

ブルーインパルス事故
十一月十四日、静岡県の浜松基地で開催された同基地航空祭で、実演飛行中のブルーインパルスT−2の一機が墜落、操縦していたパイロットが死亡。

上越新幹線開業
十一月十五日、大宮〜新潟間で上越新幹線開通。

中曽根内閣発足
十一月二十七日、自民党田中派の全面的支援を受けて中曽根康弘が総理大臣就任し、第一次中曽根内閣が発足。田中派から七人が入閣し、当初は「田中曽根内閣」と揶揄されたが、第一次〜第三次まで（一九八二年〜一九八六年）続く長期政権となる。昭和最後の内閣。

大ヒット映画『E.T.』封切り
十二月四日、米映画『E.T.』が日本で公開。後に国内外で史上最大の興行収入を記録することになる。

とが、アダになったのかどうかはわからないが、大学を卒業してからは、彫刻よりも自らが「ポップ・ハプニング」と称するパフォーマンスに専念することになった。

秋山氏は、二宮金次郎の像を真似て薪を背負い、書物を広げて文部省（現文部科学省）や東京大学の角に立ったり、グリコと描いたランニングシャツに短パン姿で〝一粒三百メートル〟の馬力とばかりに銀座を駆け抜けたり、前述のように「政治のポップアート化」と称して都知事選に出馬するなど、専らパフォーマンスに忙しかった。こういった奇矯な行動の原動力は、他人から見ればバカバカしくてやっていられないことをやってしまう痛快さにあるらしく、さらにそこには、諧謔《かいぎゃく》精神と軽妙さがなくてはならないという。

常人の理解を超える奇態な「芸術活動」を続けてきた秋山氏だが、この度の彫刻展は三十点の作品を出品した本格的な作品展である。出品作品の素材はブリキであり、二枚のブリキ板をハンダで溶接し、表面に塩酸をかけて磨いたユニークな作品群だ。いずれもヘンペイな作りで山高帽やトンガリ帽子をかぶり、肩章や勲章をつけた皇帝像や男爵像だが、威厳や尊大さはなく、どこかトボケた表情、いや見方によっては崇高で虚無的に感じることもできる作品ばかりだった。

「号あたり何百万円なんて値段のまかり通る今の美術界がおかしいのです。だからブリキという安い素材を使って既成の権威に殴り込みをかけたのですよ。芸術が庶民の手に届かないなんてのはとんでもない話。何がなんでも大衆の次元に引き下ろしたい。政治の方は当分休むけれど、ボクは死ぬまで美術界の風雲児であり続けますよ」

これらの作品群を前に秋山先生、はにかみながらも意気軒高だった。

三波伸介死去
十二月八日、戦後を代表するコメディアンのひとり三波伸介が解離性大動脈瘤破裂により急死。三代目の司会を務めていた日本テレビ系の人気番組『笑点』（日本テレビ系）は翌年から三遊亭圓楽が四代目司会者に就任。

テレホンカード発売
十二月、ＮＴＴ（日本電信電話公社）より公衆電話で利用できるプリペイドカードである磁気テレホンカードが発売され、全国に普及する。

五百円硬貨発行
それまでの五百円紙幣（岩倉具視の肖像デザイン）に代わって初代五百円硬貨が発行される。材質は白銅。発行枚数は三十億枚。

流行語
逆噴射、三語族（「ウッソー」「ホントー」「カワイイー」の三語ですべての感情を表す若い女性）、ネクラ（表面は明るく振る舞っているが、根は暗い性格の人）、ルンルン（テレビアニメ「花子のルンルン」から気分がウキウキした状態を現わす言葉）

秋山祐徳太子氏とブリキの彫刻。

ちなみに、小さいもので四、五万円、大きいものは三十万円から四十万円という大衆的な値段の作品群は、既に三分一が売約済みだった。

ヒット曲
『待つわ』あみん、『聖母たちのララバイ』岩崎宏美、『北酒場』細川たかし、『悪女』中島みゆき、『ハイティーン・ブギ』近藤真彦、『チャコの海岸物語』サザンオールスターズ

ベストセラー本
『悪魔の飽食』森村誠一、『プロ野球を10倍楽しく見る方法』江本猛紀、『気くばりのすすめ』鈴木健二、『峠の群像』堺屋太一、『日本国憲法』、『積木くずし』穂積隆信

ヒット映画
『E.T.』、『ミラクル・ワールド　ブッシュマン』

ロリコンブーム
この年、少女や幼女を扱ったコミック、アニメ、写真集等がブームとなり、現在の「萌え」に継続される。

「ロス疑惑」という名の劇場型事件――一九八二年二月二十一日

一九八二年（昭和五十七年）二月二十一日の日曜日だった。取材の申し込みをしていた三浦和義社長（三十五歳）から、

「一美が集中治療室を出た。撮影に来てくれてもいい」

という連絡が編集部にあった。

早速私は深江英賢記者といっしょに病院におもむき、正面玄関で三浦社長と落ち合って待合室で二十分程度会話した。「ボクは水の江瀧子（女優・映画プロデューサー）の親戚なんですよ」といった話などを聞かされたが、三浦社長から「病室内は撮影禁止なので、看護師（当時は看護婦）のいない時になんとか撮影しましょう」という提案があった。

妻の一美さん（二十八歳）は、一九八一年（昭和五十六年）十一月十八日に米国ロサンゼルス市内で銃撃された。直後に現地の医療センターで頭部切開手術を受けたが、それでも取りきれぬ銃弾の破片が脳の内部に残っていた。テレビ画面に映しだされた「妻を返せ！」と号泣する三浦社長の姿は多くの視聴者の涙を誘った。三浦社長は当時、湘南で雑貨輸入会社フルハムロードを経営していた。

米軍の特別の配慮により、一美さんは医療用輸送機で横田基地に到着。そこから神奈川県伊勢原市の東海大学付属病院までヘリコプターで搬送された。脳外科医の世界的権威といわれる佐藤修教授の診断を仰ぐためだった。しかし、一美さんの右半身は完全に麻痺、両眼は失明、意識の回復の見込みはなかった。「再手術は不可能。長くもっても三年以内の命」と宣告された。

病室に入った三浦社長は、

「カズさん、カズさん……一美、一美、カズさん！」

と一美さんの耳に向かって叫び始めた。

「ほんの少しでも妻が反応してくれればいいと、ここに来る度に名前を呼び続けているんですが、何の反応も返ってこないんですよ」

看護師が見まわりに来ると、カメラを隠すことはしなかったが撮影している姿は見せないようにした。その間も三浦社長はずっと録音テープのように「カズさん、一美」と叫び続けていた。その時は撮影に集中していたので何も感じなかったが、後から考えてみると、うがった見方かもしれないが、取材用のサービスだったように思えた。

最初、三浦社長は一美さんの顔が写らないように、顔の半分ほどを薄い掛け布団で隠していたが、撮影が終わったと思い、顔を覆っていたその掛け布団を外した。一美さんの顔が見えた。

私は反射的にシャッターを切った。病室内に響くそのシャッター音で、サングラスを掛けたままの三浦社長が私に視線を向けた。それまでと違い、レイバンの黒いレンズを通して、演出ではない本物の三浦社長を感じた。自分の妻の見舞いに来ている室内でサングラスは不釣合いだと当初は思っていたが、なぜかこの時、私はサングラスを掛けたままの方が彼らしいと思った。

その頃の三浦社長は、自身も左太モモに銃弾を受けた夫として、世間から深い同情を受け、マスコミ報道も思いやりのある内容のものが多かった。『フォーカス』もこの日の取材内容を「妻の命は長くて三年――ロスの強盗に妻を植物人間にされた夫の〝闘い〟」という見出しで伝えていた。

しかし、この事件はこれで終ったわけではなかった。

その後の経緯を書くと、およそ以下のようになる。

撮影してから九カ月後の十一月三十日、一美さんは亡くなった。一九八四年(昭和五十九年)一月から『週刊文春』がこの「一美さん銃撃事件」を取り上げ、「疑惑の銃弾」というタイトルで連載を始めた。内容は「三浦社長が一億六千万円の保険金を目当てに、妻の一美さんの殺害を仕組んだのではないか」というものだった。この記事をきっかけに、一転して三浦社長は疑惑の張本人とされるようになる。警察の捜査も始まり、いわゆる「ロス疑惑」の報道が過熱していったのである。

翌一九八五年(昭和六十年)九月、三浦社長は「一美さん銃撃事件」に先立つ「一美さん殴打事件」の殺人未遂容疑で逮捕された(殴打事件では懲役六年が確定し一九九八年から約二年服役)。

さらに三浦社長は、一九八八年(昭和六十三年)十月に、「一美さん銃撃事件」の殺人容疑

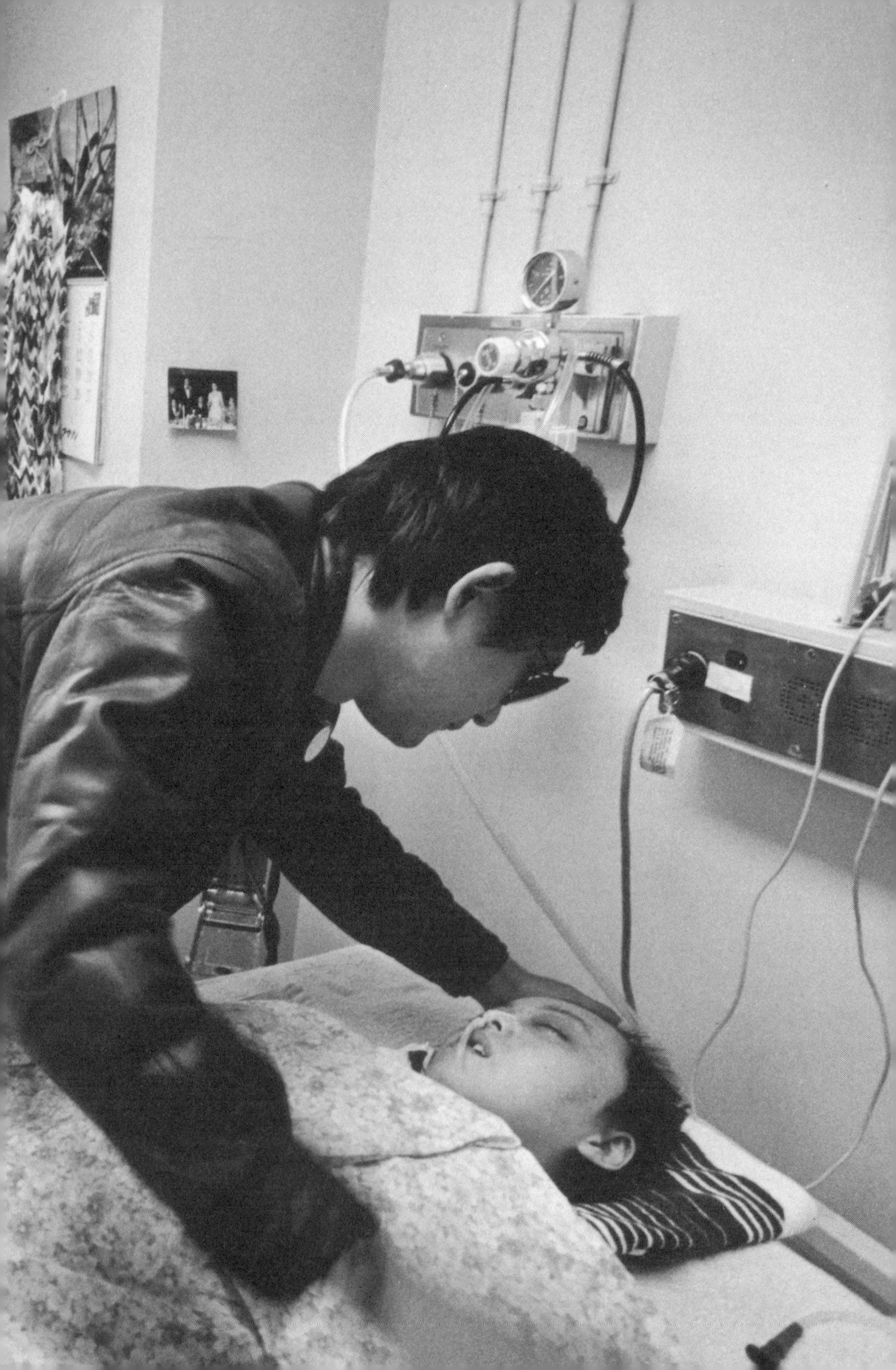

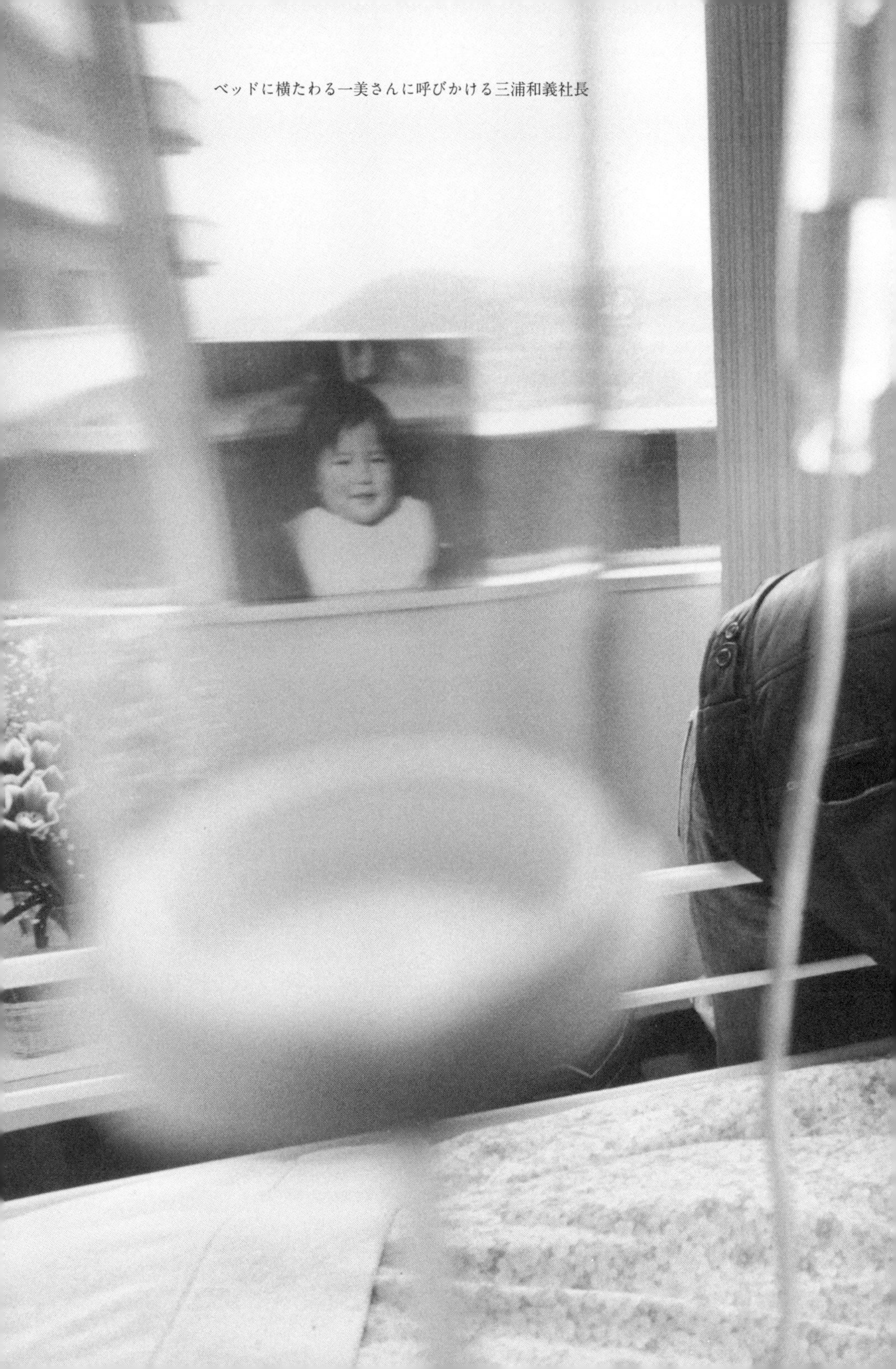

ベッドに横たわる一美さんに呼びかける三浦和義社長

者として再逮捕され、一九九四年（平成六年）三月には、実行犯の特定のないまま東京地裁から無期懲役の判決を言い渡されたが、二〇〇三年（平成十五年）七月に最高裁で無罪判決が確定した。

ところが、ここでも事件は終わらなかった。日本で「一美さん銃撃事件」の無罪が決まった三浦社長だったが、二〇〇八年（平成二十年）二月二十二日、殺人および共同謀議の疑いによって、米国自治領のサイパン島で米国捜査当局に逮捕された。一美さんが銃撃されて二十七年、私は何やら白昼の亡霊を見る思いだった。

ちなみに、事件のあったカリフォルニア州では殺人罪に時効はない。そのため、同市警の未解決事件担当班が極秘裏に捜査を再開していたのだった。ロサンゼルス市警に護送され到着した十月十日、三浦社長はその留置施設でシャツの布を使って首吊り自殺。しかし、他殺の可能性も高いとされ、自殺か他殺か、その謎の死の原因は闇の中に消えていった。

「校内暴力」が吹き荒れていた。一九八二年（昭和五十七年）三月には、全国の中学と高校のうち実に六百三十七校の卒業式に警官が出動する事態となった。

一方、景気回復を目的に日本社会党（以下社会党。現社会民主党）などが要求している一兆円減税が、日本中で盛り上がりを見せていた。大々的な減税集会が代々木公園で開かれるというので、その取材の準備をしている時だった。

「フランス人女優のアヌーク・エーメ（四十九歳）とポーランド人俳優のダニエル・オルブリフスキー（三十七歳）の〝密会〟の現場を撮れ」

という指令が後藤編集長から下った。

個人的には「浮気ぐらいカンベンしてあげたい」という気持ちがある。こういったケースでは、妻子もちの男のほとんどが哀れな末路を迎えるからだ。しかし、『フォーカス』は甘くない。

それにしても困ったのは、フランス語でないと会話が成り立たないということだった。しかし、この取材には早稲田大学文学部でフランス文学を学んだ石戸谷《いしとや》 渉《わたる》記者が同行してくれることになったので、少し気が楽になった。だが、心配はまだあった。二人をスクリーン上では

撮影のために夕暮れの野外にでてくれた大女優のアヌーク・
エーメさんと俳優のダニエル・オルブリフスキー氏。

知ってはいるが、実際に目の前にした時に判別できるかどうか甚だ心許なかったのだ。

ともあれ、三月二十七日の昼前から、その二人が〝スウィート〟な日々を過ごしているという港区のホテルのロビーで、石戸谷記者とコーヒーをすすりながら、それらしいカップルを探すことにした。

二時間ほど経った頃、遠く離れた席にやって来た二人を発見。そのカップルが恋人たち独特の睦まじい雰囲気を立ち昇らせていたので、すぐに目的の二人だとわかった。私はパブロフの犬のように（ヨダレは垂らさないが）反射的に望遠レンズで一枚撮り、直撃取材を敢行。石戸谷記者が取材の交渉をしている間、私はアヌークの美貌に見惚れてしまい、ダニエルが彼女の愛の虜になり、その妖艶な色香にからめ捕られた訳をしみじみと納得した。

ダニエルは『約束の土地』『ブリキの太鼓』『愛と悲しみのボレロ』などの映画で活躍。今回は仏映画『鱒』の日本ロケのために来日していた。一方のアヌークは『甘い生活』『男と女』など多くの名作映画に出演した国際的な大女優だが、ロケのスタッフではなく個人的にダニエルに同行しているという。部屋も当然のごとく同室だった。

取材を受けてくれるというので、ホテルの外でしばらく待っていると二人が現れた。石戸谷記者が撮影の合間にダニエルにインタビューし、アンカーライターの斎藤勉氏が最終的に書き上げた記事を、当時の『フォーカス』から引用させてもらう。

「……こんど、彼女が同行してるのは？」

「彼女は映画についてアドバイスしてくれる。演技に関する微妙なニュアンスの指示を通訳してくれるんだ」（演技の指示も彼女の通訳も同じフランス語のはずなんだけどネ）

「お互いのことをどう思っている？」

「その質問には二人とも正直な答えは出てこないだろう」

「正直に言うとマズイことでもある？」

「そうだ、私には（ポーランドに）妻子がある」

ダニエルは露骨にイヤ～な顔をしたが、正直に答えてくれた。しかし、恥らうような素振りで寄り添っている恋多き女アヌークは、甘え上手ないたずらっぽい目を輝かせていた（この目にダニエル氏はイチコロだったと思われる）。

この記事と写真が掲載された後、アヌークの日本の代理エージェントから、

「とっても素敵な記事と写真だったわ」

とスキャンダル記事にも関わらず、彼女が喜んでいるという内容の連絡があった。

こそばゆいが、褒められるのも悪くない。実は、最初に掲載が決まった時の写真は、二人を発見してパブロフの犬のように反射的に撮った写真だった。そのことを知った私は、後藤編集長に直談判してこの写真に差し替えてもらった。二人に接していて感じた甘ったるさが、ありのままに写っているように思えたからだ。

「つまみだせ!」後援会長岡田茂の怒声――一九八二年四月十日

福田文昭さんが執念をかけて撮影した大スクープ、田中角栄元首相の法廷内写真が『フォーカス』一九八二年四月九日号に「裁かれる田中角栄」と題して掲載された。この写真の反響は凄まじかった。『フォーカス』という雑誌の名前とその存在が各種メディアに取り上げられ、世間一般に認知されて注目度も飛躍的に増した。

新聞各紙の論調はその前例のない無法な取材を咎め、東京地裁からは厳重な抗議があったが、編集部には読者から好意的な励ましの電話が多数寄せられた。

「ロッキード事件」は、一九七六年（昭和五十一年）二月に米国上院で発覚した。旅客機の受注をめぐって米国航空機製造大手のロッキード社が、巨額のカネ（三十億円以上といわれる）を日本の政財界に賄賂としてバラ撒いた大規模な汚職事件である。事件の背後では「フィクサー」児玉誉士夫《よしお》や「死の商人」と呼ばれた小佐野賢治が暗躍し、五億円を受領した田中元首相をはじめ、橋本登美三郎運輸大臣や佐藤孝行運輸政務次官などが、受託収賄や外為法違反容疑で東京地検特捜部に逮捕された。田中元首相に対する公判は、一九七七年（昭和五十二年）一月に東京地裁で始まり、国内だけでなく世界中から注目されていた。

『フォーカス』の採算ラインは四十万部だった。何しろ写真を撮るにはおカネがかかるから仕方がない。四十三万六千部で創刊され、「ホテルニュージャパン火災事故」や「日航羽田沖墜落事故」の報道などを経て『フォーカス』が進むべき方向は固まりつつあったが、いまだ二十万部を超えたあたりを低迷していた。その販売部数がグイッと上向き始めたのは、この裁かれる田中角栄の写真が注目されたことがきっかけだった。また、法廷内における写真撮影の是非について、大きな議論が巻き起こったのもこの写真が原因だった。

低迷期は広告料の減収によって、フリーカメラマンのギャラは泣きたいほど低く抑えられていたが、四十万部で設定された広告効果も達成できないため、当然のことながら広告部にも迷惑が掛かっていた。

ある事件の被害者の写真を複写し、明け方になって伊豆から帰って来ると、後藤編集長がたった一人で私を待っていた。写真の出来上がりを確認した後、自宅に帰るため編集部を出て広告部の前を通りかかった後藤編集長は、広告部の誰一人いない部屋に向かって深々と頭を下げた。その姿を、私は今でも忘れることができない。

四月十日、元大関初代貴乃花の藤島部屋（後の二子山部屋、貴乃花部屋。二〇一八年（平成三十年）十月に廃業）の後援会が発足。その後援会長を岡田茂（六十七歳）三越デパート（現三越伊勢丹）社長が務めることになり、「藤島部屋後援会発会・記念レセプション」が世田谷にある三越バラエティで行われた。

鏡割りをした時の岡田社長は、ちょっと力が入り過ぎたようで、着ている高そうなスーツに日本酒が景気よく飛び散ったが、そんなことにかまうことなく機嫌はすこぶる良かった。

元大関・貴乃花夫妻と後援会長の岡田茂三越社長。

しかし、鬱陶しいほど接近して撮影する私が、喰らいついたら離さないという悪名高き『フォーカス』のカメラマンだとわかると、憤怒の形相を真っ赤に火照らせた顔に浮き上がらせ、

「なにーっ、そんなヤツは、つまみ出せ！」と、部下を怒鳴りつけた。

怒鳴りつけられた社員は申し訳なさそうに、奥成繁記者と私をレセプション会場から出るよう促した。正式に受付をすませていたし、取材の主役は藤島親方だったのだが、「三越の天皇」の横暴な態度と言動はまさに噂通り。私は三越の社員に同情した。

既にその頃「三越の女帝」と呼ばれ、愛人と囁かれていたT女史との関係や社内における独裁体制と無軌道な経営ぶりなどが度々マスコミで叩かれ（もちろん『フォーカス』でも徹底的に）、社内では岡田打倒の炎が青白く燃え広がっていた。そんなことから、マスコミを煙たく感じていた岡田社長は、私が自分を陥れるために取材に来たマスコミの走狗の一人と勘違いしたようだ。

八月、T女史の会社を通じて輸入し、日本橋の三越本店で開催した『古代ペルシャ秘宝展』の出品物のほとんどが贋作だったことが判明。その頃は既に岡田降しの包囲網が完璧に仕上がっていたため、翌月の取締役会で岡田社長は代表取締役社長を解任された。この時、岡田社長が思わず口走った「なぜだ！」という言葉は流行語になった。十一月、岡田元社長は、T女史と共謀して三越を私物化し、多大な損害を与えたとして特別背任の罪で逮捕された。

「天皇」につまみ出された五日後の四月十五日、〝日雇い労働者の街〟〝巨大ドヤ（簡易宿泊

所）街〟などと呼ばれた東京台東区の山谷（現在の清川・日本堤・東浅草）で暴動が起こった。原因は、酔って倒れた男を介抱していた男を、警察官が〝介抱スリ〟の疑いがあるとみて山谷地区派出所（現日本堤交番）に連行したことにある。山谷の労働者たちが「介抱スリを助けるのか」と勘違いして騒ぎ出し、山谷地区派出所を投石などでメチャクチャに壊した。その現場写真を撮っていると、男たちに絡まれた。機動隊側にいると、どこからともなく石が飛んで来た。鼻先をかすめた時はヒヤッとした。労働者約二百人が集まり、機動隊員は三百人が出動し、労働者四人が逮捕されてようやく騒動は収まった。

逆噴射。「日航機墜落事件」――一九八二年五月十二日

一九八二年（昭和五十七年）二月九日に起こった「日航羽田沖墜落事故」について詳細が明らかになった。滑走路まであと三百メートルのところで、初期精神分裂病のK機長（三十五歳）の、操縦桿を深く押し込みエンジンを逆噴射させるという信じられない行動が原因だった。その時、副操縦士が「キャプテン、何をするんですか！　やめてください」と絶叫し止めようとしたことも、後に回収されたブラックボックスからわかった。さらに、事故現場から脱出する時に機長が負傷者を助けなかったこと、乗客よりも早く救命ボートに乗り込んだこと、その時彼が羽織っていたカーディガンによって胸の機長マークが隠れていたため誰も気付かなかったことなども判明した。死者二十四名、重軽傷者百四十九名という前代未聞の人災だった。

機長は詳しい検査を受けるため、港区の東京慈恵会医科大学付属病院に入院していた。入院中の機長の姿を撮影しようと試みたが、残念ながら撮ることはできなかった。

私は、機長の退院日に休暇をとりたいと後藤編集長に申し出た。というのも、編集部では既に撮影の段取りが組まれていたので、私が参加できる余地はなかったからだ。私は、一写真家として機長の退院の現場に立ち合い、頭に描いていた写真を撮りたかったのだ。また、現場に

立ち合えなかった悔しさのあまり、墜落時の映像が流れるテレビ画面を撮って我慢したことも理由の一つだった。編集長からは、そういうことならば、とすぐに許可がでた。

五月十二日、機長が慈恵医大病院を退院する朝の光景は、一般患者の退院とはかけ離れたものだった。ピーンと張りつめた緊迫感に包まれた病院は、マスコミ関係者や警察、野次馬で取り囲まれていた。私は、何食わぬ顔をして病院の中をうろついて、警察が退院口を変更していないか確認した。それまで警察に泣かされたことが度々あったからだ。

退院は専用の入退院口を使うことがわかった。レンズは四〇〇ミリの超望遠、フィルム感度はISO1600、顔のアップのみを狙う。薬漬けで顔がむくんでいるという噂があったからだ。顔のアップさえ撮影できれば十分だった。撮影場所は出入り口に一番近い最前列に陣取った。

空気が止まった、そんな風に感じた。薄暗い出入り口に現れた機長の顔は、わずかにむくんで見えた。一瞬ではあったが、機長がしっかりした目を報道陣に向けたことや、数人の私服刑事に付き添われているのもわかった。ただ、シャッターを押す度に跳ね上がるミラーのため、ピントがどうなっているのかわからなかった。

車に乗るまでの約五十メートル、わずか一分足らず。ストロボの閃光を浴び続けた機長は、先導するパトカーとともに東京警察病院多摩分院に向かって走り去った。

機長は退院後、即、鑑定留置。そのまま東京警察病院多摩分院に運ばれ精神鑑定に付された。その結果、墜落時には「心神喪失」状態にあったとされ、事故の責任能力を問われず不起訴処分、いわば「無罪」になった。

私服警官に付き添われた（？）退院の日のＫ機長。

翌六月、米国でも「レーガン大統領狙撃事件」の犯人が、発砲時「心神喪失」状態だったとされ、「無罪」になった。

百兆円の夢「徳川埋蔵金」を掘る――一九八二年六月十四日

「宝探し」は男のロマンであり夢だという。古今東西、沈没船の探索から地中の発掘まで宝探しの話は無数にあり、多くの人々が血眼になって財宝を探し求めて来たが、そのほとんどはマユツバモノか伝説めいたものだった。ただ、海外のみならず国内で発見された例もいくつかある。国内で最大の例は、一九六三年（昭和三十八年）に東京で小判千九百枚と二朱金（貨幣価値は一両の八分の一）およそ八万枚がビルの工事中に発見されたことだ。

昔から、日本には数百もの埋蔵金伝説がある。有名なものは、東北の覇者安倍貞任《あべのさだとう》が兜明神岳（現岩手県盛岡市）に埋蔵したとされる莫大な砂金、武田信玄よって黒川谷（現山梨県甲州市）に埋められたという黄金、下総国の戦国大名結城晴朝が結城の里（茨城県結城市）に隠したという二万五千本の竿金などだ。中でも、天下人豊臣秀吉によって多田銀山（現兵庫県川西市）に埋められたとされる黄金にいたっては、何と四億五千万両といわれている。

ともあれ、宝探しに挑戦するにしても、金属探知機などの新兵器を活用するというご時世である。だが、新兵器に頼らずスコップを使って宝探しをしているという酔狂な御仁がいた。水野智之さん（四十九歳）である。水野さんは、広告用看板を製作する会社の社長。彼は、群馬県渋川市の赤城山中に徳川幕府の御用金のありかを求め、文字通りスコップ一本で掘り続けていた。

水野さんの埋蔵金発掘にかける情熱は凄まじく、真夜中に狭い穴の中で、月平均十五日以上も一人で黙々とスコップを振るうのだ。私は、その発掘作業を見学するため、深い穴の中に降りていった。初夏にも関わらずヒンヤリとした穴の中で、水野さんは孤独な作業に没頭していた。数分もすると水野さんの首筋に汗が光りはじめ、背中に大きな汗染みが浮いてきた。

スコップを握っていた手を休め、肩で大きく息をついた水野さんは、

「今日はもうこれでやめようかって、自問するんです。でも、あと一メートル先にあるかもしれないと思うと止められないんですよ。睡眠時間も三時間、四時間なんていうのはザラです」

と、額の汗を拭った。

他人事ながら本業の社長業は大丈夫なのかと心配になるが、水野さんには簡単に止められない事情もあるらしい。その一部始終は、『実録・赤城山埋蔵金四百万両の謎』という本の中に書かれていた。

目当ての埋蔵金は徳川時代末期、大老の井伊直弼が崩壊の危機にあった幕府を再興するための資金に当てようとしたもので、井伊が「桜田門外の変」で暗殺された後、その命を受けていた者たちによって四百万両の大判小判が赤城山中に埋められたのだという。さらに、江戸城開城後に御金蔵が空だったことや、松明《たいまつ》を手にした数十人の武士団と重い荷物を運ぶ多くの人夫たちが、赤城山中に入っていく姿を当時の住人によって目撃されたことも埋蔵金伝説の信憑性に拍車をかけた。

水野さんの祖父、智義さんは一八八四年（明治十七年）にこの埋蔵金を掘り始めたが、さら

徳川埋蔵金を求めて掘りつづける水野智之氏。

に私財を投じて赤城山麓の一画を買い占め、人夫を雇って発掘事業を続けた。その頃は世間から脚光を浴びていたが、長男の義治さんから三男の愛三郎さんに引き継がれるにつれ、世間の目に冷笑が混じるようになった。そして、愛三郎さん没後、子息の智之さんが継承し、百年もの間掘り続けてきたというわけである。

かつての水野家は、千五百石の由緒ある旗本だった。そのため、祖父智義さんは、実際に埋蔵に携わった幕府の勘定吟味役から埋蔵金に関する資料を手渡されたという。

ところが、その資料は謎だらけだった。水野家は代々にわたって見当を付けて発掘を続けたが、出土されたものは純金の家康像や石灰で作られた巨大な亀などで、大判小判とはほど遠いものばかりだった。智之さんは、それらの品は「埋蔵地点をはぐらかすためのトリックだ」と推察していた。代々受け継がれて掘った穴は総延長二十数キロにも及び、費やされた金額は数十億円にのぼるという。

「金が目的じゃない。祖先が命をかけた事業、発掘を続けるのは水野家に生まれた者の宿命みたいなものなんですよ。発掘されたら全国民に分配します」

こう智之さんは話すが、時価百兆円ともいわれ、日本の一九八二（昭和五十七）年度の国家予算五十兆円の二倍にあたる金額である。

もし、そんなことにでもなれば一大事だが、一心不乱に発掘に挑んでいる水野さんの後ろ姿を見ていると、百年以上もの間地中に埋もれている山吹色にまばゆく輝く大判小判を、ぜひ見てみたいものだという思いが湧いてきた。

水野さんを取材した六月十四日は、海の向こうでイギリスが喜びに沸き、アルゼンチンが悲嘆に暮れた日でもあった。四月からフォークランド諸島（マルビナス諸島）の領有をめぐって両国が戦争に突入していたが、結局実力に劣るアルゼンチン軍が降伏し、多くの死傷者を出して「フォークランド戦争」は終結したのである。武力解決の道を決断した鉄の女マーガレット・サッチャー英国首相の勝利だった。

広域重要事件「112号」母娘三人刺殺事件――一九八二年六月十五日

群馬県渋川市から戻った翌十五日の朝、私は横浜の伊勢佐木警察署に向かった。警察署の裏口にはロープが張ってあり、その外側に報道陣が詰めかけていたので、私は焦って車から降り走った。しかし、彼らには緊張感はなく、撮影するまで今しばらく時間の余裕があるように思えた。私は居並ぶ報道陣の中に割り込むようにしてしゃがみ込み撮影チャンスを待つことにした。一回、二回と、シャッターボタンを押し、確実にフィルムが巻き上げられているか確かめ、レンズの絞りとピントの確認も終えた。

裏口のドアが音もなく開いたかと思うと、両手に手錠をかけられて二人の私服刑事に両脇から腕を支えられたF（二十一歳）の姿が目に写った。

事件は二十日ほど前、五月二十七日の夜に起こった。女子高校生に交際を断られたことを恨んだFは、新聞の集金人を装って女子高生の自宅を訪れ、女子高校生と母親、中学生の妹の三人を包丁でメッタ刺しにして殺害したのである。

刑事に促されるようにしてFが歩き始めると、その背後で腰縄を握っている背の低い刑事がいることに気づいた。他社のカメラマンのシャッター音がうなり始めた。私は、すぐにでも撮

３人の私服刑事に囲まれて検察庁に身柄を送られるＦ

りたいという衝動をこらえ、Ｆが目前まで来るのを待った。

能面のように無表情で、刑事と同じ歩調で歩くＦの両足には、走って逃げられないように靴ではなく草履が履かされていた。私は、刑事がカメラの前を通り過ぎる直前からシャッターを切り始めた。一枚は刑事の左手に邪魔されたのでＦ本人は写っていない。しかし手ごたえはあった。四人が警察車両に乗る頃には、他の報道陣を写し込みながらその現場の状況も記録した。

編集部に戻り暗室でプリントしていると、白いジャージを着けた体より先に現像液に浸された印画紙に現れたのは、逆光気味の陽射しの中に写ったＦの暗い表情だった。

「ハラの中のわからんヤツだな」

後日、Ｆの取り調べをした刑事が『フォーカス』に掲載されたこの写真を見て、

「顔と同じで、性格も無表情だった本人らしさが出ている」と、担当の土場《どば》記者に話したそうだ。

六月二十四日、Ｆは母娘三人の殺害を自供し再逮捕された。警察庁は、その他二件の殺人事件にも関わっていると見て、広域重要事件「１１２号」に指定した。Ｆはすぐに、その二件の殺害も認めた。一件は口封じのためで、母娘殺害の共犯者である元少年院仲間の刺殺、もう一件は金のいざこざによる窃盗仲間の刺殺だった。

五人もの命を平然と奪ったＦは、一、二審とも死刑を言い渡された。上告したが棄却されて死刑が確定し、自らの命でそれらの罪を償うことになった。二〇〇七年（平成十九年）十二月七日、四十七歳になっていたＦは死刑を執行された。それまで法務省は、死刑執行の事実と人

数しか公表してこなかったが、この時の執行から氏名、年齢、犯罪事実などを公表することになった。

長期休暇の前後

一億円を拾った〝幸運児〟大貫久男さんが、新築マンションの一邸を買ったというので、六月十九日に江東区錦糸町に出向いた。

大貫さんは一九八〇年（昭和五十五年）四月二十五日、中央区銀座三丁目、昭和通りの道路脇で一億円入りの風呂敷包みを発見し「古新聞かな」と思ってトラックの荷台に放り投げ、そのまま帰宅した。奥さんがその風呂敷包み開けてみると、一千万円の束が十個もあってビックリ仰天。慌てた大貫さんは、すぐに拾得物として警察に届けた。これがテレビや新聞で報道されると、金額が金額なだけに、自宅に電話や手紙が殺到し、嫌がらせや脅迫も受けたそうだ。

結局、落とし主が現れなかったため、大貫さんは六カ月（現在は三カ月）の届け出期間を過ぎた十一月十一日、防弾チョッキで身を固めて出向き、無事一億円を受け取った。

大貫さんが購入した物件は、十一坪のルーフバルコニーが付いた三ＬＤＫのマンション。一時所得として一億円にかかる税金などを引いた残り六千六百万円の中から、マンション代三千三百万円を即金で支払ったという。一億円を手にしてからの大貫さんは、一躍時の人となり、しばらくの間テレビに出演したり、レコードを吹き込んだりしていたが、既に手取り十七万円の元のトラック運転手に戻っていた。そして、この月給とマンション代などを差し引いた残金

古いアパートにはお風呂がなかった。

1億円を拾った大貫久男さん。いまは亡きニュース番組のキャスター逸見正孝さんに新しいマンションでインタビューを受けている。

二千九百十万円の貯金で生活していると話してくれた。堅実な人である。

六月二十三日は埼玉県の大宮駅で行われた東北新幹線の開業式を取材し、三日後の六月二十六日には名古屋市内にある昭和署に向かった。犯人は四十二歳の女性。二十歳を過ぎた子どもがいることが十一歳年下の恋人にバレ、それが言い争いの原因となって男性を絞殺し、その男根を切り取ったという。この事件より四十六年前の一九三六年（昭和十一年）にも同様の事件があった。それは、阿部定《あべさだ》という元芸者が妻子ある小料理屋の主人石田吉蔵を性交中に腰紐で絞め殺し、その男根を根元から切り取って持ち去ったという猟奇事件、世にいう「アベサダ事件」である。

日本の防衛関係者を震撼させた「自衛隊幹部スパイ事件」が、一九八〇年（昭和五十五年）一月に発覚。それは自衛隊における対ソ情報のオーソリティーだったM元陸将補が、こともあろうにソ連と通じていたという事件だった。軍人の息子に生まれ、陸軍幼年学校から陸軍士官学校に進んだエリート軍人の将軍は、事件発覚後わずか三回の公判で懲役一年の実刑判決が下ると、控訴せずに服役。以来消息が途絶えていたが、出所後は再び墨田区にある公団住宅に戻っているという。七月五日、私は深江記者と二人で半信半疑のままその部屋を訪ねてベルを押した。するると、何のためらいもなくドアが開いた。深江記者が名刺を出すのと同時に私は、脅かして申し訳ないという気持ちと、必ず撮らなければという使命感のようなものの狭間でシャッターボタンを押した。撮れた写真はたった三枚だけ、一秒にも満たない瞬間にドアは閉められた。

東京の南方千三百キロに浮かぶ絶海の孤島、南硫黄島で発見され生け捕りにされた「天然記

昭和署に連行される男根を切り取った女性

念物」オガサワラオオコウモリのオスを、七月九日に隅田区の日本野生生物研究センター（現自然環境研究センター）で撮影した。一般のコウモリはもっぱら虫の類《たぐい》を食べるが、オガサワラオオコウモリはフルーツ専門。そのため害鳥の一種として駆除されたことが絶滅状態を招いたとされた。体長二十五センチ、重さは四百グラムしかないが、翼を広げると八十センチくらいの大きさになった。

二十七日は、第九回「クラリオンガール」の最終選考会だった。第一回グランプリに輝いたのは、愛らしい笑顔にナイス・バディ、元祖グラビアアイドルとして一世を風靡したアグネス・ラムであり、コンテストのレベルは高い。一問一答形式の審査員との問答や私服による自己PRよりも、写真にするにはやっぱり水着姿でのディスコダンスだ。賞金は百万円、優勝者は一九八三年用のポスターやテレビCFにも出演することになっていた。応募者五千六百十八人の中から見事優勝したのは、島根大学二年の女子大生、香川えみさんだった。

八月一日、日本を代表するジャーナリスト立花隆さん（四十二歳）とエーゲ海の遺跡の取材をする旅に出発した。私の好奇心に火をつけたこの素敵な企画を提案してくれたのは、新潮社の『フォーカス』ではなく、集英社の『月刊プレイボーイ日本版』だった。連絡が四月の末にあった時には、先導者が発案者でもある立花さんだと聞かされたので躍り上がってしまった。既に、立花さんには『日本共産党の研究』『中核VS革マル』『農協』『田中角栄研究』などの著書があり、今回は、追い続けている「ロッキード事件」の間隙を縫っての旅だった。『月刊プレイボーイ日本版』には学生時代からお世話になっていた。その恩義もある。しかも、取材日数は五十日以上だ。私に断るという選択肢はない。しかし、行くならば『フォーカス』を辞めざるをえないだろうと覚悟した。迷った末に『フォーカス』に紹介してくださった三木淳先生に相談することにした。

その答えは簡単明瞭で力強いものだった。

「立花さんは命がけで仕事をする人だ。いっしょに仕事をすることは、何物にも代えがたい経験になるから行ってこい。帰ってきたら新しい仕事を探せばいいんだ」

励まされた私は、立花さんに同行することに決めた。『フォーカス』編集部は、田中元首相の法廷内写真の影響で発行部数が上向き忙しくなり始めていたが、「若いうちは何事も経験だ」と、長期休暇を認めてくれた。

この取材旅行の日程をかいつまんで書くと、まずアテネを中心に本土を一周し、次にミコノスやロードスなどの島々を伝ってトルコに渡り、エフェソスからエーゲ海沿岸を南下し、アンタルヤから内陸部に入って西に向かって横断し、再びエーゲ海に出た後北上してイスタンブールに入った。さらに、そこからボスフォラス海峡を渡り国境を越えてギリシアへ、そしてアテネへと戻った。要するに、古代遺跡を探し求めてエーゲ海をぐるっと一周したのである。あまりのハードスケジュールに、少し大げさだが、二人とも一度ずつ死にかけたこともあった。

九月二十一日、帰国したことを『フォーカス』に連絡すると、すぐに出て来てくれということだった。発行部数はエーゲ海へ出発する前よりも増えていた。忙しさも半端じゃなかった。その日から徹夜に近い日々が続いたが、小なりといえども歴史的瞬間に立ち会っているようなニュースの現場が懐かしくて苦にはならなかった。

土下座するドン。笹川良一——一九八二年十一月二十九日

鈴木善幸《ぜんこう》首相の自民党総裁選挙不出馬の表明により、一九八二年（昭和五十七年）十一月二十四日の自民党総裁選挙予備選挙で、田中元首相の強力な後押しを受けた中曽根康弘氏が、中川一郎、河本敏夫、安倍晋太郎各氏に圧勝して後任に選ばれ、二十七日には「田中曽根内閣」と皮肉られる中曽根内閣が成立した。

二日後の二月二十九日早朝、「一日一善」で知られるあの笹川良一氏（八十三歳）が参拝に通っているという情報を得て、私はその宗教施設がある銀座のビルに向かった。そのビルの階段を上ろうとすると、四、五人の屈強なボディガードに囲まれた笹川氏が足早に下りてきた。

——蹴散らされるかな。

不安は感じたが、引き下がるということを知らぬ久恒信夫記者と二人で、ダメを承知で笹川氏に宗教のことや参拝は日課になっているのかといったことを尋ね、さらに畳みかけるように撮影させてほしいと頼んだ。

「今終わったところだけど、いいよ」

笹川氏は拍子抜けするほどあっさり応じてくれ、男たちは降りてきたばかりの階段を黙って上っていった。

笹川氏は、香港に本部のある「道院」という宗教団体に、一九七七年（昭和五十二年）に入信して以来熱心な信者となり、一日に二、三回も参拝しているという。道院は五教（キリスト教、仏教、イスラム教、儒教、道教）の上に立ち、真の精神修養の道を示す神の教えだという。修方（信者）は神様から名前が与えられ、笹川氏のそれは「正謙」だった。

第二次世界大戦前の笹川氏は、右翼団体国粋大衆党（国粋同盟）の総裁で、戦後はA級戦犯容疑者として巣鴨拘置所に収監された。その時、岸信介《のぶすけ》（後の首相）らと知り合ったことから政界や官界につながることになり、戦後日本の黒幕、首領《ドン》の一人として影響力を及ぼすことになった。

釈放後に右翼活動を再開していた笹川氏は、一九五二年（昭和二十七年）に「全国モーターボート競走会連合会（現日本モーターボート競走会）」を創設し「日本船舶振興会（現日本財団）」の会長を務め、その巨万の富で自民党の有力なスポンサーになった。山口組三代目田岡一雄組長とも酒飲み友達だと公言してはばからなかった。道理で、微笑んではいても大きな目の奥の奥底に拭い難い凄みがあったわけだ。また、「日本防火協会（現日本防火・防災協会）」などの会長も務め、「戸締り用心、火の用心」などのテレビCMで、偽善的と揶揄されながらもニコニコ顔のおじいちゃんとして子供たちに知られていた。

さて、そのビルの二階には小さな事務室とガランとした集会室があり、クリーム色のカーテンで仕切られた集会室の奥に祭壇は置かれていた。右奥には小さなテーブルと椅子があり、強面の男たちがタバコをくゆらせていた。私は、こちらの動きを常に探っているような重い視線を感じながら写真を撮ることにしたが、問題はどのようにして参拝が行われ、時間はどれくら

道院という宗教の熱心な信者笹川良一氏。土下座することなどありえない笹川さんが、礼拝のときだけは土下座する。

いかかるのかということだった。それがわかれば、立つ位置を決めたり次の展開を予想して写真が撮れるからだ。

しかし、笹川氏はこちらの不安を気にかけることもなく、跪《ひざまず》いて拝み続けた。参拝は、火を点けて護摩を焚《た》き、二度、三度と頭を床に擦りつけて、あっけなく終わった。変わったことといえば、祭壇に鳥篭を置き、玩具の小鳥を入れてピヨピヨと鳴かせていることだった。これは道院本来の作法ではなく〝笹川流〟だという。何事も一番が好きな笹川氏は、今年の参拝回数が七百回を超えたと喜んでいた。

美女と熱烈キッス。米国の異色歌手と坂田明―一九八二年十二月四日

セイコーのCMで瞬く間に人気者になった〝チョーチョおじさん〟ことジャズサックス奏者の坂田明さんが、ニューヨークの異色歌手グレース・ジョーンズ嬢と、翌年の一九八三年（昭和五十八年）一月一日から放映される同社最新のCMに共演することになった。十二月四日に、その二人が東京紀尾井町のレストランシアター・クリスタルルームで初めて対面した。

坂田さんは東京水産大学（現海洋大学）出身で埼玉県在住。ミュージシャンらしからぬ丸刈りへアー。一方のジョーンズ嬢は、ジャマイカ生まれでファッションモデル出身。しかし、坂田さんも仰天するほどのニューヨーク風角刈りへアーをトレードマークに、独特で斬新なアレンジをディスコやレゲエに加えたサウンドで人気爆発中だった。

小柄な坂田さんが、グレース嬢を見上げながら、

「オーッ、ビューティフル！」

と感動してホメれば、

「アナタモ、ウツクシイ」

すかさずグレース嬢も答えた。

どうも、互いに一目惚れのようだ。坂田さんの丸刈り頭を撫でていたグレース嬢が、いきな

りその頭に熱いキッスをぶちまけた。初めはちょっとドッキリした坂田さんだったが、そこは日本男児、据え膳食わぬは男の恥とばかりに負けてはいない。

「アイ ラブ ユー！」

坂田さんが思わず叫んだ。

キッスのお礼に坂田さんが、グレース嬢を抱きかかえて踊りだし、さらに寄り添ってチークダンスを披露。それが終わるやいなや、グレース嬢は坂田さんのホッペからクチビルへキッスの嵐を見舞った。詰めかけた報道陣がたじろぐほどのビョー的な光景がそこに……。まさにユニークなカップルの誕生だった。

「エー、ところで年齢は？」

奥成記者がグレース嬢に質問すると、

「オシエラレナイ」

秘密だそうだ。

初来日の感想を尋ねた。

「東京はスリリング、これを機会に日本人の中に溶け込みたい」

グレース嬢は、身長百八十センチ、体重五十キロ、バスト八十五、ウエスト六十、ヒップ九十という超スリムな体。その肉体をひっさげて、一九八四年（昭和五十九年）には、『キング・オブ・デストロイヤー　コナンPART2』、一九八五年には『007　美しき獲物たち』『情婦（おんな）たちの挽歌』などに出演し、ハッとするような凄みのある演技を見せてくれた。

その年の暮れは、発売されたばかりだというのに、マイケル・ジャクソンの『スリラー』がやたらとテレビ画面に出てきた。オドロオドロしい死霊の群れに囲まれたマイケルが、汗をぶちまけ歌い踊る息苦しそうな姿に少々食傷気味になりながらも、世界一は違うと驚かされた。

また、消費者金融の最大手「武富士」の経常利益が二百億円に迫り、「第二次オイルショック」による国内の不況を踏み台にして「サラ金」全盛の時代がやってきそうな気配が漂いはじめた。

ちなみに武富士は、社員への過剰なノルマなどの悪徳経営が祟り、貸付金利の上限が規制された二〇一〇年（平成二十二年）、顧客への「過払い金」を返済できずに倒産した。

一方、一九八二年（昭和五十七年）十月に五十万部を超えた『フォーカス』は、右肩上がりに発行部数を伸ばしていた。一年前の十月に創刊した『フォーカス』は、いくら努力しても発売部数は下降線をたどるばかりだった。創刊したその年の忘年会の二次会で、「必ず百万部の雑誌にしますよ」と先輩カメラマンたちが後藤章夫編集長を陽気に励ましていたが、疲労と重圧、上司との意見の食い違いに苦しんでいた後藤編集長は、「なに寝ぼけたこと言ってんだい」と言いたげな表情をしただけだった。ところが、その夢の百万部が現実になろうとしていた。

坂田明さんとグレース・ジョーンズ嬢の熱烈なキッス。

浪人長嶋茂雄、不動明王に何を祈るか―一九八三年一月一日

「ミスタープロ野球」と称えられた読売巨人軍の長嶋茂雄選手（四十六歳）。その偉大なミスターが、「我が巨人軍は永久に不滅です！」という名台詞を残し、日本中のファンとともに溢れる涙にかきくれながら現役を引退したのが一九七四年（昭和四十九年）。同時に「クリーン・ベースボール」を掲げて巨人軍の監督に華々しく就任した。

しかし、指揮する巨人軍は、ファンの期待に十分応えることができぬまま低迷を続け、ミスターは一九八〇年（昭和五十五年）のシーズン終了後、〝男のけじめ〟をつけて突然辞任。しかし、実際は解任、つまりクビだったのだ。不滅のヒーロー長嶋のこの解任劇に激怒したファンは、『読売新聞』と『報知新聞（現『スポーツ報知』）の不買運動を起こし、その騒動はしばらく止むことがなかった。

監督を辞めてからは「充電期間」と称して浪人。しかし、背広や時計、自動車のCMに出演して年間一億円を稼ぎ、夫人同伴のキューバ旅行や中国での野球指導、後楽園球場客席からの初めての野球見物などに忙しい日々を送っていた。

そのミスターが大晦の夜、正確には一月一日午前零時に行われる大本山成田山新勝寺の「元《がん》朝《ちょう》大《だい》護《ご》摩《ま》祈《き》禱《とう》」に例年通り姿を見せるという。

一九八三年の出来事

インターネットの基盤成立
一月一日、インターネット・プロトコル・スイートによって複数のコンピュータネットワークを相互接続した「ネットワークのネットワーク」ともいえるインターネットが開始。これによって、一九九〇年代から全世界で社会基盤ともなる革命的な情報システムが出現することになる。

青木功アメリカPGA優勝
二月十三日、プロゴルファーの青木功がハワイアン・オープンで日本人初のアメリカPGAツアー優勝。

悪の帝国
三月八日、ロナルド・レーガン米大統領が一般教書演説中に、ソビエト社会主義共和国連邦を、自由を抑圧し対外膨張を図る「悪の帝国」と非難し、対決姿勢を強める。

体外受精による着床
四月一日、東北大医学部産婦人科の鈴木雅洲教授のグループが、不妊症の女性を対象に日本初の体外受精による着床成功を発表。

新勝寺の正月の参拝者数は三百万人。大晦日から翌一日にかけていったいどれほどの参拝者で境内がごった返すのか、しかもその中からミスターを捜し出して写真を撮らなければならないのだ。救いはミスターが大本堂内にいるということがわかっていたことだった。しかし、大本堂は間口約百メートル、奥行きは六十メートルもあり、そこに何千人いるのかまったく見当もつかない。

――ミッション・インポッシブルだっ！

「なんとしてでも、ミスターを撮ってこい」という後藤編集長の指令が恨めしい。

本尊の不動明王像がある大本堂内は暗く、護摩を焚く紅い炎だけが、顔を伏せたその周辺の参拝者をわずかに照らし出していた。しかしそれ以外に灯りはなく、堂内には不動明王の真言だけが響き渡っていた。

幸運だったのは、ミスターが最上席である最前列中央にいて、護摩の灯りに映し出されていることだった。さらに、ミスターはカメラを持って入っていった私に、顔をおもむろに上げて射抜くような目を向けてきたのである。ほかの参拝者が顔を伏せている中の、たった一つのその顔に、すぐにミスターだとわかった。捜す手間は省けたが、カメラを構えようとするだけでミスターは膝の上に広げた上着をかぶろうとするので、写真を撮る隙がまったくなかった。そこで私は、参拝者と同じように座り、チャンスをうかがうことにした。

すると、安心したミスターは俯き、じっと何かを祈り始めた。

その瞬間をまっていた私は、静かにシャッターを切った。ストロボの閃光が闇の中に走り、撮られたことに気付いたミスターは、頭から上着をかぶって二度と顔を見せなかった。邪魔し

オールナイトフジ
四月二日、フジテレビ系列で『オールナイトフジ』放映開始。初代司会者は秋本奈緒美と鳥越マリ。とんねるずや片岡鶴太郎など人気芸人の他に「オールナイターズ」と呼ばれる多数の女子大生を出演させ、空前の女子大生ブームの火付け役となった。一九九一年放送終了。

テレビドラマ『おしん』
四月四日、NHK朝の連続テレビ小説第三十一作『おしん』の放送が開始される。原作脚本は橋田壽賀子。一九八四年三月三十一日まで放送された本作の平均視聴率は五十二・六％、最高視聴率は実に六十二・九％を記録、テレビドラマの歴代最高視聴率記録となっている。主人公おしんの少女期、青年期、中・老年期をそれぞれ小林綾子、田中裕子、音羽信子が熱演。本作は東南アジアをはじめ、海外六十八カ国の国と地域でも放映されたが、貧しい境遇の中で苦難を乗り越えて生き抜き成功を収めるおしんの姿は大きな共感を呼び、「オシン・シンドローム」という言葉が生まれた。

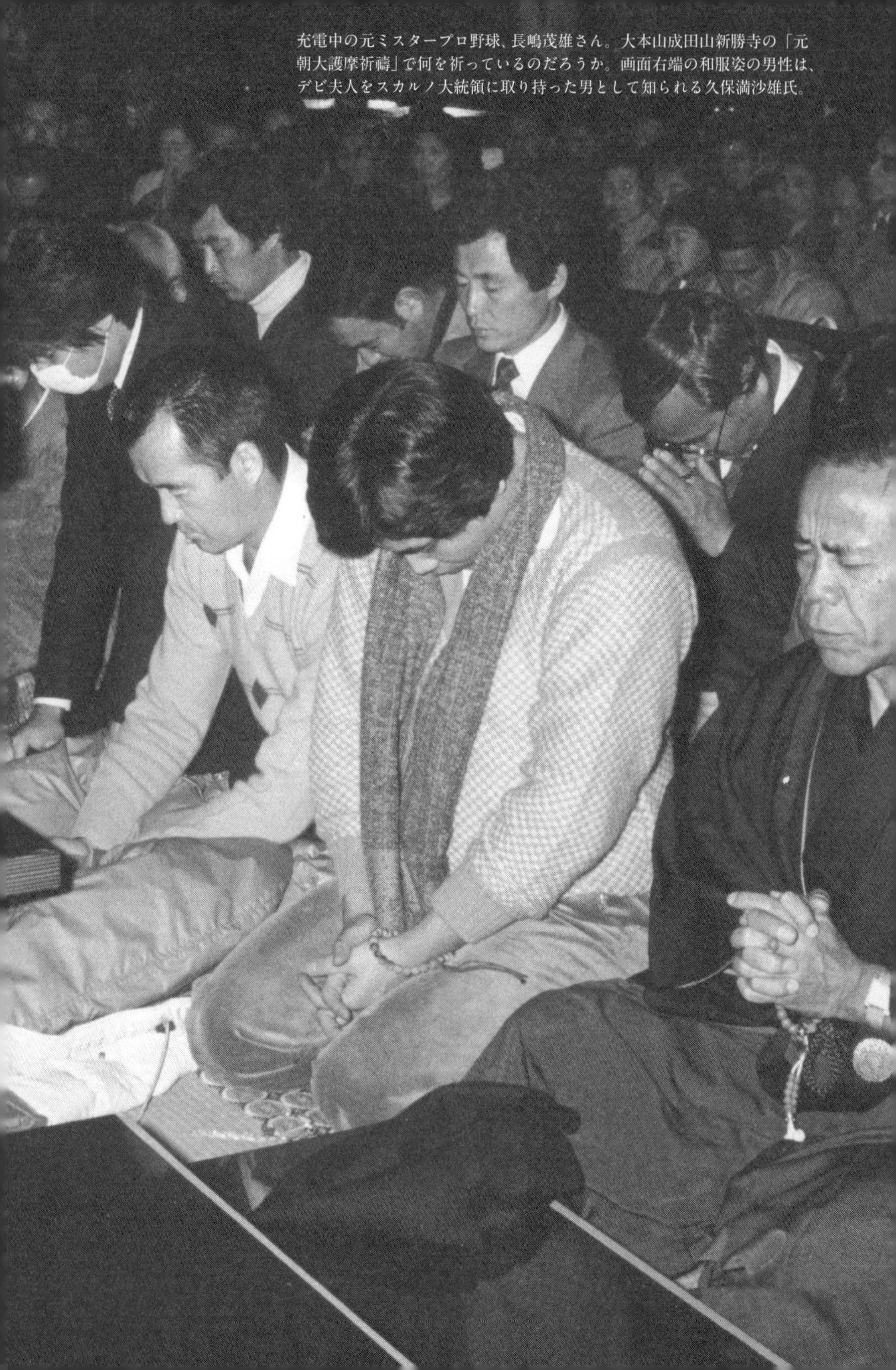

充電中の元ミスタープロ野球、長嶋茂雄さん。大本山成田山新勝寺の「元朝大護摩祈禱」で何を祈っているのだろうか。画面右端の和服姿の男性は、デビ夫人をスカルノ大統領に取り持った男として知られる久保満沙雄氏。

て申し訳ないと身が縮む思いだったが、手元には一九八三年（昭和五十八年）最初の、たった一枚の写真が残った。

この写真にはもう一つエピソードがある。画面右の、和服を着ていささか凄みのある顔で祈っている人物のことだ。彼は〝芸能界のドン〟だとか〝長島茂雄の後見人〟などといわれた久保満沙雄氏（本名・久保正雄）だった。かつて歌手の江利チエミと俳優の高倉健が結婚した時に陰でお膳立てをしたとされ、また、ミスターの横浜大洋ホエールズ（現横浜ＤｅＮＡベイスターズ）の監督就任話を御破算にしたのも、彼の助言だったと伝えられていた。

久保氏は一九五五年（昭和三十年）年に「東日貿易」というインドネシアとの貿易会社を設立。これがきっかけとなってスカルノ大統領の知遇を得た。後に、来日したスカルノ大統領に赤坂の『コパカバーナ』の夏樹というホステスを引き合わせ、その後、東日貿易の社員の肩書で彼女をジャカルタのスカルノのもとに送りだした。後のデビ夫人（本名根本七保子）である。つまり、写真に写っていた久保氏は、「デビ夫人をスカルノに取り持った男」なのである。

池田高校野球部優勝
四月五日、第五十五回選抜高校野球大会で、徳島の池田高校が蔦文也監督の下、「やまびこ打線」と呼ばれる強力打線とエース水野雄仁（後にドラフト一位で巨人軍入団）の投打にわたる活躍でセンバツ初優勝。

東京ディズニーランド
四月十五日、千葉県浦安市舞浜で『東京ディズニーランド』（略称ＴＤＬ）が開園。現在の年間来場者数千六百万人という大成功を収める。アジア各国からの観光客の呼び込みも成功し、家族連れの遊覧、カップルのデート場所としても定番となり、社会現象化した。ＴＤＬは、米国ディズニーの直営ではなく、現在に至るまで日本企業のオリエンタルランドがライセンス契約により建設、運営。

ローマ教皇地動説を認める
五月九日、ローマ教皇ヨハネ・パウロ二世が、地動説を唱えたガリレオ・ガリレイに対する宗教裁判の誤りを認める。

豆を食う江川卓選手――一九八三年一月二十三日

冷酷、陰惨な事件が続いていた。窃盗で捕まった元消防士Kが男女八人を殺害していたことが判明（一九九四年に死刑が確定。二〇〇〇年に執行）、横浜では浮浪者（ホームレス）が襲われるという事件が起こり三人が死亡、十三人が負傷し、中学生十人が逮捕された。また、東京町田では中学校の教師が校内暴力から身を守るために生徒を刺すという、暗い気持ちにさせられるような事件が起きた。

二月二十三日は、巨人軍の豆撒きの日だった。巨人軍は、グアム・キャンプに出発する前に主力選手が揃ってひと足早い豆撒きと今シーズンの必勝祈願を、午後二時から大田区池上の本門寺、四時からは巨人軍関係者の法要も兼ねて横浜市鶴見区の総持寺で行った。

総持寺でのマスコミ向け撮影会も終わり報道陣は引き上げていったが、他社とは一味違う写真が撮れないかとネバっていると、さすが江川卓投手（二十七歳）。じっとチャンスをうかがっている私を意識して、つまみ食いするかのように、豆撒き用の豆を一口頬張ってくれた。二人の間に会話はまったくなかったが〝怪物クン〟といわれるだけあって、江川投手は勘も素晴らしく鋭い。長嶋茂雄監督並みである。要するにサービスしてくれたのだ。その傲岸不遜な

ウィリアムズバーグ・サミット開催
五月二十八日～三十日まで、アメリカのウィリアムズバーグで第九回先進国首脳会議が開催される。

比例代表制
六月二十六日、第一次中曽根内閣の下で実施された第十三回参議院議員通常選挙において、初の比例代表制が導入された。この選挙で自民党は改選議席五十のうち十九議席確保という結果となった。比例代表制とは政党の得票数に比例して議席を分配する制度だが、小党分立を促しやすい。

ファミコン登場
七月十五日、任天堂より『ファミリーコンピュータ（通称ファミコン）』が発売される。以後現在に至るまで、日本発のデジタルゲームは世界を席巻することになる。なお、同日セガからもデジタルゲーム機『SG1000』、『SC3000』が発売されるがあえなく敗退。以後、セガはゲームセンターなどアミューズメント施設中心にゲーム機を展開する。

巨人軍の一足早い豆まきで、豆をほおばってサービスしてくれた江川卓投手。

態度を〝エガワル〟と皮肉られた江川卓投手は、『フォーカス』のことを〝四つのカス〟と呼んではばからなかったが、私の前ではいつも愛嬌たっぷりでサービス精神も旺盛だった。

ところで、『フォーカス』編集部は大きく分けて、災害や事件、張り込みなど、どちらかというと危険を伴い時間もかかるような硬いネタを扱う「フォーカス班」と、文化や芸能などの軟らかいネタを主に扱う「コラム班」に分かれていた。カメラマンもほぼその二つに分かれていたが、それら以外に「遊軍」とでもいうか、硬軟両方を手がけ、かつ他のカメラマンたちが撮ってきたフィルムを現像・プリントする一階の編集部（実際には暗室がある地下一階の写真部）に詰めているグループがあった。

創刊当初はチームの区別はなかったが、半年ほどするとそういった分業制が出来上がってきた。それぞれの斑が対立しているわけではなく、協力し、補完しあって仕事を進めていた。また、皆それぞれ写真家、カメラマンとしてライバル関係ではあったがすこぶる仲が良く、若いエネルギーと進取の気概に溢れた一癖も二癖もある個性派ばかりだった。

さらにその頃になると、札幌や大阪、九州などを拠点とする複数のカメラマンが専属となっていたので、東京のカメラマンは中部から関東・東北にかけて、大阪のカメラマンは関西以西を担当するようになった。カメラマンの人数は全体で四十人ほどだったが、大きなネタや人員が不足する時は助け合い、普段はそれぞれの地域の取材をした。

そのため、「遊軍」の一員である私の取材対象は東京近郊に限られるようになるが、仲間の写真や新聞、雑誌、テレビなどに刺激され、撮りたくなった人物が関西以西や北海道などにい

ＰＬ学園優勝
八月二十一日、第六十五回全国高校野球選手権大会でエースピッチャー桑田真澄と十年に一人の逸材といわれたスラッガー清原和博を擁したＰＬ学園（大阪）が優勝。準決勝で池田高校の三連覇を7対0で阻み、決勝で横浜商業を3対0で下しての優勝である。なお、巨人入団の経緯をめぐって桑田と清原の間に確執が生まれることになった。

アキノ元上院議員暗殺
八月二十一日、フィリピンのマニラ国際空で白昼、マルコス大統領の政敵であるベニグノ・アキノが制服の警官により銃殺される。実行犯は逮捕されるが、裁判では証拠不十分で無罪。マルコス独裁政権による暗殺であることは明らかだった。しかし、それを契機に反独裁の運動が起き、後にマルコス大統領は失脚する。

大韓航空機撃墜
九月一日、ソ連の領空を侵犯した大韓航空のボーイング747が樺太近海でソ連空軍の戦闘機によって撃墜される。乗員乗客二百六十九人は全員死亡。大韓航空機は一九七八年にもソ連領空を侵犯し迎撃を受け乗客十五人が死傷している。

る場合は、その名前をメモして情報を集め、個人的に休みをとって積極的に取材に行くようにした。

また、創刊から一年ほど経つと低迷期を脱し、広告料も安定してギャラもよくなってきたこともあり、休暇らしい休暇を取ろうではないかといった雰囲気が「遊軍」内に生まれた。結果として「遊軍」のカメラマン十人ほどが、順次一週間程度の休みを年に二度、夏と冬に取ることができるようになった。

世界を救った男
九月二十六日、ソ連の空軍将校であったスタニスラフ・ペトロフ中佐は処罰されることを覚悟でソ連軍の軍務規程を無視し、監視衛星が発したミサイル攻撃警報を誤警報と断定した。後日行われた監視衛星の警報システムに対する調査により、システムは確かに誤動作していたことが判明した。彼は核戦争を未然に防ぎ「世界を救った男」と呼ばれることになる。一方、ソ連のミサイル警報システムの致命的な欠陥を暴露したことにより、軍上層部からの信頼を失い左遷されることになる。

三宅島大噴火
十月三日、三宅島の海底で群発地震を経て噴火が始まり、溶岩流が三方面に流れ民家を焼き、阿古地区の一部を飲み込むが、死者は出なかった。三宅島は島自体が海底火山の上に位置し、過去五百年の間に十三回の噴火が起きている。三宅島では二〇〇〇年にも大噴火が起き、東京都は住民の全島避難を決定している（二〇〇五年に解除）。

角栄を無罪にしろ！　小室先生の錯乱発言――一九八三年一月三十日

一九八二年（昭和五十七年）十一月二十四日の自民党総裁選挙予備選挙に破れた元農林水産大臣の中川一郎氏が、年が明けた一九八三年（昭和五十八年）一月九日に札幌のホテルで首を吊って亡くなった。自殺と発表されたが、その唐突な死に方が謎めいていて他殺説も飛び交っている最中、訪米中の中曽根康弘首相が、『ワシントンポスト』との会見で語った言葉が「日本列島は不沈空母」と翻訳されて伝わり、日本中を唖然とさせた。翻訳がお粗末ということもあった。だが、タカ派の中曽根首相と不沈空母、さもありなんと連想させ、薄気味の悪い不沈空母という言葉がしばらくの間マスコミを賑わせた。

一月二十六日は、東京地裁における「ロッキード事件」の公判で田中角栄元首相らに論告求刑が行われる日だった。東京地裁前にはテレビ局のテント村がつくられ、百台近いテレビカメラの放列と二百人以上の新聞・雑誌のカメラマンが群れをなしていた。上空には警察とマスコミのヘリコプターが舞い、右翼の街宣車はスピーカーの音量を限界まで上げて周回していて、地裁周辺は朝から騒然とした空気に包まれていた。社会党は新宿や渋谷など都心六カ所で田中元首相糾弾の街頭演説を始め、国会は代表質問の日だったが与野党ともに「求刑の結果を見守

ラングーン事件
十月九日、ビルマのラングーン（現ミャンマー ヤンゴン）で訪問中であった全斗煥大統領をはじめとする韓国要人の暗殺を狙って北朝鮮工作員によるテロ事件が引き起こされた。大統領一行はアウンサン廟へ献花に訪れていたが、地雷の遠隔操作によって二十一名が爆死。韓国側は副首相や外務部長官ら閣僚四名を含む十七名、ビルマ側は閣僚・政府関係者四名、負傷者は四十七名に及んだ。全斗煥大統領は、わずかに到着が遅れたため危うく難を逃れた。事件の背景は、一九八八年のソウルオリンピック開催である。北朝鮮と親密だった東側諸国や非同盟中立諸国は、オリンピック参加を表明していなかったため、韓国はそれらの諸国の参加を説得していた。北朝鮮の金日成主席は、韓国のオリンピックに関する外交攻勢が成功すると、北朝鮮を外交的に孤立させる可能性があると考え、全斗煥の暗殺を計画したのである。韓国は北朝鮮の組織的な陰謀であると主張し、国軍と警察に非常警戒令と戦闘準備態勢を発令。金大統領は、同族を殺害した金日成を打倒せよと演説。これに対して北朝鮮当局は、韓国が北朝鮮を陥れるために起こし

る」ということになり、代表質問は翌日にまわされた。

各テレビ局は、こぞってロッキード事件の関連番組を放送し、論告求刑の是非を論じることになっていた。ところが、この求刑公判中にテレビ朝日『こんにちは2時』のナマ番組で、とんでもないハプニングが起こった。

画面に大写しになった小室直樹先生（五十歳）が両手を振り上げ、「田中角栄を有罪にする検事はぶっ殺せ！　田中に五兆円やって無罪にしろっ！」と大声で喚き散らしたのである。慌てたディレクターがカメラを切り替え、CMにつないでいる間に小室先生をスタジオの外へ連れ出すといった、前代未聞の事態になったのである。論告求刑の結果はというと、田中元首相は受託収賄および外為法違反で懲役五年が求刑された。

テレビ局のキツイ注意もあって小室先生は、暴れることを控えたようだが、翌日のテレビ朝日『モーニングショー』でも、「政治家はワイロをとってもいいし、汚職をしてもいい。それで国民が豊かになればいい。政治家に小市民的道義を求めることは間違いだ。政治家は人を殺してもいいんだ」などと、常識はずれの発言を繰り返し、視聴者から顰蹙を買った。当然、抗議の電話が殺到し、テレビ局は振りまわされることになった。その騒動が落ち着いた三十日、その経緯を小室先生からようやく聞くことができることになった。

練馬区にある小室先生のアパートの玄関ドアを開けると、狭い廊下に沿った左右の壁には、資料の入った引出しや本が詰まった段ボール箱が天井まで積み上げられていた。

――掃除はしていないのだろうか。

薄暗い家の中に浮かび上がった冷たい廊下に、白いホコリが溜まっていた。


た自作自演の事件と反発し、朝鮮半島の軍事境界線は一触即発の状態になる。事件後、ビルマ警察により銃撃戦の末、北朝鮮実行犯が逮捕され（一名死亡）、暗殺計画の全貌を自供。ビルマ政府は「建国の父」であるアウンサンの墓所を爆破、自国を訪問中の要人の暗殺という北朝鮮の行為に強く反発し、北朝鮮との国交を断絶するのみならず、国家承認を取り消した。この事件によって、ビルマだけでなく他の非同盟中立諸国からも顰蹙を買うことになり、北朝鮮の思惑とは逆に、多くのアフリカ諸国がソウルオリンピックに参加することになった。

巨人のリーグ優勝
十月十一日、ヤクルトを下して二年ぶりに巨人がセリーグ優勝を果たす。最優秀選手は原辰徳。

ロッキード事件判決
十月十二日、東京地方裁判所で行われたロッキード事件丸紅ルートの公判で、田中角栄元総理に懲役四年、追徴金五億円の有罪判決が下った（五日後に保釈保証金二億円を納付し保釈）。この一審判決を受けて国会が紛糾。衆議院解散となった。

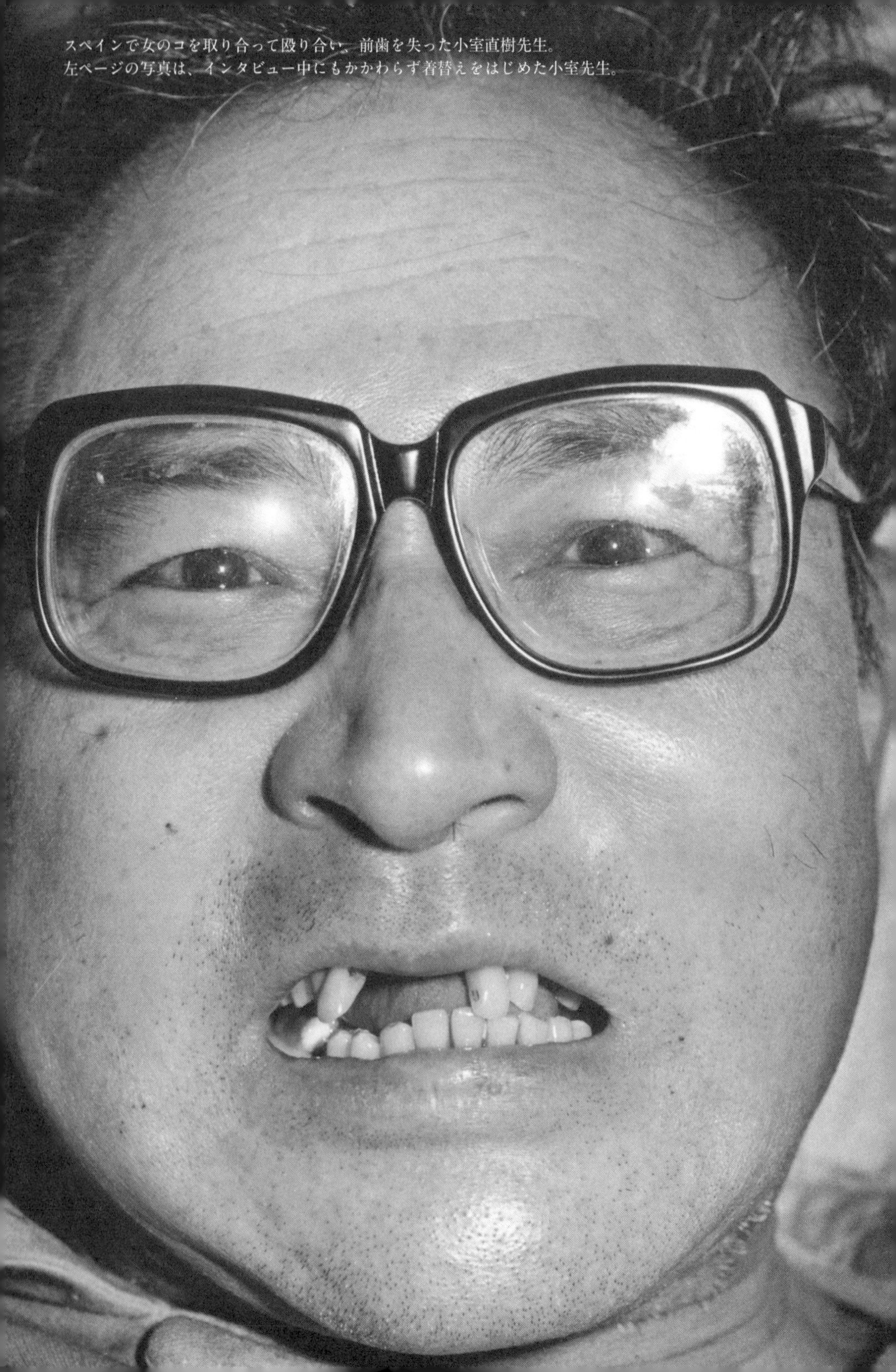
スペインで女のコを取り合って殴り合い、前歯を失った小室直樹先生。
左ページの写真は、インタビュー中にもかかわらず着替えをはじめた小室先生。

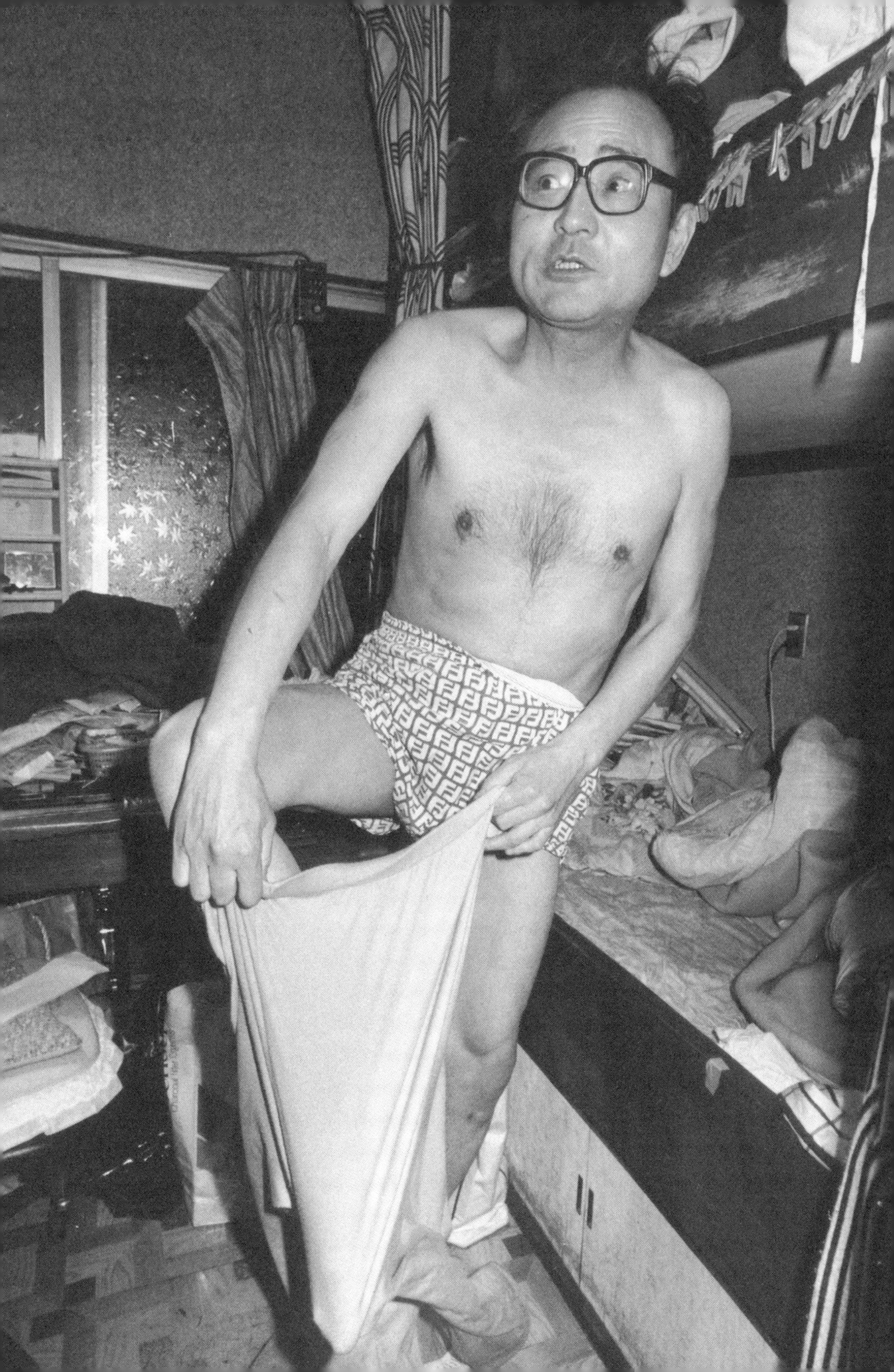

スリッパなどというものはない。足の裏全面をつけないようにして冷たい床の上を奥に向かって恐るおそる歩いた。その動きに合わせるように、ホコリのかたまりも動いているようだった。突き当りの部屋の電灯をつけると明るくなり、そこが小室先生が学問三昧の生活を送っている六畳間だということがわかった。

二段ベッドの上段には、タオルに混じって下着やワイシャツ、上着や靴下などが無造作に、しかも山のように脱ぎ捨てられていた。あたり一面乱雑を極めていた。ひと言で申せば、とても汚い部屋だった。

しかし、そのベッドの向かい側の壁は本棚になっていて、仏教大辞典、世界史百科、英語の政治専門誌など、分厚い本がキチッと収められていた。

奥の壁にはこの部屋唯一の窓があり、デスク・ライトが点いたままの机が置かれていた。テレビや電話はない。作動するかどうかわからないエアコンが一台あり、その上には、場違いな白い犬のぬいぐるみが二つ置いてあった。

深江記者と二人でアパートの前で落ち合い案内されたのだが、話し始めるやいなや着ていた上着とズボンを脱ぎ、パジャマに着替えはじめた。

「差別用語を使ったとか、ひどく下品な表現をしたというのならともかく、私の発言はテレビの放送コード（放送可能な表現・発言の範囲）に触れるようなものじゃない。にも関らず、私を一方的に締め出すのは、テレビに言論の自由はないということになるじゃないか」

着替え中も熱弁は止まることがなかった。

真冬にもかかわらず意外と薄着で、下着は有名なブランド品だった。

日本初の体外受精児誕生
十月十四日、日本初の体外受精児が東北大学医学部付属病院で帝王切開によって誕生。体重二千五百四十四グラムの女子。この成功を受けて体外受精に対する様々な議論が噴出。「試験管ベイビー」という言葉が流行る。

ベイルート米軍兵舎爆破事件
十月二十三日、内戦中のレバノンの首都ベイルートにあるアメリカ海兵隊兵舎が自爆テロで爆破され、二百四十一名が死亡、六十人が重軽傷を負う。アメリカ海兵隊の歴史上、一日の犠牲者数としては太平洋戦争の硫黄島の戦いに次ぐ。なお、事件の二分後、同じく国際平和維持部隊を構成していたフランス陸軍の空挺部隊兵舎も自爆テロで攻撃され、五十八人のフランス軍兵士が死亡、十五人が重軽傷を負った。

――こういうところはシャレてるんだ。

まったく気を使っていない見てくれとの、その奇妙なアンバランスに感心した。

「検事を殺せ、なんていうのはレトリック。角栄のような実力を持った政治家を、五億円ぽっちで葬るなんて許せないということだ」

話しているうちに、先生のボルテージが上がってきた。

「角栄がいままでやってきたことを思えば、五億円問題なんて、チリ紙を万引きしたようなもんじゃないか。そんなことを取り上げる検事はおかしいんだ」

今は江戸時代ではない。GHQ（連合国軍最高司令官総司令部）の強い影響下で成立した「日本国憲法」ではあるが、その平和憲法を戴いた戦後昭和の法治国家だ。先生の話の内容に賛成できないことは多いが、あまりにも溌剌としていて歯切れもいいので思わず頷いてしまう。

枕元にあったチリ紙で鼻をかんだ小室先生は、ゴミ箱を探すために目をあちこちに向けていたが、ないとわかると枕元に放り投げた。二段ベッドの下段に寝転んで脚を組みながら熱弁を振るう先生の表情を撮っていると、ふと前歯が欠けていることに気づいた。力強い話の内容とは対照的に、間が抜けて見える表情がおかしかった。聞くと、

「スペインで女のコを取り合って、殴り合ったせいだ」

理由が面白かったので、ベッドに這い上がり寝ている本人の真上から顔のアップを狙った。やり過ぎかなと思ったが、小室先生はこれといって嫌な顔もせず、こちらの要求通りに前歯のない口を開けてくれた。

小室先生は、京都大学理学部数学科卒業後、京都大学、大阪大学大学院、東京大学、ハー

グレナダ侵攻
十月二十五日、カリブ海の島国グレナダで急進社会主義を掲げる軍のクーデターに対して、アメリカ軍と東カリブ諸国機構（OECS）、バルバドス、ジャマイカの軍が侵攻する。侵攻軍の総計はアメリカ軍七千三百名、OECS諸国軍から三百五十三名が投入された。

西武の日本シリーズ制覇
十一月七日、西武が四勝三敗で巨人を下し、プロ野球日本シリーズ優勝。「史上最高の日本シリーズ」といわれ、巨人戦の年間視聴率は二十七・一%の最高視聴率となった。

レーガン米大統領来日
十一月九日、ロナルド・レーガン米国大統領が来日、十二日まで滞在。昭和天皇や中曾根総理と会談し、中曾根首相は十一月十一日に東京都西多摩郡日の出町の別荘「日の出山荘」に招き、蔦子夫人手作りの昼食を共にしたことが大きな話題となった。レーガン大統領は、一九八六年、一九八九年にも来日するが、三度の来日は歴代米国大統領の中で最多。

バード大学などで、政治学から人類学まで修め〝大学教授の家庭教師〟を務めてきたという異色の政治学者だ。ソ連崩壊とその過程を十年以上も前に予言した『ソビエト帝国の崩壊―瀕死のクマが世界であがく』『ソビエト帝国の最期〝予定調和説〟の恐るべき真実』などのベストセラーを著している。

この異色の政治学者、小室直樹先生は、二〇一〇年（平成二十二年）九月、七十七歳で亡くなった。生涯独身だった。

『キャッツ』の公演開始
十一月十一日、劇団四季のミュージカル『キャッツ』の公演が始まる。『キャッツ』は現在まで公演が続き、日本初のロングランミュージカルとなる。

愛人バンク『夕ぐれ族』摘発
十二月八日、前年に創業された愛人バンクの女性社長が売春斡旋容疑で逮捕される。吉行淳之介の小説『夕暮れ族』からネーミングされた売春クラブ『夕ぐれ族』は、女子大生を中心とする売春スタッフを男性に斡旋しその手数料を収入としていた。女性社長は度々メディアにも登場し、愛人バンク夕ぐれ族は一世を風靡した。女性社長は実刑判決を受ける。

第二次中曽根内閣
十二月二十七日、第二次中曽根内閣が発足。十八日に実施された衆議院総選挙で自民党は大敗したことから、新自由クラブとの保守連立政権を組む。二十八年続いた自民党単独政権は、ここで途切れる。

刺された芥川賞作家、高橋三千綱――一九八三年二月二十八日

漫才界初の芸術選奨文部大臣賞を受賞した内海圭子さんと好江さんを取材した一九八三年（昭和五十八年）二月二十八日、芥川賞作家の高橋三千綱さん（三十五歳）が、左太腿をナイフで刺されるという事件が起こった。

手当てを受けた後の高橋さんは、渋谷区の代々木警察署で事情聴取を受けているという。急いで駆けつけると、その正面玄関は既に報道陣でごった返していた。念のため警察署を一周して他の出入り口がないか調べた。裏口から目的の人物が消えていることがよくあるからだ。しかし、心配したことは起きず、事前に説明があった通り、報道陣の前に両脇を支えられた高橋さんが正面玄関に現れ、記者会見が始まった。

群れをなす報道陣の中に割り込む隙間はまったくない。既にその中に「フォーカス班」と「遊軍」の仲間がいたので、私は向かいの歩道橋の上から全景を撮りながら近づくチャンスを狙うことにした。高橋さんが車に乗り込む瞬間を撮影しようと考え、あたりを見まわしてそれらしい車を探したが、どこにも見当たらなかった。実は彼の車は、二百メートルほど離れた駐車場に止めてあったのだ。

記者会見が終わり、高橋さんはテレビのレポーターやカメラマン、記者たちに囲まれたまま、

流行とヒット商品
YMO（イエロー・マジック・オーケストラ）のヘアスタイルに影響を受けた若い男性の間でテクノカットが流行。キン肉マン消しゴム、カロリーメイトがヒットする。

ヒット曲
『さざんかの宿』大川栄策、『矢切の渡し』細川たかし、『めだかの兄弟』わらべ、『探偵物語』薬師丸ひろ子、『氷雨』佳山明生、『SWEET MEMORIES』松田聖子、『セカンド・ラブ』中森明菜、『め組のひと』ラッツ&スター

ベストセラー本
『探偵物語』赤川次郎、『ひとひらの雪』渡辺淳一郎、『二つの祖国』山崎豊子、『生きて行く私』宇野千代

ヒットドラマ
『積み木崩し』、『スチュワーデス物語』、『金曜日の妻たちへ』、『ふぞろいの林檎たち』

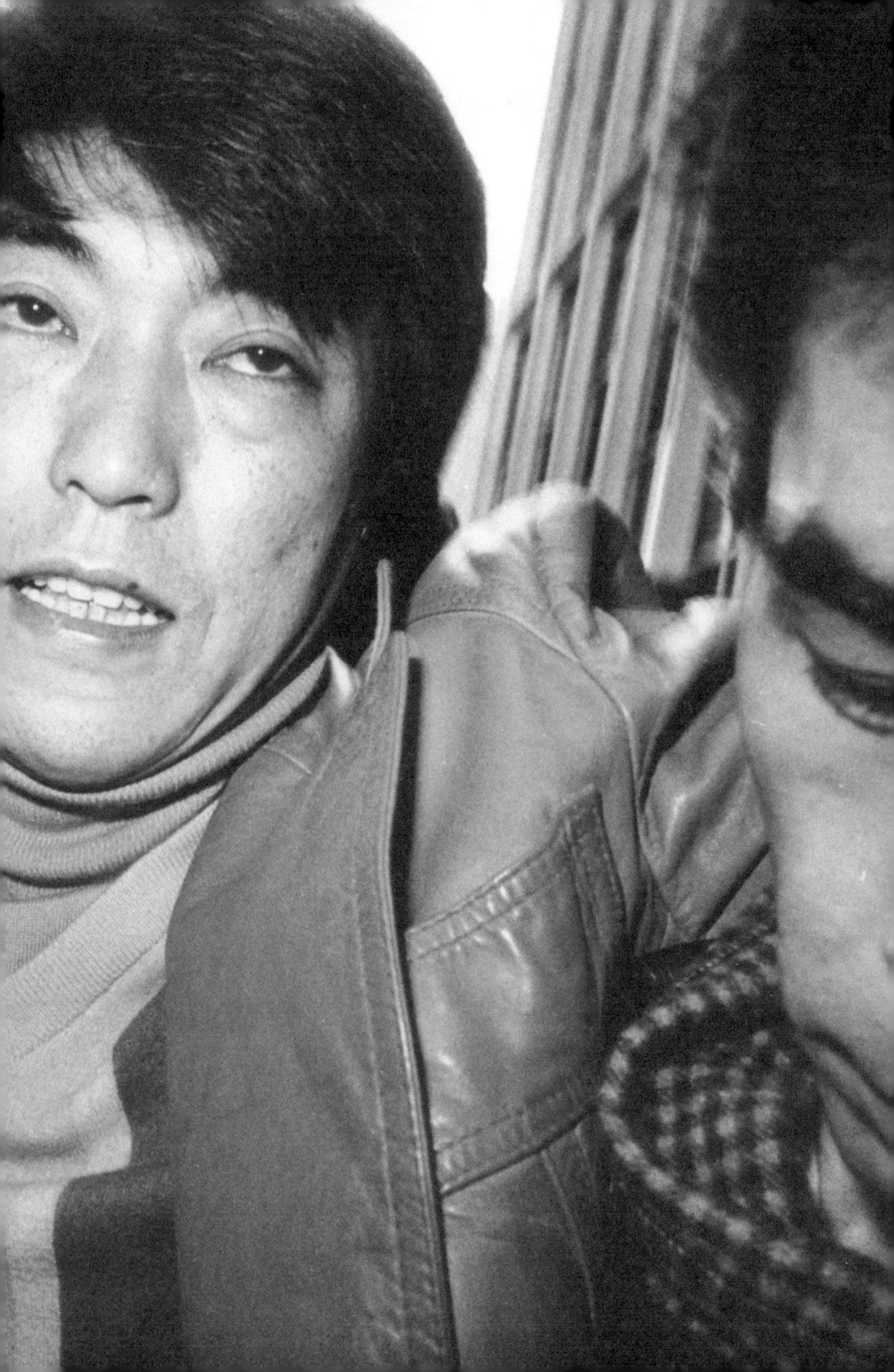

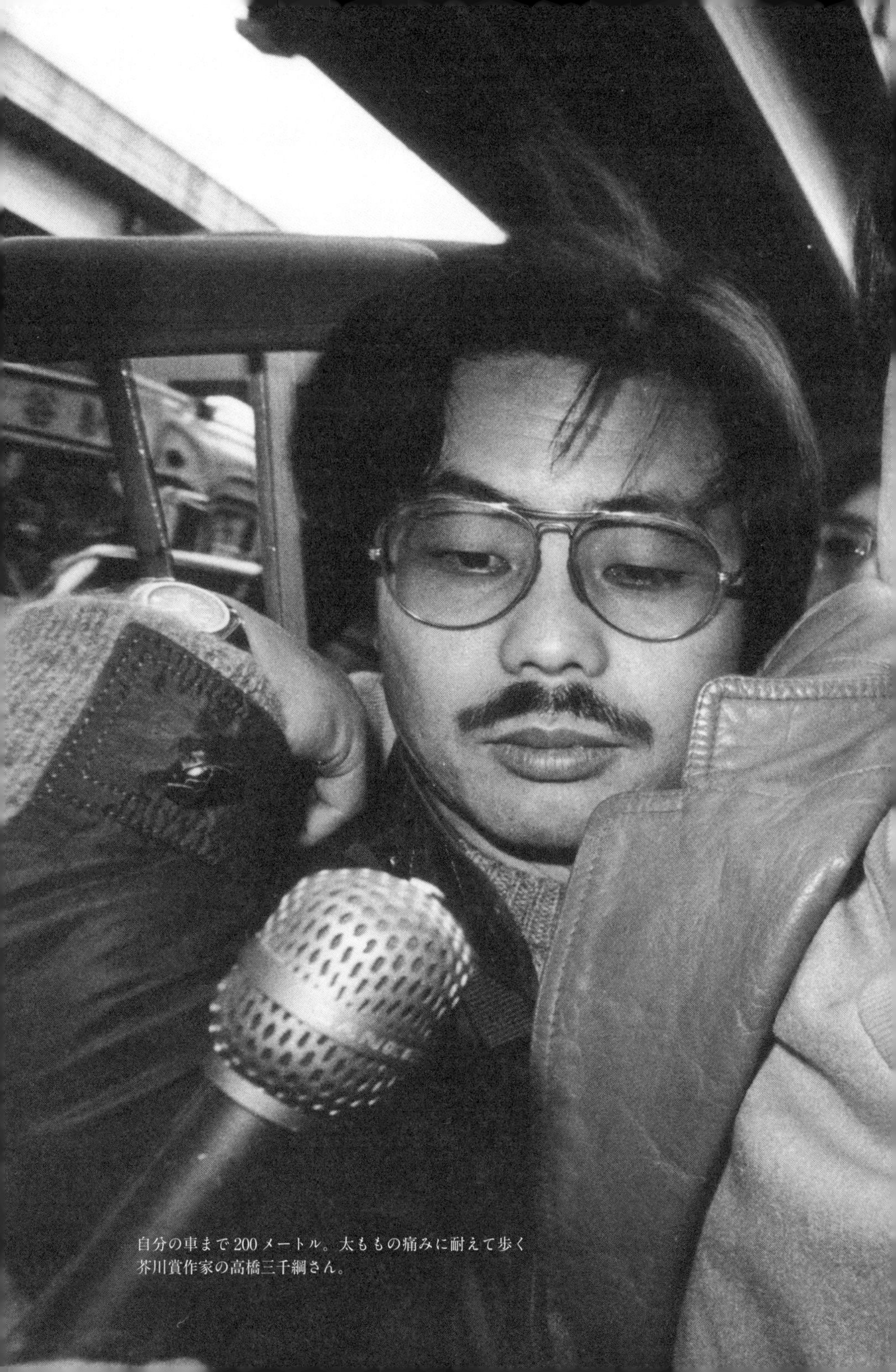

自分の車まで 200 メートル。太ももの痛みに耐えて歩く
芥川賞作家の高橋三千綱さん。

正面玄関から狭い歩道を痛みに耐えながら歩く、というよりは取材陣に引きずられている格好だった。その痛々しい姿に同情したが、カメラマンにとってはシャッターチャンスでもあった。「フォーカス班」の鷲尾倫夫《みちお》さんに肩に乗れといわれ、肩車してもらった。不安定ではあったが、その肩に乗ったまま撮っていると、高橋さんの直前に小さな空間があることがわかった。私はすぐに撮影を止め、地面に足が着くとその空間に向けて体を滑り込ませた。一番近くで彼の表情を二枚だけ撮り、近づく時と同様に速やかに引き下がった。

高橋さんは昨年の夏頃から自主制作映画のプランを練ってきた。そのストーリーは、八百長を嫌って流浪の旅に出た元ボクサーが再起し、八百長によってつくられたチャンピオンを倒すというものだった。題名は『真夜中のボクサー』、主役に田中健、相手役に田中好子を配し、近くクランクインする予定になっていた。

事件の十日ほど前、高橋さんの前に出演を希望する若い男優が現れた。スタッフは彼の雰囲気が暗いからと、あまり乗り気ではなかったが、高橋さんは自分のイメージに近いとして、その男優を準主役のチャンピオン役に抜擢。ところが、高橋さんの映画のイメージが変化し始め、このチャンピオン役は複雑な役回りになった。役者としての経験に乏しく、才能にもあまり恵まれていなかったその男優は、事件前夜、役の降板を通告された。

田中健とともにボクシングジムに通い役づくりに励んでいた男優はそれを根に持ち、NHKのリハーサル室前の廊下で高橋さんに飛びかかって腹を蹴りあげ、果物ナイフを取り出して左太腿を刺し、

「その傷の痛みはオレの心の痛みだ！」

と叫んだ。
傷は全治十日で済んだが、高橋さんにとってはとんだ災難だった。

百万部を超えた『フォーカス』――一九八三年三月

中国残留日本人孤児四十五人が、肉親にめぐり会えることを期待して祖国日本にやって来た。三月十一日に、その調査が行われている渋谷区のオリンピック青年記念館を訪れた。中国残留日本人孤児とは、第二次世界大戦終了時の一九四五年（昭和二十年）八月九日、ソ連の対日参戦以降の混乱の中で肉親と生き別れ、または中国に置き去りにされた日本人児童のことで、数万人はいたとされる。肉親が見つかって抱き合って涙を流す孤児もいたが、二十三人は重荷を背負ったまま失意の離日となった。

三月十八日は、宮城県古川市に向かった。政治家の父親から息子へ地盤を譲渡する、そのお披露目式を取材するためだった。父親の大石武一氏は、元農林大臣で参議院議員。息子の正光氏は父親の秘書。自民党を離党した父親は、夏の参院選に新自由クラブから全国区で立候補し、息子は父親が離党した自民党から公認候補として衆院選に出るという。いわゆる「二世議員」が五十人を超える日本の政治風土では珍しくもないことなのかも知れない。ちなみに、父親の武一氏は参院比例代表名簿で二位だったが、落選して政界を引退。正光氏は三年後、一九八六年（昭和六十一年）年七月の衆議院選で初当選した。

四月三日の夜、私は花見の撮影のために上野に向かった。宴もたけなわと思いきや、見ちゃいられないほどの状態になっていた。喧嘩も始まれば、色事も始まり、飲み過ぎでそこら中にゲロを吐いている男もいた。写真を何枚とってもキスに夢中になっている男女、「イッキ、イッキ」と飲み続ける中年のおばさん。路上に小便を漏らして眠り続ける若者、酒に酔って股間に手を入れて自分の〝ムスコ〟をゴソゴソいじり恍惚としている中年男もいたが、この男は撮られたとわかると本気で追いかけてきた。この夜の上野の花見って、いったいなんだったのか。頭が変になりそうな夜だった。

翌朝、私は実家に帰ることにした。父親が入院したという連絡が母親からあったからだ。命に別状はなかったが、ベッドに横たわるその痛々しい姿を撮っていると、

「なんだい、こんなところまで撮るんかぁ」

と嫌味を言われてしまった。

立花さんと取材したエーゲ海のスライド試写会が集英社の会議室でお行われ、約三十人の編集者が集まった。二百枚のスライドを映写して、盛況のうちに終えることができた。しかし、それから後が大変だった。『月刊プレイボーイ日本版』の連載のために写真を選ばなくてはならなかったからだ。『フォーカス』の仕事を真夜中の二時過ぎに終えた私は、文京区にある立花隆さんの仕事場に行き、数千枚の写真を順番に、丹念かつ、うんざりするほど繰り返し選んだ。

試行錯誤を重ねたため、一回の掲載分だけで三日も四日もかかり、しかも山陽新聞社から出版予定の金刀比羅宮（香川県仲多度郡琴平町）の写真も撮らなくてはならなかった。そのため、

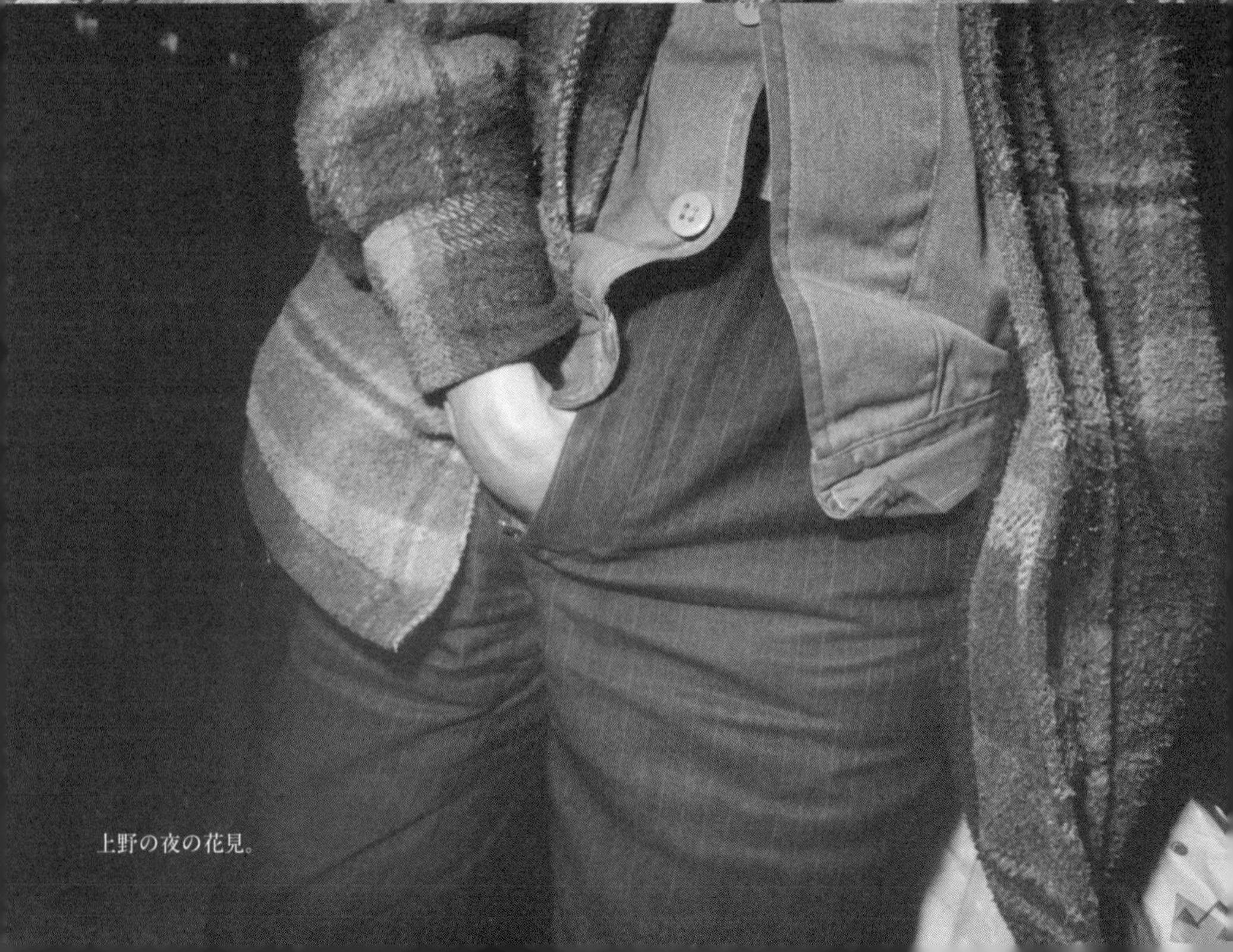

上野の夜の花見。

写真を選び終えた早朝に、羽田から高松に飛ぶことも度々あった。その頃はきちんと眠ったという記憶がないほどの毎日だったが、苦しくも楽しかったエーゲ海の旅が、「レンタカーオデュッセイ八〇〇〇キロ」と題して『月刊プレイボーイ日本版』五月号から連載が始まった時は、言葉にできないほど感慨深かった。

期待通り、一九八三年（昭和五十八年）三月に『フォーカス』が百万部の大台を突破。通勤電車の中などで『フォーカス』を広げている乗客を数多く目にするようになった。新聞社系の『週刊朝日』や『週刊サンケイ』（現『ＳＰＡ！』）などの週刊誌も、見開きページに写真を一枚だけ使うというフォーカス・スタイルを真似るようになった。ノゾキ趣味だとかいう、妬《ねた》み嫉《そね》みを帯びた批判もあったが、取材現場の他社のスタッフは、『フォーカス』がいる間は引き上げないばかりか、『フォーカス』のカメラマンが移動するたびに集団でついて来るほど、その行動を注意深く見守っていた。しかも、発行部数が減少する兆しは見られなかった。後藤編集長のデスクの後ろの壁に貼ってある発行部数を示す折れ線グラフは、依然として右肩上がりを続けていた。まさか大台を超えるとは。期待はしていたが、実現してしまうと嬉しいような怖いような複雑な気分になった。ただ、時代が『フォーカス』の存在を注目しているような気がして、気持ちが晴れやかだったことは覚えている。

その壁、そのグラフの横に私の写真が貼り出されたことがあった。当時お付き合いさせていただいていた彼女と赤倉温泉にスキーに行った時のものだった。私が彼女の浴衣姿の写真を撮り、彼女が私の目覚めの写真を撮ったものだった。いかがわしいものではなかったが、「見〜

ちゃった」と注が付いていた。その二枚の写真を目にした瞬間、私の顔から火が吹いた。私に向ける編集スタッフの目が何となく流し目的で、今日はヘンだなと感じていたが、その理由がようやくわかった。

なぜ写真が貼り出されたか。その頃、誰が撮ったかわからないような撮影済みフィルムが、「遊軍」のデスクの上に無造作に置かれていることが度々あった。それらは、捨ててもいいが何か重要なものが写っていると不都合なので、暇な時に現像しようという程度のものだった。が、デスク上に溜まったそれらのフィルムが現像されたのだ。私はそのフィルムの存在をすっかり忘れていた。イタズラ好きの仲間にやられてしまったのである。

こういった恥ずかしい被害にあったスタッフは少なくない。だいたいは疲れて居眠りしている時や酔っ払って醜態をさらしている時の写真が多いが、新型カメラのテスト用に他人に決して見られてはならない彼女との超ラブラブの姿を撮っていたことを忘れ、現像だけでなくプリントまでされ、あまりのショックに机に突っ伏して顔を上げることができなかった先輩もいた。その姿は気の毒だったが、腹がよじれるほど面白かった。絶対に彼女とのそういった種類の写真を撮ってはいけない。恥ずかしいスキャンダルは、身内にもスッパ抜かれることがあったのだ。

四月十五日に「東京ディズニーランド」が開園。女性の間ではリズミカルな運動で若返ろうとするエアロビクスがブームになっていた。

六本木のディスコ「長崎物語」が流行っているという。四月十七日に出かけてみると、凄まじい音楽が響き渡る中、妖しげな仮装、ほとんどが女装した遊び人たちで店内は熱気に溢れていた。店長の大田昌市さんは、「仕事だから、いい歳こいてこんなことできるんですよね」と大笑いしたが、その自分の姿にまんざらでもなさそうだった。

二日後の四月十九日は、小雨が降る中で創立一〇〇周年記念館の建設に反対する集会が東京大学で行われていた。

「何が起こるかわからないが、とにかく行ってくれ」

田島一昌デスクの指令が下った。

多賀龍介記者と二人で本郷の東大に急いだ。ガキ大将っぽさが残る田島デスクは、野武士のごとき「フォーカス班」を統率する司令塔であり、後に後藤章夫編集長のあとを受けて第二代編集長になる人物だ。

到着してすぐに学生と機動隊が衝突。パトロール中のパトカーが原因だった。学生の目には、そのパトロール自体が警察による挑発行為に映ったようだ。写真を撮り始めた私は学生と間違われ、手や足だけでなく口までも押さえ込まれた。多賀記者が大声で「取材」であることを叫ぶと解放してくれたが、一時間ほど経ってから、じわじわと腹部が重く痛みだし立っていられなくなった。どうやら機動隊員に蹴りを入れられていたようだ。痛い思いをしたが報われず、写真はボツになった。しかし、さすが泣く子も黙る機動隊員。蹴られた本人がその場で気づかない蹴り方があるのか、うまいもんだ、と妙に感心した。

美空ひばりさんを美しいと初めて感じたのは、四月二十二日に開かれた赤坂プリンスホテルでの記者発表の席だった。新宿コマ劇場での連続二十回公演を記念して、ひばりさんが初の

六本木のディスコ「長崎物語」の店長大田昌市さん。

ミュージカルに挑戦するというものだった。

品と格が備わった、あまりにも完璧なその笑顔に、私はさっさと写真を撮り終え、

――ホンモノって違う。ひばりさんは本当の大スターだ。

ため息をつきながらずっと見惚れていた。

四月二十七日は、立田川親方（元横綱鏡里）の還暦を祝う会がホテルニューオータニで開かれた。元横綱の中で還暦を迎えることができたのは、長い相撲の歴史の中でも先代の春日野（故栃木山）と先々代の出羽海（故常ノ花）など、立田川親方を含めてもわずか六人しかいなかった。家族や友人たちに囲まれ、孫が走りまわるパーティー会場で、赤いチャンチャンコを着けた立田川親方は、そのお孫さんにキスをされて大喜びだった。

一九五八年（昭和三十三年）に、常ノ花が還暦を迎えた時は赤い綱を締め、太刀持ちに双葉山、露払いに千代の山を従えて土俵入りした。しかし、七年前に脳溢血で倒れた立田川親方は、リハビリでほぼ回復してはいたが、手足に不自由さが残ってステッキを離せないため、赤い綱を締めての土俵入りはできなかった。

後日、その日に撮影した写真をプレゼントするため、額装して担当の奥成記者といっしょに持って行ったら、ちゃんこ鍋をご馳走してくれた。そのほどよい薄味が美味くてしこたま食べ、さらに近くの食堂に相撲取りたちと繰り出して酔っ払った。

「オレが治す」戸塚宏のヨットスクール――一九八三年五月三十日

秋田沖でマグニチュード七・七の「日本海中部地震」が五月二十六日に起こった。その悲惨な現場から「フォーカス班」の第一陣が大量のフィルムを引っ提げて戻って来た。彼らの撮った写真には、大地震に伴う大津波によって転覆または防波堤に乗り上げた漁船が写っていた。跡形もなくさらわれた港町の建物や痛ましい遺体の写真もあった。

心の中で手を合わせながらそれらのプリントを終えた五月二十九日、私は個人的に取材の約束を取り付けていた戸塚宏校長（四十二歳）に会うため愛知県美浜町に向かった。

半年前の一九八二年（昭和五十七年）十二月、ヨットの訓練中に十三歳の少年が死亡した。それ以前にも訓練生の死亡事故や行方不明者が出ていたため、戸塚校長は連日といっていいほどマスコミの集中砲火を浴びていたが、私は映像で見る彼の自信に満ち溢れた姿に興味を持った。

「戸塚ヨットスクール」の訓練生たちは、早朝から海岸の堤防でランニングや柔軟体操をするので、見学できることはわかっていた。だが、間近で戸塚校長と訓練生の写真を撮りたかったので、戸塚ヨットスクールに電話をかけた。受話器を取ったのは戸塚校長本人だった。私は単刀直入に撮影ができるかと尋ねた。

「一度、来てください」

という返事だった。

元々、戸塚校長は国際的なヨットレーサーだった。一九七五年（昭和五十年）に開催された沖縄海洋博覧会を記念した太平洋単独横断レースでは、四十一日間という驚異的な世界記録を持っている。

戸塚ヨットスクールは、ヨットマンの育成を目的として、一九七八年（昭和五十三年）に愛知県三浜町に開校された。そして、戸塚校長の訓練方法が社会問題になっていた自閉症や登校拒否、非行や家庭内暴力に効果があると世間の注目を浴びたことにより、ヨットの訓練と集団生活による「情緒障害児教育」を掲げるようになった。既に、日本各地から預かった多くの情緒障害児や、家庭や学校で問題児扱いされていた子どもたちが、このスクールでの訓練を終了していた。

朝五時半に宿を引き払い、十分ほど歩いてヨットスクールに着いたが、まだ玄関の鍵がかかっていたので、砂浜に並べられている小さなヨットの列を眺めながら待つことにした。

しばらく経つと、一人のコーチが玄関の鍵を開けて出て来た。校長に会いに来た旨を伝えると、そのコーチはヨットスクールの中に入り、すぐに戻って来て私を食堂に招き入れた。

すると五分もしないうちに、十数人の丸刈りの生徒たちがドカドカッと二階から下りて来て、

「おはようございます」

と私に向かって挨拶し、ランニングに跳び出していった。

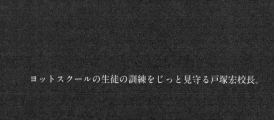

ヨットスクールの生徒の訓練をじっと見守る戸塚宏校長。

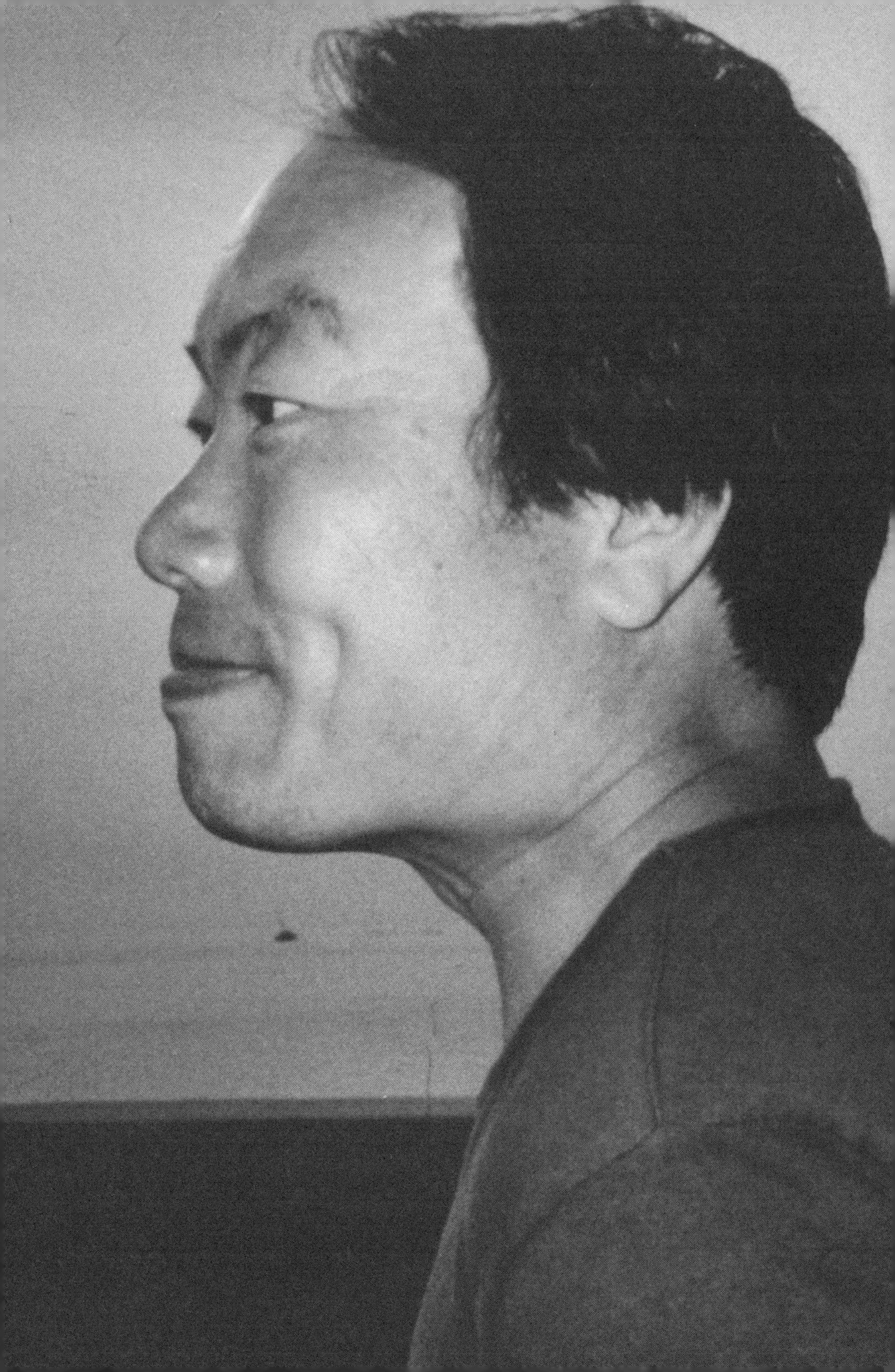

彼らの後ろ姿を眺めていると、まだ寝足りない様子の戸塚校長が現れ、目の前の椅子に腰かけた。私の取材意図を黙って聴いた後で、戸塚校長は自分の信念を次のように話し始めた。

「私の教育は、ただ子どもたちに苦痛を与えるということではないのです。負荷《ふか》を与えて、それを乗り越えさせることで、人間として大切なものを達成させていく。教育のプロセスとして負荷を与えているんじゃが、それがわかってもらえんのですよ。いまのイジメの問題もこれで解決できるのに……」

警察や相談所を訪ね歩き、精神病院でも預かってくれない子どもたちを何とかして欲しいと、為す術を失った両親から泣いて頼まれるのだという。

それは、一見なんの変哲もない柔軟体操をしている輪の中に入ってみてわかった。両手を握ったり開いたりすることさえ満足にできない子どもたちが多い。これにはショックを受けた。

——本当に、この子どもたちを治療したり、矯正することができるのか?

私にとっては、たやすい基本的な運動だったが、目の前にいる子どもたちの何人かは、それさえできずに苦しみ、表情も尋常ではなかった。遠くから見ているだけでは、息が詰まるようなこの重苦しい雰囲気はわからない。よく観察していると、子どもたちの走り方もどこか違う。彼らには、ごく普通の中学、高校生が持つハツラツとした軽快さや爽やかさがまったく感じられなかった。

——写真にすることは非常に難しい。

と考え込んでしまった。

撮ったとしても、この異常ともいえる雰囲気を十分表現することはできないだろうと思い、生徒をじっと見守る戸塚校長を撮ることにした。

撮影を終えた半月後の六月十三日、戸塚校長は監禁と傷害致死容疑で逮捕された。正面を見据えた目には、「社会の歪みや皺寄せを受けて、社会に溶け込めない人間を立ち直らせることが自分にはできる」という信念を滲ませ、手錠姿の戸塚校長は連行する警官が戸惑うほどの速さで警察署内に姿を消した。

三年一カ月の拘置所生活を終えた戸塚校長は、一九八六年（昭和六十一年）七月に保釈された。その後、無罪を主張して上告していたが、二〇〇二年（平成十四年）三月に最高裁で退けられて懲役六年の刑が確定し静岡刑務所に収監され、二〇〇六年（平成十八年）四月に出所した。


六月三十日、榎本三恵子さん（三十四歳）を取材。『月刊ペントハウス日本版』八月号でオールヌードを披露した三恵子さんに、その打ち合わせで編集部を訪れた際の様子を再現してもらうためだった。「門が閉まっていたので、仕方なくこんなふうに柵を乗り越えたのよ」と説明してくれたが、どうもこれは『フォーカス』編集部と私がいっぱい食わされたようだ。三恵子さんは一九八一年（昭和五十六年）十月二十八日、東京地裁の「ロッキード事件」の公判で検察側証人として出廷し、田中角栄の元秘書で前夫の榎本敏夫被告が五億円の受領を認めていたことや、その証拠隠滅を図っていたことを証言。証言後の記者会見で、「ハチは一度刺すと自分も死ぬという。私もその覚悟はしています」と語った。この「ハチの一刺し」という表現が話題になり流行語にもなった。その後の三恵子さんはタレントや女優に転身し、バラエティ番組やテレビドラマなどに出演していた。

『月刊ペントハウス・日本版』編集部を訪れたときの
様子を再現してくれた榎本三恵子さん

「敬意を表してお会いします」土光敏夫｜一九八三年七月六日

『フォーカス』一九八三年六月二十四日号に「小さな恋は大きくならず――高部知子『めだかの兄妹』ごっこ顚末記」というタイトルで、清純派アイドルの高部知子さん（十五歳）が裸でベッドに横たわり微笑みながらタバコをふかしている写真が掲載された。

その写真は、以前彼女と付き合っていた男性が編集部に持ち込んだものだった。二人が付き合い始めた経緯と別れた原因を軽やかなタッチで書いた記事の中に、「二人が高部知子ちゃんのベッドで二人仲良くニャンニャンしちゃったあとの、一服である」とある。この「ニャンニャンする」という言葉は流行語になった。

タイトルの付け方だけでなく、『フォーカス』の記事の文章は抜群にうまい。見開きに一枚を基本として写真中心にページは組まれてはいるが、そうたやすく傑作写真を撮ることなどできない。しかし、文章は練りに練り上げることができる。無駄を省き、四百字詰め原稿用紙約二枚半でコンパクトにまとめるのは容易なことではない。私が読んでも傑作と感心するほど記事の質は高かった。

後藤編集長が「落語を書いてくれ」とか「劇画を書いてくれ」と指示していたらしいが、斜に構えたり、捻《ひね》りを利かせたり、しかも小気味良さを伴っているため感心してしまう。アンカーライターの斎藤勲氏が『さらば　フォーカス』（飛鳥新社）の中で、卑俗なテーマは格調高く、難しいテーマは俗っぽくをモットーにしていたと書いている。そのことも面白さの秘訣だったのだろう。だが、読者が『フォーカス』を開いた時、記事から読む訳ではない。まず最初に目に入るのは、写真だ。だから、その写真に魅力がなくてはだめなのだ。私は「文章に負けない斬新でインパクトのある写真を撮らねば」という意気込みと、軽い嫉妬と素朴なライバル意識を内に秘めて写真を撮っていた。そうしたことから、『フォーカス』の誌面には、「読ませる写真、見せる記事」とでも形容できるような相乗効果が生まれていた。

ところで、ニャンニャンしちゃった写真の掲載から十日もしないうちに不幸な出来事が起こった。六月二十八日、二枚目俳優で、テレビドラマ『必殺仕置人』『太陽にほえろ』や『俺たちは天使だ！』で活躍した沖雅也（本名日景城児）が「おやじ、涅槃《ねはん》でまってる」の遺書を残し、東京新宿の京王プラザホテルの最上階（四十七階）から警備員の制止を振り切って飛び降り自殺を遂げたのである。そのテレビニュースに初めて接した時、一瞬周りの音が消えたように感じた。三十一歳という若過ぎる、まさに衝撃的な死だった。おやじとされた養父の日景忠男氏は記者会見に臨んだが、グチャグチャに泣きじゃくっていてまともに話ができなかった。そして、沖雅也の自殺の動機や日景氏との私生活、さらに「涅槃」という言葉について、「一切の悩みや束縛から脱した安らぎの境地」だとか「生死を超えた悟りの世界」または「死んだ後のあの世のことだ」などといった、テレビや週刊誌の賑わいがしばらく続いた。

沖雅也自殺の衝撃がいまだ収まらぬ七月六日、私は土光敏夫さん（八十六歳）の自宅を訪ねるため横浜に向かった。地図と番地を照らし合わせながら探していると、小高い丘の上に古ぼけた質素な家が目にとまった。噂には聞いていたが、路上から眺めると想像以上に古い。しかもそれほど大きくない建物だった。その慎ましやかな家が「財界総理」と呼ばれる経団連会長を長く務めた土光敏夫さんの自宅とは、とても思えなかった。

若き日の土光さんは、抜群の行動力と猛烈な仕事振りで「人間タービン」と綽名《あだな》された。社長としては、経営危機にあった石川島重工業（現ＩＨＩ）や東京芝浦電気（現東芝）を徹底した合理化によって再建し、「ミスター合理化」と称された。また、経団連会長の時は「行動する経団連」の旗を掲げ、「第一次石油ショック」の際には日本経済の安定や企業の政治献金の改善、海外との経済交流などに尽力し「財界の荒法師」と呼ばれた。その地声の大きさは、当時副総理だった福田赳夫《たけお》が「ドコウ（土光）ではなく「ドゴウ（怒号）さんだ」と嘆くほどだった。

経団連名誉会長の土光さんは、二年前の一九八一年（昭和五十六年）三月十二日に「第二次臨時行政調査会（第二臨調）」いわゆる「土光臨調」の会長に就任し、行革に辣腕を振るった。「急ぎ行財政改革をしなければ日本の未来はない」と考えていた土光さんにとって、「ロッキード事件」による極度に高まった政治不信や官僚の天下り問題、行財政の肥大化に伴う百兆円という膨大な赤字国債を抱えた日本の現状を見過ごすことはできなかったのである。「土光臨調」はこの一九八三年三月十四日、「徹底した行革による増税なき財政再建」を掲げ、「八四年度までに赤字国債ゼロ」「国鉄・電電公社・日本たばこの三公社民営化」「３Ｋ赤字（米・国鉄・健康保険）の解消」という答申案をまとめて解散。ところが七月一日、中曽根首相はじめ民間団体や財界に拝み倒されるかたちで、土光さん自身が「土光臨調」の会長として、自ら提出した答申案を実行するための行政改革、その実現を監視する「行革審（臨時行政改革推進審議会）」の会長に就任することになった。

行革審会長に就いたばかりで、多忙な毎日を送っている土光さんである。会うことはできないだろうと予想し、まず手紙を書いたが、郵送するよりも直接伺い、お手伝いさんにでも渡してもらおうと考え、横浜市鶴見区の自宅までやって来た。後でわかったことだが、土光家ではお手伝いさんを一度も雇ったことがなく、家内はすべて夫人の直子さんが一人で取り仕切っていたのである。

家の手前に小さな門があった。これも強風が吹けば倒れてしまいそうなシロモノだった。行革審会長ともなれば、通常はそこに警備員がいるはずだと思い込んでいたが見当たらなかった。私は、その木戸を開けてみた。鍵も掛かっておらず簡単に開いてしまった。

――こんなにたやすく侵入できるんじゃ、偉い人にしては不用心じゃないか。

国民の熱い期待を担っているとはいえ、何をしでかすかわからない輩《やから》もいる。こちらが心配になってきた。大声で案内を求めたが、返事がないので玄関に向かうことにした。

「ごめんください」

玄関の引き戸を引いて声をかけると、和服姿の高齢のご夫人が現れた。

間違いなく直子夫人だった。何度も書き直した後に清書した手紙を渡して、断りもなく訪れた失礼を詫びた。

「ちょっと、待ってくださいね」

直子夫人は「よっこいしょ」という小さい声を発し、ゆったりとした動作で今来た廊下を戻って行った。

——ひょっとしたら？

淡い期待が胸の中で膨らんだが、手紙を渡してさえおけば明日につなぐことができると思い直した。

それほど高価に見えない壁に掛けてある絵や置物を眺めながら、私は玄関で待った。三分ほど経っただろうか、直子夫人がゆっくり戻って来た。

「敬意を表してお会いします。本人がそう申しておりますので、どうぞ、お上りください」

緩んでいた神経に、ビシッと電流が走った。予想しない成り行きに慌てたが、これを逃すと次のチャンスは絶対に巡ってこない。シャッターチャンスと同じで、ここぞという一瞬を逃すと二度と女神は微笑んでくれないのだ。

——尻込みするな。

自分を奮い立たせ、勧められたスリッパを履き、案内されるまま背の丸くなった直子夫人の後を奥の部屋へとついて行った。障子戸が開かれている部屋に近付くと、人の気配を感じた。

和服姿の土光さんの風貌は、頑固一徹な明治男子を彷彿とさせ、真一文字に結んだ口や眼光からは強い意志を感じた。小学生にして米俵一表（六十キロ）を担いでいたほど頑健な肉体は、八十六歳という高齢のために偲ぶことはできなかった。ただ〝行革の鬼〟となって「行革審」の先頭に立ち、その老骨に鞭打っているのかと思うだけで私は感激した。

それまで「臨調・行革審」について取材をしてきたが、「役人天国」を謳歌する現場は「どうせ何もできまい」とタカをくくっている有様で、「徹底した行革による増税なき財政再建」が大原則にも関らず、行革の骨抜きを狙って既得権益を守ろうとする守旧勢力の抵抗は、陰に陽にすさまじかった。行革に対する意気込みや緊張感はまったくなく、土光さんとは対照的だった。

「手紙は読みました。そこに掛けてください」

土光さんはしわがれた声でゆっくり、そして静かに言った。しかし、突然の訪問にも関らず、会っていただいたお礼の言葉がなかなか出てこない。本人が自宅にいるのも不思議だった。

「今日は休みです」

写真だけ撮ることができればよしと考えていたので、何を尋ねたものか迷った。土光さんに対して行革審のことをあれこれ質問するなどおこがましい。目の前のテーブルに使い古されたパイプが置かれていた。パイプを燻《くゆ》らす土光さんの姿はそれまで見たことがなかったので、パイプを吸っていただきたいとお願いした。土光さんは、すぐにそれを手に取りマッチを擦った。息を吸い込む度にマッチの小さな紅い炎はパイプの中に引き込まれて見えなくなった。

数枚の写真を撮り終え、貴重な休日に押しかけて来たことを詫びて、その部屋を退散した。思いがけず玄関まで見送られてしまい恐縮したが、ここでも一枚撮った。

外に出て、やり遂げたというため息をつき、路上から眺めただけの庭にふと目を向けた。さして広くもない庭は草が伸び放題で、手入れがされていなかった。

土光さんの信条は「社会は豊かに、個人は質素に」である。生活費は月十万円を越えることはなく、経団連会長になってからも通勤にはバスや電車を利用し、普段の生活は一般庶民よりも質素だったという。生活費以外の残りの収入は、すべて母親の登美さんが創立した「橘学苑（現橘学苑中学校・高等学校）」に寄付されていたのである。このおカネをかけていない庭もまた、その慎ましい生活から「メザシの土光さん（ＮＨＫの番組で土光さんと直子さんがメザシを食べる夕食シーンが放映されて大反響が起きたことからそのイメージが定着した）」などの愛称で慕われている土光さんの清貧なイメージと重なった。

撮影を終えてから三年後の一九八六年（昭和六十一年）六月二十六日、土光さんは「国民のみなさまへ――行革審の終結にあたって」と題する以下のようなメッセージを発表した。

「明日をもって行革審はその任期を終え、解散します。国民の皆さま方の絶大なご支援を得て、臨調・行革審は、全国民的課題である行政改革の推進に努めてまいりました。行政改革は、二十一世紀を目指した新しい国造りの基礎作業であります。私は、これまで老骨に鞭打って、行政改革に全力を挙げて取り組んできました。私自身は二十一世紀の日本を見ることはないでしょう。しかし、新しい世代である、私たちの孫や曾孫の時代に、我が国が活力に富んだ明るい社会であり、国際的にも立派な国であることを、心から願わずにはいられないのであります」

深く心に染み込んでくる言葉だった。次の世代に日本の未来を託した土光さんは、日本人に最も愛された経済人として、一九八八年（昭和六十三年）八月四日、「バブル景気」が絶頂期を迎えながら、国の借金は一向に減らないどころか増えている最中、老衰のため九十一歳で永眠された。合掌。

パイプを燻らす行革審会長の土光敏夫さん。

ヤキトリ屋のカーター前米国大統領――一九八三年七月十六日

土光敏夫さんの撮影を終えた二日後の一九八三年七月八日、これも個人的に会いたいと思っていた元日本共産党政治局員、伊藤律氏に会うため、東京八王子市の自宅を訪ねた。戦後の革命運動の暗部に精通しているとされる伊藤氏は、一九八〇年（昭和五十五年）年九月、二十七年もの間捕囚の身となっていた中国から帰国し、警視庁の事情聴取後、東京都昭島市の昭島相互病院（現あきしま相互病院）に入院。私が会った時には既に耳が遠くなり目も不自由で、ものを書く時や新聞を読む時はメガネをかけ、なおかつ拡大鏡を使用していた。しかし、その話しぶりはユーモアに富み、別れ際には玄関で「革命家としての道を墓場まで歩みます」と話してくれた。ただ、過去の事は一切語ろうとしなかった。

この頃の日本は、「第二次オイルショック」から立ち直っていた。自動車に加え、一九八二年六月に日立と三菱電機の社員六人がＦＢＩに逮捕された「ＩＢＭ産業スパイ事件」というハプニングはあったものの、コンピュータ関連をはじめとするハイテク産業も輸出を伸ばし、いわゆる「ハイテク景気」に突入していた。

翌七月九日は、女子プロゴルファー岡本綾子選手の取材だった。岡本選手は、「一年を通してツアーで戦いたい」と渡米したものの、成績はイマイチ、パッとしなかったが、帰国を前に奮起。十五試合目の挑戦となる米国の女子プロゴルフツアー、ロチェスター国際で優勝し、本場で日本選手として初の快挙〝二勝目〟を挙げた。

七月十六日、私はジミー・カーター前米国大統領の撮影のため六本木に向かった。今回で五度目となるカーターさんの来日目的は、故郷のバージニア州アトランタで設立準備を進めている「政策研究センター（通称カーター・センター）」に、日本の政財界の協力を要請するためだった。いわば、戦後の焼け跡から米国に次ぐ世界第二位の「経済大国」にまで成り上がった、カネ持ち日本に資金集めにきたのだ。そして、その多忙な仕事の合間をぬって、六本木にある「串八」というヤキトリ屋に「忘れられない、懐かしの味」を求めて四年ぶりに立ち寄るという。

わずか四カ月で発行部数が五十万部も伸び、百五十万部突破という最中の『フォーカス』。編集部はあいかわらず忙しくて人手が足りず、私は相棒の記者なしで行くことになった。

――カーターさんが日本語を話すはずはないし、岩のようなボディガードもいっぱいいるかもしれない。しかも店が貸し切りなら、入ることさえできないではないか。

悲観的に考えているうちに心細くなってきたが、客を装ってとにかく撮影を試みることにした。いかにもカメラマンといった格好はやめてスーツに着替え、カメラに二〇ミリレンズと小型ストロボをつけ、絞りF５・６、シャッタースピードを三十分の一にセットし、予備のフィルム一本といっしょにバッグに入れた。

目的のビルはすぐにわかった。三人の制服警官とカメラを首から下げた数人のカメラマンが、

焼き鳥の串をもってご満悦のジミー・カーター
第 39 代米国大統領。

夜の路上で時間をもてあまし気味にしていたからだ。「串八」は三階にあった。何食わぬ顔をして彼らの間を通り抜け、エレベーターを使わずに階段を上った。エレベーターだと三階にボディガードがいた場合、そこでオシマイとなる可能性があるからだ。

しかし、そこには誰もいなかった。拍子抜けした思いで、「串八」の茶室のような小さな引き戸を開けて中に入った。店内はいかにもヤキトリ屋といった明るく弾んだ声に包まれていた。ほぼ満席だった。一人で来たことを告げると、カウンター席の客たちが一人分詰めてくれた。目だけを動かしながら店内を探っていると、数人のスタッフに囲まれたロマンスグレーのカーターさんが、上手に箸を使ってヤキトリを食べ、ワインや日本酒を飲んでいる姿を発見。

客として来たが、写真を撮らなければならないため、アルコールは我慢してお茶とヤキトリを注文した（これはセツなかった）。カーターさんに気付かれないように、しばらく撮影のチャンスを待ったが、カーター前大統領の目の皿のヤキトリがどんどん無くなっていく。意を決して「撮影させてください」とつたない英語で頼むと、何とカーターさんはあっさり快諾してくれたのである。

寂しくなった皿に新たにヤキトリを盛ってもらい、カメラを取りだして撮影しようとすると、背後がざわめき立った。四、五人はいただろうか。それまで客のフリをしていた雑誌か新聞社のカメラマンたちが、このチャンスを狙っていたようだ。これでは彼らのためにセットアップしてやったようなものだ。多少残念でもあったが、みんなで手際よく写し終え、お礼を述べて騒がしい撮影会を終了させた。

新総立ちの女王、白井貴子――一九八三年八月二十七日

四月から始まったＮＨＫ朝の連続テレビ小説『おしん』が日本中を涙の渦に巻き込み、日本中が「おしん、おしん」と騒ぎ立てていた。視聴率が六十パーセントに迫る勢いだといわれても、朝は寝ているので、残念ながらその番組を見ることはなかった。しかし、八月三日に、映画『南極物語』に出演して奇跡の犬を演じたタロ、ジロと小林綾子ちゃんを撮ることができた。

八月十四日は、高田馬場で稽古をしている朝比奈れい花（二十九歳）さんを取材。五月に亡くなった寺山修司の書いた「アダムとイヴ」が再演されることに決まり、その主役に日劇ミュージックホールの現役トップダンサー、身長一七二センチというナイスバディの朝比奈さんが起用されたのである。新宿歌舞伎町、「エデン」というソープランドの三階にあるうらびれたアパートの一室が舞台で、アダムは老いたる中年男、妻のイヴは欲深き中年女という、いかにも寺山らしい設定だ。イヴはリンゴが大好きで、劇の間ずっとリンゴを食べ続けるのだが、そのリンゴをめぐって夫のアダムを殺すことになってしまう。幾つものリンゴをぶら下げた怪しげなヘアのある衣装は、朝比奈さん自身のデザインだった。

八月二十一日、フィリピンの野党指導者で米国に亡命していたベニグノ・アキノ元上院議員が、マニラ国際空港（現ニノイ・アキノ国際空港）に到着直後射殺された。同行取材していた

松本敏夫カメラマンが、その射殺現場を撮影したピュリッツアー賞級のフィルムをもって翌日帰ってきた。

総立ちの新女王、白井貴子さん（二十四歳）のライブコンサートを取材するため、八月二十四日の夜、新宿の「ルイード」へ向かった。観客が興奮のあまり椅子に座っていられなくなり、場内総立ちとなるそうだ。白井さんの顔立ちは小作りで可憐な少女風、しかも身体も小柄で、どこか親しみやすさを感じさせるが、歌は超過激。熱狂して立ち上がった観客は、彼女の歌や身体を動かすリズムに合わせ、手拍子をとりコブシを突き上げた。

九月一日、大韓航空機がソ連の迎撃戦闘機によって撃墜され、二百六十九人人の命がサハリン上空に散った。韓国の抗議集会は激しさを増し、米国は対ソ制裁措置を発表。ソ連は世界中から非難を浴びた。しかしソ連は、大韓航空機がスパイ活動のために領空侵犯したとして、補償責任については問答無用とばかりに拒否した。

十月一日、世界最初の個人写真美術館「土門拳記念館」が開館。初代館長には我が師、三木淳先生が就任した。お祝いを述べるために大学の三木ゼミに顔を出した。三木ゼミには、一線で活躍する写真家などもやって来て体験談を語ってくれることもあり、学年や学科、学部を問わず、卒業生、さらに他大学の学生までもがちゃっかり聴講に来ていて不思議な活気があった。

そのゼミに出席すると、いきなり三木先生に、

「銀座で奇麗な女と手をつないで歩いていたらしいな。情報は入ってるんだ」

からかわれてしまった。

銀座は三木先生の庭みたいなところだった。そのため、学生時代の私は三木先生のカバンを持って、その後ろをしょっちゅうくっついて歩いていた。いつしか銀座は私にとっても身近な街となり、訪れることが多くなっていた。これがマズかった。それ以来、銀座では女性と手をつながないどころか、離れて歩くように気をつけた。

また、仕事が忙しくなって、しばらく三木ゼミに行けないでいる時に、

「どうした、ちょっと写真が載るようになったからっていい気になるな」

普段は品のよい三木先生にベランメー調で怒鳴られ、高くなり始めた鼻を折られた。こんなことはしょっちゅうだった。少しでもテングになりかけると、たちまちお灸をすえられるのだ。だが、私にとっての三木先生は、無茶苦茶厳しい反面とてつもなく愛情深い先生だった。

十月三日、三宅島が大噴火。阿古地区の四百戸以上が焼失したが奇跡的に死亡者は出なかった。九日にはビルマ（現ミャンマー）の首都ラングーン（現ヤンゴン）で爆弾テロが起こった。訪問中の全斗煥《チョンドファン》大統領は危うく難を逃れることができたが、韓国副首相ら二十一人が爆死。犯人の二人は北朝鮮の工作員だった。

東京有楽町の読売会館七階にある「よみうりホール」で、世界一の肉体美を誇るトム・プラッツ（二十八歳）とレイチェル・マクリッシュ嬢（二十七歳）を十月一六日に取材。一九八〇年度プロ・ミスターユニバースのチャンピオンのトムさんは、「ボディビル、すなわち、己自身が芸術である」と言い切っていた。彼の自慢は、脚だ。顔が付いているのがむしろ余計な

総立ちの新女王・白井貴子さん。

感じがするほどの肉体美を誇っていた。その中でもこの脚は〝ビックリ脚〟と呼ばれ、トムさんのトレードマークだった。レイチェル嬢は〝世界で一番美しい肉体の持ち主〟になりたいと願ってボディビルを始め、世界の女性ボディビルダーたちの最高栄誉である、初代ミス・オリンピアに輝く経歴を持っていた。

トム・プラッツさんとレイチェル・マクリッシュ嬢

ノーパン喫茶の天使、イヴちゃん――一九八三年十月二十三日

十月二十三日、日曜日の夕方だった。

「ノーパン・トップレス喫茶の取材に行ってくれ」

後藤編集長の指令が下った。

いわゆる〝ピンクネタ〟である。こういった風俗業界は、私の乏しい経験から思い返しても〝美しい〟とか〝可愛い〟とか〝若い〟といった表現が当てはまる女性には、とんとお会いすることがなかった。時には、熟しすぎた超熟女、いや枯れかけた妖婆のようなご高齢の女性に横に座られて、自分のオンナ運の酷《むご》さを呪いたくなることもあった。であるからして、いつもクールな長井一博記者が、「もの凄い人気のイヴちゃんだ」と興奮気味に説明してくれたが、私は鼻先で笑って期待なんかしていなかった。

ともあれ、疑いながらも完全装備で、歌舞伎町の「USA」というレンタルルームを備えたノーパン・トップレス喫茶に向かった。ところが、イヴちゃんに会ったとたん、ビックリして言葉も出ない私であった。自分の過去のピンク経験が、いかに貧しく不幸なものだったかと気付かされ、我が身の不明を恥じた。こちらが飛び上がるほど爽やかな笑顔で迎えてくれたイヴちゃんは、可憐で愛くるしく、まるで天から降臨した天使のようだった。

目の前のイヴちゃんは、細い首に蝶ネクタイを付け、淡いピンクの乳首を惜しげもなく晒し、清楚な腰に小さなミニスカートを着けただけの姿、そのキメ細やかな純白の肌はキラキラと輝いていた。しかも、この天使はパンティを履いていないのだと想像すると、私は目まいがしてきそうだった。

店内には数人のノーパン嬢がいて、大小様々、フレッシュな乳房を揺らしながら、客に飲み物を運んでいた。彼女たちは皆官能的で可愛かったが、中でもイヴちゃんは別格だった。

店への入場料は、飲み物つきで二千円。料金を支払ったあとは鏡張りの床を凝視するのだ。また、六千円の追加料金を支払えば、気に入ったノーパン嬢と〝レンタルルーム〟に消え、スペシャルサービスを受けることができる。カーテンで仕切られたレンタルルームの中では、指名したノーパン嬢が、磨きにみがき上げたテクニックを駆使するスペシャルサービスによって、客を天国に誘ってくれるというわけだ。

「一日のお客さまは二百人前後でしょうか、およそ七割がレンタルルームをお使いになります」

儲かり過ぎて笑いが止まらない店長が、目尻を下げたまま教えてくれた。

残り三割の哀しき客たちは、触れることの叶わぬ、鏡に映ったおぼろげな〝女神〟を記憶に焼きつけ、自宅の冷たいベッドの中でその先を夢想することになるのだ。

ノーパン喫茶の元祖は、一九七八年（昭和五十三年）に京都で開店した「ジャニー」とされている。この店でノーパン喫茶ブームに火が付き、燎原の火のごとく燃え広がって日本全国千店にまで膨れ上がった。

その後、一九八一年（昭和五十六年）に『月刊プレイボーイ日本版』の取材でノーパン喫茶の本家大阪を訪れた時、最盛期に二百以上あったといわれる店が四十店に激減していた。警察の圧力や日本人固有の飽きっぽさもあって大阪では下火になっていたのだが、「あべのスキャンダル」だけはまったく様相が異なっていた。ノーパン嬢と米国嬢の「ノーパンボクシング世界一決定戦」や、前貼り一枚の「レズビアンショー」といった特別イベントが繰り広げられ、異様な熱気に満ちていたのである。しかも動きが激しいため、その前貼りが剥がれ〝嬉し恥ずかし〟という状況になり、会場を沸かせ客を喜ばせていた。流行りとは関係なく次々と新しい企画を実行し、裸と笑いの二本立てで逆風を乗り切るのだという。まったく、大阪人の「創意工夫」には頭が下がる思いだった。

また、床が鏡ではなくマジックミラーになっている「エミルマカナノトーカス」という変な名前の店もあった（逆さに読めばナルホドである）。地下に潜った客は、その天井のマジックミラーの下からスカートの中身を見ることができるという訳である。しばらく見上げていると、ノーパン嬢がいきなりしゃがんでくれた。開脚したままである。あまりにも間近で〝女神〟を拝ませていただいたので、その神々しさに目が潰れそうだった。

しかし一九八三年、歌舞伎町の「ＵＳＡ」では、そういったサービスはない。あくまでも見るだけ、そしてスペシャルサービスだけである。鏡張りの床は、店内の照明を抑えていることもあり、超ミニスカの中はより暗く、さらにノーパン嬢たちが動いていることもあって、はっきりと〝女神〟を拝むことは難しい。そのため、ノーパン嬢がテーブルにコーヒーを置こうとやって来て、前屈みになる度に周囲の客たちは〝セムシ男〟のごとく背中を丸め、鏡張りの床を瞬きもせずに食い入るように凝視するのであった。

――レンタルルームでスッキリさせてもらった方が、健全な精神を健全な肉体に宿すためにも良いのではないか……。

そういったお節介めいた言葉が、喉元まで込み上げてきた。

話は再びノーパン喫茶の本家、大阪を取材した時のことに戻るが、その取材中に編集者と記者、そして私の三人の間で、日本最後の遊郭と呼ばれる飛田新地（大阪市西成区）が話題にのぼった。飛田は今でも大正時代の面影が残る街並みで、一軒ほどの間口の上がり框《がまち》に〝やり手婆〟が座っていて客を引いていた。昼間三人揃って訪れた時はまったく魅力を感じなかったが、雰囲気がガラリと変わった夜になり、その色町の中にある飲み屋に立ち寄った。

カウンターだけの五、六人しか座れない小さな一杯飲み屋だった。その店の女将と話が弾んだ。飛田についてかなり突っ込んだ質問までしているうちに、酔いも手伝って、何もしないで立ち去るという無粋な真似ができない雰囲気に陥っていた。それに、若いうちは何でもやってやれ、後悔は後からすればいいという勢いもあった。いつしか女将に、「どこに行ったらいいのかわからない、私たちに見合った女のコを紹介してよ、決めてくれたらその通りにするからさぁ」と頼んでいた。女将は三人の顔を見ながら、「あなたはどこどこの何さん。そうね、あなたは何ちゃん」と言って、それぞれの〝料亭〟に連絡を取ってくれ、〝自由恋愛〟をさせていただける女のコに迎えに来てもらった。

連れられて入った二階の部屋は四畳半だった。あまりにも短い〝自由恋愛〟を終えると、さっきと同じ一杯飲み屋に戻って来て、艶話に花を咲かせた。そうこうするうち、、いつしか、もう一度〝自由恋愛〟をというほど話が盛りあがってしまった。編集者と記者はそれぞれ別の女のコを紹介されたが、私には「やっぱり、あんたは、チカちゃんが一番だよ、彼女は性格もいいからね」となった。チカちゃんが再び迎えに来てくれ、私は同じ女性と一晩で二度も〝自由恋愛〟をすることになった。チカちゃんはカラッとした性格で、とても楽しかったという記憶が残っている。

話をイヴちゃんに戻す。イヴちゃんには、「イヴさま後援会」という、早稲田大学をはじめ学習院、法政、中央、東海、拓殖などの学生二百三名からなるファン組織がある。

しかし、この後援会にはイヴちゃんを指名しても、スペシャルサービスを受けるためのレンタルルームに決して入ってはならないという厳しい掟がある。イヴちゃんの〝女神〟を夢想することまでは禁止できないが、会員はひたすら見るだけの行為に徹し、身悶えしながら己の〝鬼神〟をなだめなければならないのだ。

後藤編集長の指令の中には、

「イヴちゃんと『イヴさま後援会』の〝自虐学生〟を一枚の写真に収めてこい」

というものがあった。

いろいろ考えた末、私は撮影のために喜んで集まってくれた自虐学生たちに、

「女王さまにかしずく〝奴隷〟になってもらいます」

と注文した。

「キミは脚の下、アナタはこの後ろに立って、キミはオシリの下」

と厳しく指示する。得な役回りの学生と損な役回りの学生に分かれたが、身勝手は許さない。

「イヴちゃんはカメラを見てニッコリ。そう、そう。奴隷たちはイヴちゃんの顔を見守るだけ」

しかし、不届き者はいた。

「誰だ、スカートの中を覗いてるヤツは！」

奴隷たちのリーダーが、オオカミのごとく吠えた。

静岡県出身のイヴちゃんは、中学生の頃はタレント志望で、いろいろなオーディションを受けまくったそうだ。両親に内緒でセミヌードの撮影のモデルもやっちゃったという。県内の私立女子高を無事卒業して、一年間家でブラブラした後上京した時に、この店の「日給三万円保証します」という求人広告につられ、「ノーパンぐらい平気よ」と、この稼業を始めた。

「サービスルームに入って、触ってすぐにイッちゃった人もいるし、四十分かけてまったくダメだった人もいます。平均すると五分くらいかな」

仕事はあまり厳しいものではなく、右肩が少し凝る程度だと微笑む。

イヴちゃんは、午後七時から午前二時までの勤務。しかも、なんと日給が十万円。超売れっ子となった今、指名客数は一日最高三十五人、大忙しだという。

その後のイヴちゃんは、遅刻と無断欠勤の常習犯、とても〝不真面目〟なノーパン譲として半年で引退。芸能界へ転出し、テレビ、映画（デビュー作『イヴちゃんの花びら』他）に出演

ノーパン喫茶の天使イヴちゃんと
イヴさま後援会の学生たち。

し、レコードも出した。そして、

「マスコミに出まくっちゃったから、フツーのお嫁さんにはなれない」

と言って、十七歳年上のアダルトビデオ製作会社社長と結婚するも半年で離婚。再デビューして、ストリップ劇場のステージに上がるようになった。

『フォーカス』、二百万部を超える――一九八四年一月

一九八三年十一月十一日、中曽根康弘首相は、レーガン米国大統領夫妻を東京都西多摩郡の別荘「日の出山荘」に招き、お茶を点《た》てて「ロン・ヤス」と呼び合う親密ぶりをアピールした。しかし国会では、田中元首相に対する野党の「辞めろ、やめろ」の大合唱が続いていた。十月十二日の「ロッキード事件」一審判決で、懲役四年、追徴金五億円の実刑判決を受けたにも関らず、田中元首相が議員辞職をせずに居直っていたからである。野党の猛攻に抗しきれず、中曽根首相は衆議院を解散（田中判決解散）。十月十八日の衆院選で、主役の田中元首相は新潟三区で二十二万票を獲得してトップ当選を果したが、自民党は田中判決の煽りを受けて過半数割れとなってしまった。

十月二十日、新鮮な魅力が話題を呼んだ青春映画『フラッシュダンス』で一躍スターになったジェニファー・ビールスさんが、資生堂のCMガールに選ばれて来日。仕事の合間を縫って慶応大学の三田祭の見学にやって来た。彼女を一目見ようと校舎の窓からは学生たちが溢れ、「ジェニファー、ジェニファー」の大合唱がコダマし、ジェニファーさんの歩く周辺は押すな押すなの大混雑だった。

若い愛人が欲しいオジさんたちとお金が欲しい女性の夢がしぼんだ。全国的なブームになり、

一九八四年の出来事

AT&T分割
一月一日、アメリカ司法省の反独占政策により、巨大電話会社AT&Tが分割される。AT&Tは長距離交換部門だけを持つ電話会社となり、それ以外の事業は会社分割され、地域電話部門は地域ベル電話会社八社に分離された。研究開発部門であるベル研究所も、機材製造・研究開発子会社であるAT&Tテクノロジーズ（旧ウェスタン・エレクトリック）の傘下に置かれ本体から分離される。これにより、アメリカの電話産業は市場に開放され、長距離部門でMCIやスプリントなどの大手長距離電話会社の成長を促すことになる。

日経平均一万円突破
一月九日、終値一万五十三円八十銭で、日経平均株価が初めて一万円の大台を突破する。

三池炭鉱事故
一月十八日、福岡県三池郡高田町（現みやま市）の三井三池鉱業所の有明鉱坑内で火災が起き、一酸化炭素中毒で八十三人死亡。

慶應大学の三田祭を訪れたジェニファー・ビールスさん。

月八日に売春斡旋容疑で御用となった。

全盛を迎えていた「愛人バンク」、その火付け役の「夕ぐれ族」が摘発されたのだ。社名と電話番号をプリントしたTシャツを着て、深夜番組に派手に出演していた筒見待子社長は、十二月八日に売春斡旋容疑で御用となった。

翌一九八四年（昭和五十九年）年一月十八日、福岡県の三井石炭鉱業三池工業所有明鉱で坑内火災が起こった。ベルトコンベアに付着していた炭粉に引火し、一気に坑道内を駆けめぐった炎によって八十三人が死亡するという悲惨な事故だった。二年前の北炭夕張新炭鉱事故とこの大事故以降、明治時代から第二次世界大戦を経て日本のエネルギーを支えてきた石炭産業は、既に石炭よりも安価な石油に取って代わられていたこともあり、衰退の流れを一気に加速させ、崩壊を早めることになった。

翌日、九州から関東の太平洋岸に大雪が降り東京も白一色に染まった。私は、そのビル街の雪景色を撮るため都内を歩いた。

既に述べたが、この一九八四年一月から『週刊文春』が「疑惑の銃弾」というタイトルで「一美さん銃撃事件」の連載を始めた。悲劇の主人公、三浦和義社長が、実は妻一美さんの保険金一億六千万円を密かに受け取っていたというものだった。とっくに忘れられていた事件は、死者が復活したかのようにこの世に躍り出た。取材合戦は過熱して一種の〝三浦フィーバー〟という狂乱状態となり、警察の捜査も開始され「ロス疑惑」の長い日々が始まった。

また、この一月は『フォーカス』がついに週刊誌史上新記録の二百万部を超えた輝かしい月でもあった。既に東京だけでは印刷が間に合わず、同時に大阪でも印刷するようになっていた。

『フォーカス』に載ることは宣伝効果が大きいので、掲載を熱望する取材先、特に〝ピンク〟関係では、お車代などという名目で袖の下を握らせようとしてくることも多くなった。しかし、そんな危ない〝お代〟をいただくことはできない。必死で断って逃げて来ることが度々あった。

写真およびネガの整理用に、鎌田カメラマンが自分のパソコンを持ち込んできた。編集部では数千万円も投入して大日本印刷と組んだ大掛かりなシステムをつくっていたが、コンパクトな方が使い勝手がいい。写真の整理に使う以外、「遊軍」ではマージャンゲームなどをやってパソコンに慣れるようにした。

当時流行っていたポケベルは、編集者も記者もカメラマンも全員が持っていた。ある日、居酒屋でベルが鳴った。店内の客四人が反射的に腰や胸ポケットへと手を動かした。笑えないような病的な仕草だった。私もその中の一人だったので、以来、二十四時間オンにしておくことは止めた。

取材につきものの張り込みだが、記者だけでなくカメラマンも向き不向きがあった。「裁かれる田中角栄」を半年もかけて撮った福田文章さんは、食うや食わずで何日でもじっとしていられるし、「フォーカス班」のリーダー的存在である鷲尾倫夫さんは、偏食が祟って脚気になってさえも張り込みを続けた。しかし磯俊一さんは、どちらかというと瞬発力に長《た》けたカメラマンで、まったくジッとしていられないタイプだった。数カ所に分かれて張り込みをしている時など、三十分も経たないうちに持ち場を離れ、「タァロ（慎太郎の略）さん、（ご機嫌は）どお?」などと言いながら、現場を離れてやって来た。そういった目が点になるような行動もするが、磯さんは他誌のカメラマンに先駆けて傑作をモノにし、災害現場では人の心を揺さぶ

疑惑の銃弾

一月十九日、『週刊文春』が、三浦和義氏のロス疑惑を追及する記事「疑惑の銃弾」を掲載。これを契機にテレビ各局のワイドショーなどをはじめ、マスコミは連日疑惑報道を大きく伝えることになる。

マッキントッシュ発表

一月二十四日、米アップルコンピュータ社がパソコン史上に残る名機「Macintosh」を発表。

缶チューハイ

一月二十四日、宝酒造から『タカラ缶チューハイ』が発売される。後に歌人俵万智のミリオンセラー歌集『サラダ記念日』に詠まれるほど普及する。

サラエボオリンピック開催

二月八日〜十九日まで、ユーゴスラビア社会主義連邦共和国（現ボスニア・ヘルツェゴビナ）のサラエボで冬季オリンピックが開催される。社会主義国でのオリンピック開催は一九八〇年のモスクワ大会以来。

ソ連書記長死去

二月九日、ソ連国家保安委員会（KGB）議長、上級大将を歴任したソ連の最高指導者ユーリ・アンドロポフ書記長が死去。

るような写真を数多く撮っていた。
冒険家の植村直己さんが二月十二日、北米最高峰のマッキンリーの冬季単独登頂に成功した後、下山途中に消息を絶った。植村さんの生存を祈り、その捜索を見守っていたが、残念ながら絶望感が日本中に広がっていた。

植村直己が消息を絶つ
二月十二日、冒険家植村直己がマッキンリーの単独登頂に成功するが、下山途中で消息を絶ち現在まで不明。

オウム誕生
二月十四日、松本智津夫（後の麻原彰晃）がヨガ道場「オウムの会」を設立。「オウムの会」は「オウム神仙の会」と名称変更をした後、弁護士一家殺人事件、地下鉄サリン事件（一九九五年）などを引き起こすことになるカルト教団「オウム真理教」の母体。オウムによって殺害された被害者は二十七人にのぼり戦後最多。教祖麻原彰晃は二〇〇六年に死刑確定、二〇一八年に執行される。

『風の谷のナウシカ』公開
三月十一日、宮崎駿監督の代表作のひとつ、スタジオジブリの名作アニメ映画『風の谷のナウシカ』が公開される。本年のアニメグランプリ、日本アニメ大賞の作品部門をダブル受賞。映画雑誌でもベストテンに選出される。その他、新聞をはじめ各メディアで絶賛され、アニメの枠を超えて国内外で高い評価を受けた。

冤罪「財田川事件」、三十四年ぶりの故郷——一九八四年三月十三日

舞踊家の花柳幻舟さんを取材するため、二月二十日に練馬区の東映撮影所を訪れた。「思い知りなさい！」と、家元制度粉砕のため花柳寿輔家元を襲撃した一九八〇年（昭和五十五年）二月二十一日から仮出所までの一部始終を再現した映画『花柳幻舟獄中記』の撮影が行われていたからだ。

三月十二日の朝、高松は春一番が吹いて暖かい春の訪れを感じさせた。高松地裁の正面玄関で待つ報道陣の前に、「財田川事件」の死刑囚だった谷口繁義（五十三歳）さんが無罪となり、自由の身となって現れた。

谷口さんは、獄中で貯めた五万円で新調した三つ揃いの青い背広を着て、支援者が万歳三唱を繰り返す声に合わせ両手を高く上げ、晴れやかな表情で応えていた。

死刑囚の再審では、前年の一九八三年（昭和五十八年）七月に、熊本県人吉市で四人が殺傷された「免田事件」で免田栄さんの再審無罪が確定していた。それは日本の裁判史上初めてのことであり、谷口さんはその免田栄さんに続き、冤罪の死刑囚として二人目となった。

記者会見場に向け、弁護団と歩き始めた谷口さんを追う報道陣は、互いに殺気立って走りだ

宇都宮病院事件
三月十四日、栃木県宇都宮市の精神科病院報徳会宇都宮病院で、看護職員らの暴行によって、患者二名が死亡する事件が朝日新聞の報道により発覚。昨年の四月、食事の内容に不満を漏らした入院患者が看護職員に金属パイプで滅多打ちにされ約四時間後に死亡。同年十二月、見舞いに来た知人に病院の現状を訴えた別の患者が職員らに殴られ翌日に急死。院長と看護職員らが逮捕されるが、この報道により世界から日本の精神病院の実態に避難が集まる。

グリコ社長誘拐事件
三月十八日、江崎勝久江崎グリコ社長が誘拐される。二十一日に無事発見される。この事件が一連の「グリコ・森永事件」の発端となる。

東芝誕生
四月一日、東京芝浦電気が「東芝」に社名変更。

長谷川一夫死去
四月六日、初代銭形平次で知られる戦前昭和からの名優、長谷川一夫が死去。

した。テレビカメラの延長コードはいつの間にか引きちぎれ、血相を変えたカメラマンに助手が怒鳴られていた。目の前には望遠レンズがゴロッゴロッと転がり、地面に落ちたストロボは砕け散っていた。

「財田川事件」は、日本人が第二次世界大戦の疲弊から立ち上がれず、治安の乱れていた一九五〇年（昭和二十五年）二月に起こった。事件は、香川県財田村（現三豊市）で闇米ブローカーの男が三十カ所をメッタ刺しで殺害されたうえに、現金一万三千円が奪われるというものだった。谷口さんは別件で逮捕されたが、凶器は発見されず、現場に残された血の靴跡も合致しなかった。しかし、手記や調書の偽造、苛酷な拷問による自供など、権力を乱用した不当な取り調べの結果、高松地裁丸亀支部で死刑が宣告され、一九五七年（昭和三十二年）には最高裁で上告が棄却されて死刑が決定。

谷口さんは再審請求の書類を丸亀支部に送付したが、それは五年もの間、書類棚に置き忘れられていた。一九六九年（昭和四十四年）三月にその書類を発見した矢野伊吉裁判長は、死刑囚である谷口さんの無罪を確信し、自ら職を辞して弁護士になった。

その後、矢野弁護士は脳卒中で倒れて右半身不随になったが、左手だけでこの冤罪事件を『財田川暗黒裁判』（立風書房）として書き上げた。その執念は実り、多くの協力者を生み出す結果となって支援の輪は全国に広がった。さらに、矢野弁護士が日本弁護士連合会に協力を要請したことにより、強力な弁護団が結成されることにもなった。

一九八一年（昭和五十六年）三月には、検察側の即時抗告が棄却され、待ちにまった再審が決定した。高松地裁前では、周囲の人々から白眼視されてきた兄弟たちが、支援者らとともに

国民栄誉賞
四月十九日、故長谷川一夫とマッキンリーから下山途中に行方不明となった植村直己に国民栄誉賞が贈られる。

プランタン銀座開店
四月二十七日、銀座三丁目の読売新聞社跡地に、ダイエーが仏百貨店プランタンと提携したプランタン銀座が開業（二〇一六年閉店）。

マツダ誕生
五月一日、東洋工業が「マツダ」に社名変更。

夕張保険金殺人事件
五月五日、北海道夕張市鹿島（大夕張）で、火災保険および生命保険の保険金詐取を目的とした放火殺人事件が発生。犯人は、人材派遣を営む暴力団組長夫婦で死刑判決を受け、一九九七年に執行される。

グリコ商品に毒物混入
五月九日、江崎グリコ社長を誘拐したと思われる犯人グループが、グリコ製品に毒物を混入したという脅迫状が報道各社に送られ、全国の店頭からグリコ製品が撤去される。

矢野伊吉弁護士

言葉にならない喜びを感涙にむせびながら噛みしめていた。谷口さんは、死刑という苦悩と恐怖を背負わされたままイバラの道を歩み、寿命を縮めてきたが、ようやく再審の扉を開くことができたのである。

ノンフィクションライターの鎌田慧さんと丸亀市内の自宅を訪れた時、矢野弁護士はもつれる舌を操りながら、

「ダッカンだよ！　奪還」

自由の利く左手を力強く振り上げて叫んだ。

無実の谷口さんをすぐに刑務所から釈放しなければならないというのである。しかし、一九八三年（昭和五十八年）三月、命を削る思いで戦ってきた矢野弁護士は、谷口さんの無罪判決を聞くことなく七十一歳でこの世を去った。

谷口さんが故郷の財田町にある兄の勉さん宅に帰ったのは、翌三月十三日の午後になってからだった。谷口さんが獄中にいる間に亡くなった父母の墓に兄弟でお参りし、町役場に挨拶を済ませてからだった。十九歳で別件逮捕されて以来、三十四年と一カ月ぶり、夢にまで見続けた帰郷だった。少年時代の記憶に残る実家は、家族によってそのまま保存されていた。

勉さんが新しく建てた家に入るなり谷口さんは、

「広いなぁ、まるで旅館みたいだ」

部屋の中を眺めながら驚きの声を上げた。

ごく一般的な広さの一戸建ても、三十四年もの間、獄舎のワンルームで過ごしてきた谷口さんにはよほど広く感じられたようである。

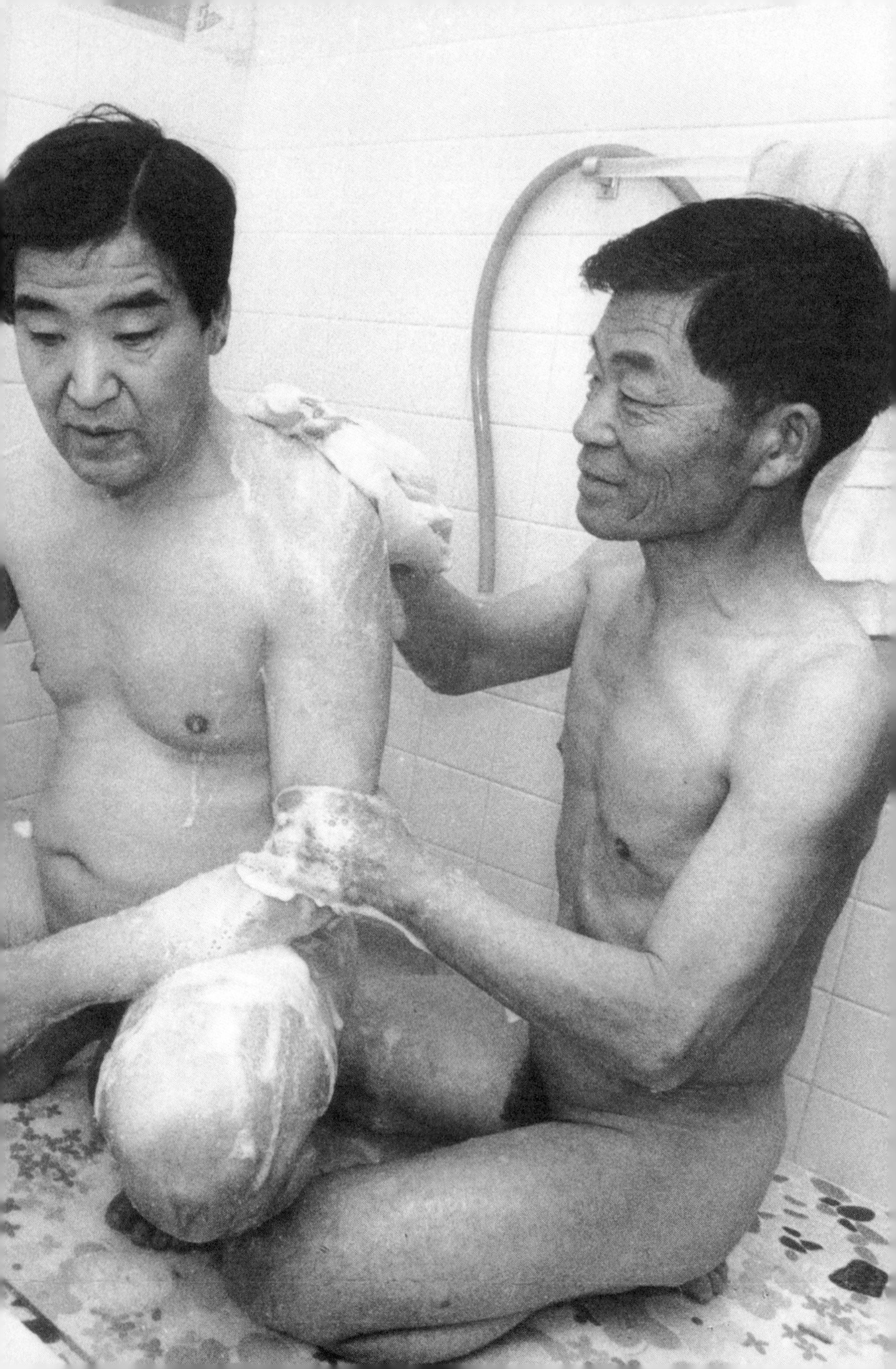

谷口繁義さん（左）と兄の勉さん（右）

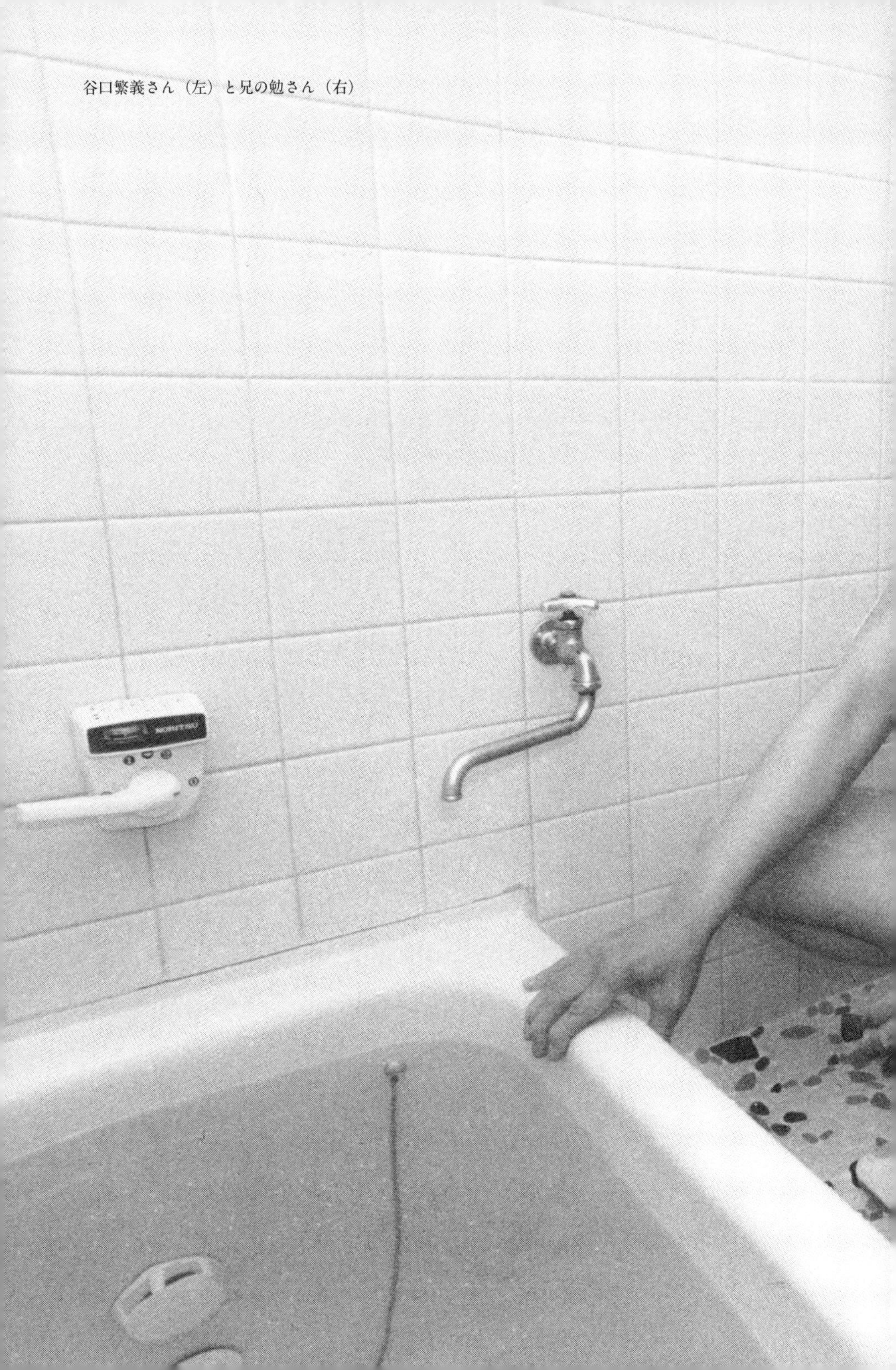

その家でとった初めての夕食は、獄中で何度も思い出したという、トリの水炊きとエビフライ、刺身、肉団子などの盛り合わせだった。前夜、自由の身となって最初の一日を過ごした高松市内の旅館で口にしたのは、釈放されたら真っ先に食べたいと思っていた「讃岐うどん」と母親がよく作ってくれたという「ばら寿司」だった。

お祝いに訪れた人々が、

「消化に悪いものを食べ過ぎるなよ」

と、気を配るほど食欲は旺盛だった。

食事の合間に、最初に死刑が確定した時に自作した歌、「財田川の歌」――財田の里に生を受け／阿讃《あさん》山脈前にして／清く流れる財田川／これぞ我らの生きる道……を含め、三曲続けて歌った。ほぼすべての死刑囚は辞世の句を残すが、谷口さんは、その代わりにこの歌を録音したテープを残していた。

長い獄中生活について谷口さんは、

「言っていいことと悪いことがあり、それを瞬時に判断しなくてはならない。獄中から出す手紙は書いてからすべて暗記した」

と語った。

谷口さんが食事を終える頃、

「実家で三十四年ぶりにお風呂に入るなら、勉さんといっしょがいいですね」

と話しかけると、二人は笑顔で応じてくれた。

長い獄中生活で谷口さんは皮膚炎にかかり、それが痕として残っていたが、

高見山引退
五月二十日、ジェシーの愛称で知られた初の外国人力士、高見山が現役を引退。年寄十二代東関を襲名。

第二電電設立
六月一日、京セラ社長稲盛和夫を創業者とし、後にauを擁するKDDIとなる第二電電企画株式会社が、京セラ、三菱商事、ソニーなど二十五社の出資によって設立される。

ロンドンサミット
六月七日～九日まで、イギリスのロンドンで第十回先進国首脳会議が開催される。

ボツリヌス菌禍、グリコ事件終結宣言
六月二十六日、熊本名産の辛子蓮根がボツリヌス菌に感染し食中毒発生。七月十九日までに十一名の死者が出た。江崎グリコの脅迫犯をかたる犯人グループが同社に終結宣言。一連の事件は二〇〇〇年に未解決のまま時効となる。

「お前は昔から肌が白かったナー」

弟の体を慈しむように洗っている兄の姿が印象的だった。

谷口さんは、

「矢野先生の主張は神仏の声であり、怒りである」

と言った。

もし、この天の声ともいうべき主張を続け、すべてを賭けた矢野弁護士がいなかったならば、谷口さんは死の淵に突き落とされていたことは間違いない。

なお、この年の七月には、宮城県志田郡松山町（現大崎市）で一家四人が殺された「松山事件」の斎藤幸夫さんが、一九八九年（昭和六十四年）一月には、静岡県島田市で女児が殺害された「島田事件」の赤堀政夫さんが、元死刑囚として相次いで再審無罪が確定した。

北朝鮮帰還事業終了
七月二十五日、北朝鮮当局と朝鮮総連によって一九五九年から開始された北朝鮮への帰還事業が終了。配偶者ら少なくとも六千八百三十九人の日本人を含む総勢九万三千三百四十人が北朝鮮に渡ったとされるが、「地上の楽園」は「この世の地獄」だったことが徐々に明らかになっていく。

病魔に斃《たお》れた梶原一騎―一九八四年三月十六日

一週間に二度「人工透析を受けている」という噂をもとに「フォーカス班」によって何度も撮影が試みられていたが、梶原一騎氏（四十七歳）の撮影は成功しなかった。

三月十五日の夜、「明日の朝、必ず梶原が人工透析に行く、との確度の高い情報を得たから行ってくれ」田島一昌デスクから指令が下った。

翌三月十六日、男一人では病院関係者に怪しまれやすいので、花束を持った女性を伴い、新宿の東京女子医科大学病院の人工透析室の前で、何時にやって来るかわからない梶原氏を朝の八時頃から待った。

一九八三年（昭和五十八年）五月、梶原氏は編集者への傷害で逮捕された。判決は懲役二年、執行猶予三年。また、和服姿のクラブのママを逆さ吊りにしたことや、暴力団と共謀してプロレスラーのアントニオ猪木を大阪のホテルの一室に監禁したこと、さらに、編集者やテレビプロデューサーなどへの暴行・傷害の余罪などもあった。しかし、暴力団との付き合いがある梶原氏のお礼参りを恐れ、被害届けが出されていないものが多かった。こういう品位の塊のような漢《おとこ》を撮影させていただけると考えただけで、私はムラムラと闘志が湧いた。

目の前を通り過ぎる看護師や医師に疑われないように、見舞い客のフリを怠らなかった。だ

ロサンゼルスオリンピック
七月二十八日～八月十二日まで、アメリカのロサンゼルスでオリンピックが開催される。このオリンピックでは税金がまったく使われなかったことで画期的といえた。主たる財源としたのは入場料以外に高額の放映料、スポンサー企業からの高額の協賛金、記念グッズの売り上げおよびロイヤリティである。この「商業主義的」開催方法は、以後のオリンピックに大きな影響を及ぼす。なお、前回のモスクワオリンピックではソ連のアフガニスタン侵攻に抗議しアメリカをはじめとする西側諸国とイスラム諸国がボイコットしたため、今回はソ連および東側諸国（ユーゴスラビア、中国、ルーマニアは参加）がアメリカのグレナダ侵攻を理由にボイコットした。この大会で日本は体操、柔道、レスリング等で金メダルを十個獲得。

フィリピンの大規模デモ
八月二十一日、フィリピンのマニラで、ベニグノ・アキノ元上院議員の暗殺とマルコス大統領の独裁に抗議する五十万人規模のデモが発生。

が、緊張と焦りの連続だった。ここは患者か付き添いの人以外が来る場所ではないから、長く居れば不審に思われるからだ。

梶原氏は膵臓壊死《すいぞうえし》に罹《かか》っていた。膵臓壊死は「膵臓に自己消化作用の起こる時に発生する疾患。大食、ことに脂肪性食物を摂った後などに突然上腹部に激痛が起こり、ショック症状を起こす」と『広辞苑』にある。簡単に言えば、膵臓が腐って溶け機能しなくなるという恐ろしい病気なのだ。昔は死亡率百パーセント、当時でも八十パーセントだといわれていた。

七カ月前の一九八三年八月に東京女子医科大学病院に入院した梶原氏は、膵臓の三分の一を切除。残った三分の二のうち、壊死に罹った部分は二分の一だから、何とか機能しているのは残りわずかである。さらに周辺臓器も侵されていて、腎不全、胃潰瘍、十二指腸潰瘍で、合計四回の手術を受けていた。しかも、胆汁の正常な分泌ができないため、腹部にドレーン（管）を付けて体外に排出しなければならず、五時間もかかる人工透析を週に二度受けなければならないという状態だった。

その梶原氏が、二月から三月にかけて山梨で入浴訓練や起立訓練、マッサージなど基礎的なリハビリテーションを受けた後、三月四日に東京女子医科大学病院に戻って来ていたのである。

バッグの中に仕込まれた隠しカメラのシャッタースピードを確認し、ピントを二・五メートルにセットして新聞を広げた。すると、高揚していた気持ちが静まった。紙面に目を落としたが、すべての神経は梶原氏が来ると思われる方向とシャッターボタンに集中させた。

看護師が一人、目の前を通り過ぎた。その後十分もしないうちに、右側に座る相棒に緊張が走った。

トヨタの最高売上
八月二十四日、トヨタ自動車が製造業で初の五兆円企業（売上高）となる。

スペースシャトル打ち上げ成功
八月三十日、コロンビア、チャレンジャーに続く三機目の宇宙軌道船（スペースシャトル・オービター）ディスカバリーが初の打ち上げに成功。

フィルムセンター火災
九月三日、東京都中央区京橋の東京国立近代美術館フィルムセンター（二〇一八年に東京国立近代美術館より独立し新組織「国立映画アーカイブ」となる）で火災が発生。国内外の名画をはじめとする貴重なフィルムが消失。

全斗煥大統領初来日
九月六日、韓国の国家元首としては初めて全斗煥大統領が来日。

「来た」

押し殺した低い声と同時に、彼女の左膝が合図を送るかのように私の脚をこづいた。

「おはようございまーす」

車椅子を押す看護師の甲高い声と重なるように、

「おはようございます」

消え入りそうな、しかし太く沈んだ声が、鉄筋コンクリートの通路の右奥から響いてきた。どうやら左奥には検査医が待っているらしい。写真を撮るという強い〝気〟を発すると、それに気付く人間がいる。疑われてしまっては厄介なので、新聞を読んでいるフリをした姿勢を崩さずに緊張した指先に力を入れた。

――多くの記者が情報を集めて分析し、何人ものベテラン・カメラマンが挑戦したにも関わらず、撮ることはできなかった。ここでバレて、仲間の努力を自分のミスで台無しにはしたくない。

シャッター音は聞こえない。カメラのミラーが上下する微妙な振動だけが、その指先から心臓に伝わってきた。撮ったという心地良さが全身に広がった。目の前、正確には下を向いて新聞を読んでいたのだから、頭の上を車椅子に乗った男と、その車椅子を押す看護師らしき女性が一瞬のうちに通り過ぎただけで、二人の足下しか私の目には映っていなかった。

梶原氏本人を確認してはいないが、相棒は間違いなく「本人が来た」ことを瞬時に認識し、伝えてくれたのである。わずか一、二秒の出来事だった。一呼吸おいて立ち上がると彼女と目が合った。

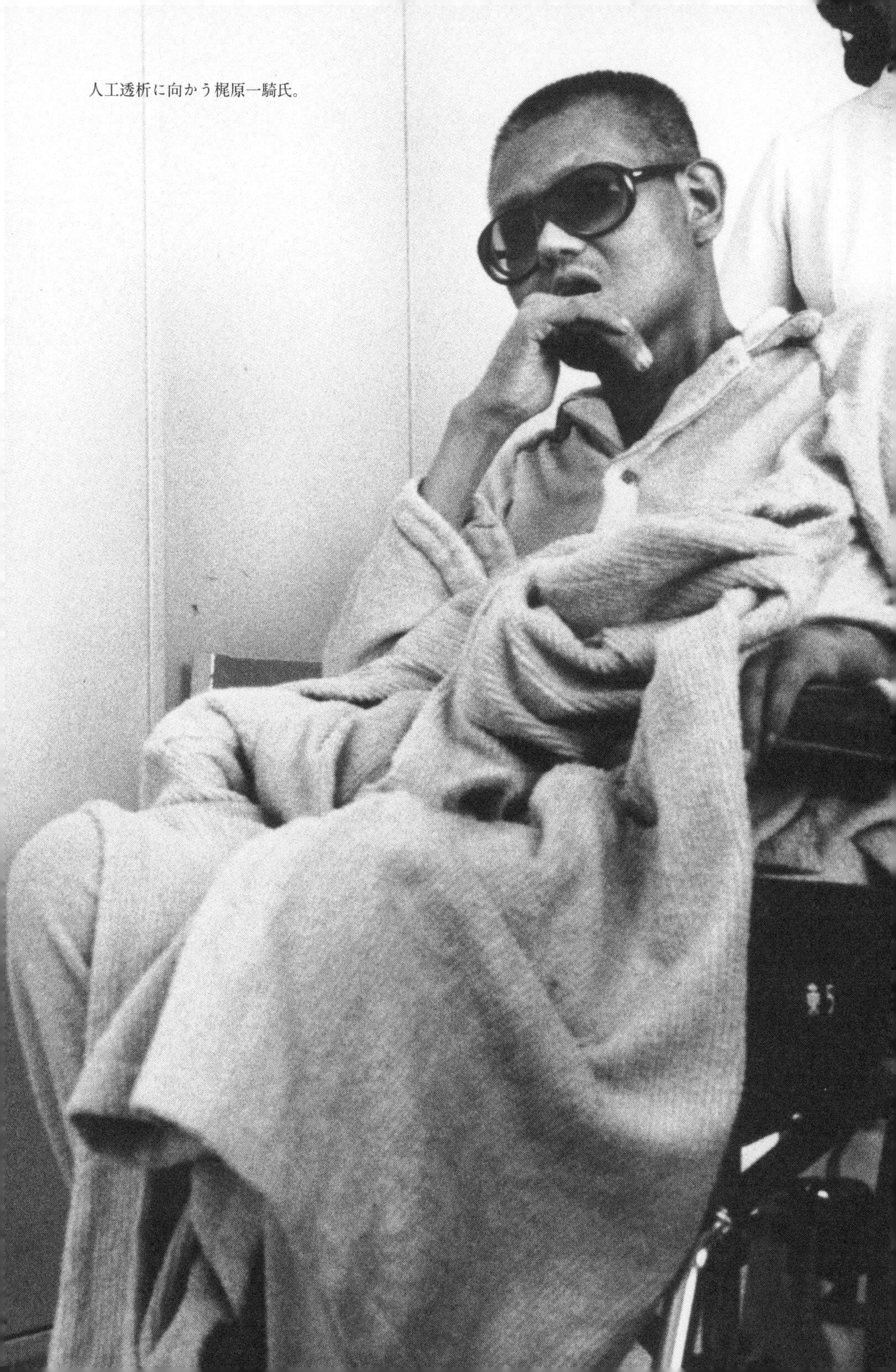

人工透析に向かう梶原一騎氏。

――梶原本人か？
確認をするように視線を向けた。
――間違いない、本人。
無表情だが、彼女の瞳の奥には笑みが浮かんでいた。
何食わぬ顔で私は素早く病院を出て写真部に行き、興奮を静めるようにしてフィルムを現像した。定着液に浸してすぐに画像を確認。ライトに浮き出たネガフィルムに梶原が写っていることは確実だった。ここでやっと気持ちが落ち着いたが、プリントして唖然とした。インド僧か哲学者か、またはどこかの難民と思えるほど痩せた男の姿が、現像液の中の印画紙に浮かび上がったからだ。身長一八〇センチ、体重八七キロ、空手五段、柔道二段、精力が体中から滾《たぎ》り立っていた頃の梶原一騎氏を知っていた私は、膵臓壊死という病気の恐ろしさを目の当たりにした思いだった。

この姿では、もし私が梶原氏本人を確認する役目だったら、彼女のように「来た」と的確に指示することができたかどうか自信がなかった。この写真は彼女と二人でシャッターを押して写すことができた写真だった。

梶原一騎氏は「巨人の星」「あしたのジョー」「タイガーマスク」「空手バカ一代」「愛と誠」など、人気漫画の原作者として、戦後の漫画界に残る名作を数多く残し、熱血ド根性分野を開拓した。

退院後は〝正木亜都《まさきあと》〟という、およそ顔とは不似合いなペンネームで推理小説を書いたりしていた。週二度の人工透析は続けなければならなかったが、障害者マークを付けたベンツで銀

自民党本部放火襲撃事件
九月十九日、革命的共産主義者同盟全国委員会（中核派）の非公然組織である「人民革命軍」が、火炎放射器によって自由民主党の本部ビルに放火。自民党本部の北側三階から七階が類焼、党事務局や会議室など五百二十平方メートルが焼失した

阪急最後の優勝
九月二十三日、阪急ブレーブス（後にオリックス・ブレーブスを経て近鉄バッファローズと合併、現オリックス・バッファローズ）が藤井寺球場の対近鉄戦で勝利し、六年ぶり十度目のパ・リーグ優勝を決める。これが阪急最後のリーグ優勝となる。

広島リーグ優勝
十月四日、横浜スタジアムで広島カープが大洋ホエールズを下し、四年ぶりのセリーグ優勝を決める。

有楽町マリオン完成
十月六日、東京有楽町の日劇と朝日新聞東京本社跡地に有楽町センタービル（通称有楽町マリオン）が完成。

座や新宿などを飲み歩き、担当医師には「あなたはモンスターだ」と呆れられていた。

劇画界のスーパースター梶原一騎氏は、一九八七年（昭和六十二年）一月二十一日に、その破天荒な人生の幕を閉じた。合掌。

森永事件
十月七日、「かい人21面相」を名乗る犯人から森永製菓の商品に青酸混入を予告する脅迫状が報道各社に送られる。実際に京阪神で「どくいり きけん」と書かれた紙が貼り付けられた森永製品十個が発見される。

柔道の山下に国民栄誉賞
十月九日、ロサンゼルスオリンピックで柔道無差別級金メダルを獲得した山下泰裕に国民栄誉賞が贈られる。

広島の優勝
十月十三日〜二十二日に行われたプロ野球日本シリーズで、広島カープが阪急を四勝三敗で破り四年ぶりの日本一となる。

コアラ来日
十月二十五日、オーストラリアのタロンガ動物園から六頭のコアラが日本の多摩動物公園、東山動植物園、平川動物公園に贈られ、コアラブームが起きる。

目の前にして撮らなかった佐川クン――一九八四年六月

梶原一騎氏を撮った二日後の三月十八日、「江崎グリコ」の江崎勝久社長が二人組に誘拐された。兵庫県西宮の自宅で入浴中の出来事だった。身代金は十億円と金塊百キロだったが、三日後に江崎社長は自力で逃げ出して無事だった。

三月二十六日は、巨人軍の監督に就任して最初のシーズンを迎えた王貞治監督（四十三歳）とテッド・ターナー（四十五歳）の取材。二人が食事をするというので、天下の高級料亭、銀座「吉兆」に押しかけていった。もちろん玄関までだったが。

ターナーは、米国の家庭に内外のニュースを二十四時間ぶっ続けで送り込む画期的なニュースチャンネル「CNN」を設立し、テレビ界の〝風雲児〟として知られていた。

米国で一九八〇年（昭和五十五年）に始まったそのニュース番組の一部が日本でも放映されることになり、彼は妻のジェーンさんを連れてキャンペーンのために来日していたのである。

ターナー氏は、米大リーグで通算本塁打七五五本の記録（二〇〇六年まで）を持つハンク・アーロン選手が在籍していた「アトランタ・ブレーブス」のオーナーも務めているため、日本プロ野球界で通算本塁打八六八本の記録を持つ「世界のホームラン王」にひと目だけでも会いたいと、王監督を「吉兆」に招いたのだった。

インド首相の暗殺
十月三十一日、インドの首相インディラ・ガンジーがインタビューを路上で受けている最中に二人のシーク教徒警護警官に銃撃され死亡。ちなみに彼女の父はジャワハルラール・ネール首相

新紙幣発行
十一月一日、新紙幣が発行される。一万円札は福澤諭吉、五千円札は新渡戸稲造、千円札は夏目漱石と紙幣の肖像画が変わった。

レーガン再選
十一月六日、アメリカの大統領選挙でレーガンが再選される。任期満了して退任から五年後、アルツハイマー病を告白。十一年間の闘病の末、二〇〇四年ロサンゼルスの私邸で死去。享年九十三歳。

ハウス食品にも脅迫状
十一月七日、グリコ・森永脅迫犯からハウス食品にも脅迫状。

FF戦争勃発
十一月九日、講談社から写真週刊誌『フライデー』が創刊され、以後新潮社の『フォーカス』との間で熾烈な競争が始まる。

女子プロレスの日米対決が四月一日に後楽園ホールで行われた。ＷＷＷＦ世界チャンピオン・ジャガー横田さんに、「テンメェー、コンノ野郎ーッ」と脚を固められ、「ギャンウォーッ」と金髪を振り乱して叫ぶデズリー・ピーターセン嬢（十九歳）。彼女は、女子プロレス界のミスワールドだと謳い文句にあった。身長一七六センチ、体重六五キロと恵まれた体だったが、キャリアはまだ一年。それでもジャガーは容赦せずに攻めまくっていた。

四月二十三日は、田口ゆかり嬢の〝オナニーショー〟が東京六本木の「シアタースキャンダル」で開催された。こういう女性のあられもない姿を他の大勢と観賞する男たちの気が知れない。ゆかり嬢は、かつてはアソコにウナギを入れるといった過激な演出で〝ビニ本の女王〟と呼ばれ、さらに〝裏本の女王〟〝裏ビデオの女王〟ともてはやされた。「個室ヌード」「ノーパン喫茶」「ノゾキ部屋」「ソープランド」など、ありとあらゆる風俗界の最先端を突っ走ってきた。

東京の羽田沖、船上生活者の家庭に生まれ、幼い頃に母は男と出奔。父は彼女が十三歳の時に亡くなった。初体験は小学校五年生の時、羽田中学時代はスケ番を張り、女子少年院に一年半入れられた。その後、男と同棲。以後はフーゾクの世界にまっしぐら。女王として軽く一億円は稼いだといわれるが、「ぜーんぜん残っていない」と言う。三十二歳になって信州上山田温泉で「ゆり華」という名前の芸者になったが、その後の消息はわからない。

江崎グリコの江崎社長を誘拐した犯人グループが、「かい人21面相」という名で、「けいさつの あほども え」という書き出しで始まる挑戦状を新聞社に送りつけた後、五月に名古屋と大阪の店頭に青酸ソーダ入りのグリコ製品を置いたと伝えてきた。さらに、十日ごとに青酸ソー

怪物シンボリルドルフ
十一月十一日、競馬の菊花賞レースでシンボリルドルフが菊花賞を勝ち、史上初二年連続無敗の三冠馬となる。

マハラジャオープン
十二月七日、東京麻布十番にディスコクラブ、マハラジャがオープン。高級ディスコブームの先駆けとなる。

トルコ風呂消滅
十二月十九日、戦後長らく世のスケベ男性たちを癒した風俗施設「トルコ風呂」が、トルコ人留学生の抗議が発端となって「ソープランド」と改称される。

香港返還
十二月十九日、イギリスのサッチャー首相と中国の趙紫陽国務院総理が香港返還合意文書に調印、一九九七年七月一日に香港の主権を中国に返還することが決定。香港は、一八四二年の南京条約（第一次アヘン戦争後の講和条約）によって清朝からイギリスに割譲されたが、一八九八年に九十九年間の租借が決まった。

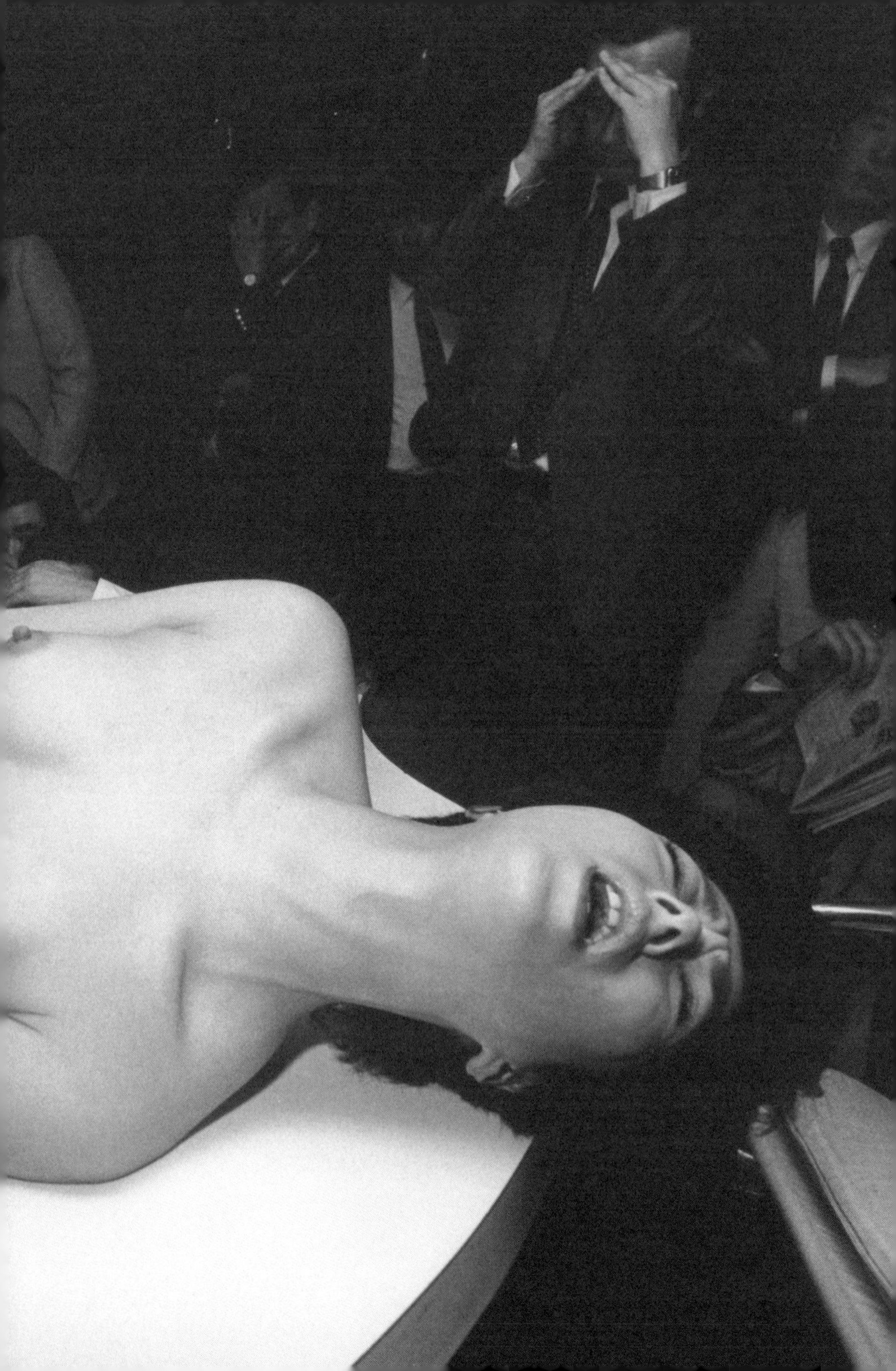

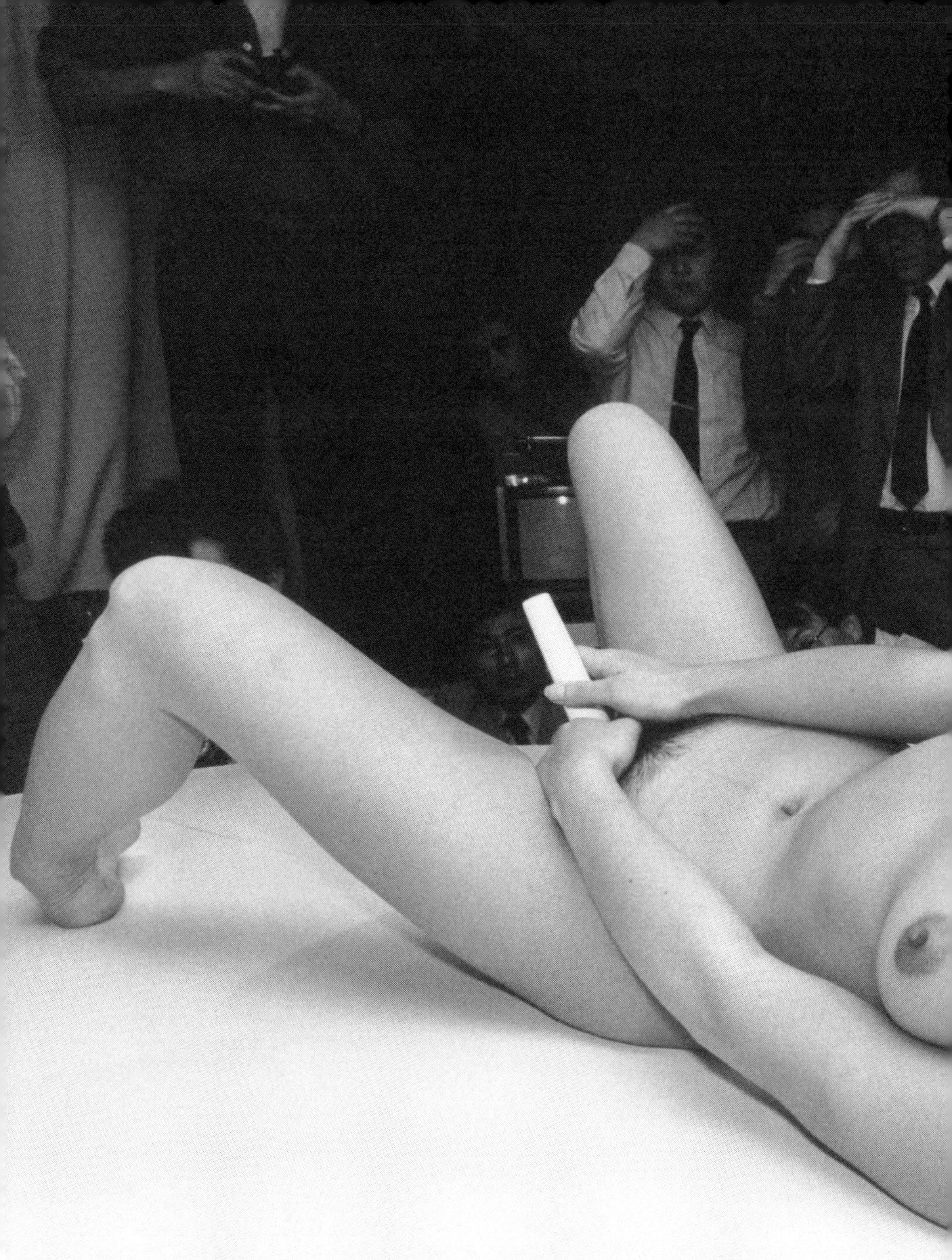

オナニーショー真っ最中の田口ゆかり嬢。

ダ入りのグリコ製品を全国にバラ撒くとの予告もあった。関西だけでなく首都圏のスーパーやデパート、生協などでもグリコ製品を撤去するという騒ぎになり、グリコは四工場の閉鎖にまで追い込まれた。

その後、かい人21面相と名のる犯罪者グループの矛先は、丸大食品や森永製菓、ハウス食品などに及び、「グリコ・森永事件」として全国的に広がっていった。その間、警察は一度、犯人を取り逃がすという失態を演じていた。

六月十五日から一週間、東京有楽町の富士フォトサロンで「エーゲ永遠回帰の海」を開催した。『月刊プレイボーイ日本版』に「レンタカーオデュッセイ八〇〇〇キロ」と題して連載されたものを、写真展用に新たに構成し直したものである。開催に合わせて一冊の単行本としてまとまることを期待していたが、立花さんが膨大な仕事に押し流され『エーゲ永遠回帰の海』という単行本になるのは二十年後の二〇〇五年（平成十七年）だった。この写真展の開催期間中に、お付き合いをさせていただいている二人の女性が、私の自宅でバッタリはち合わせしてしまった。私は、地に足が着かないほど慌てた。が、この時は大事にいたらずに済み、肩をなでおろしたことを覚えている。

ともあれ、写真展は七千五百人以上の来場者があり、当時の富士フォトサロンとしては最高だったと後で教えてもらった。

写真展を終えると私は、フランスから帰国していた佐川一政クンに会うため、個人的に東京都立松沢病院を訪ねた。佐川クンはパリに留学中、オランダ人女子学生を殺害してその肉を食

紅白歌合戦
十二月三十一日、第三十五回NHKの紅白歌合戦で、総合司会の生方恵一アナウンサーが都はるみを「ミソラ」と間違え話題となる。後で都はるみは「全然気にしてない」と発言。

流行および流行語
三菱自動車ミラージュのテレビCMに登場するエリマキトカゲがその剽軽な走り方で大ブレーク（ただし商品はあまり売れなかった）。くれない族（夫がかまってくれないなど自分のことは棚にあげて不満をぶちまける主婦）、ピーターパン症候群（いつまでも少年のままでいたいという心理）、「まる金・まるビ」（渡辺和博の著書『金魂巻』で人気職業を金持ちタイプの「まる金」と貧乏タイプの「まるビ」に分類した言葉）、ヤッピー（知的職業に携わるヤングエグゼクティブのこと）

ヒット商品
禁煙パイポ（アルマン）、システム手帳、紙おむつメリーズ（花王石鹸）ハーゲンダッツ（ハーゲンダッツ・ジャパン）、カラムーチョ（湖池屋）、パックンチョ（森永製菓）

べた、いわゆる「パリ人肉事件」を引き起こした本人だった。帰国後の佐川クンはその病院に入院していたのである。ところが、遊園地のジェットコースターを楽しむ姿などが雑誌のグラビアに掲載され、噂では土、日に自宅に帰り、平日でも病院を抜け出して都内を徘徊しているという。

まず、見舞い客のフリをして病院内の佐川クンのベッドを特定。しかし、彼は外出中だった。私は、レンタカーを借りて病院の裏口で張り込みを続けることにした。三日目に、正門ではなく裏口にあたる東門から出て来る佐川クンを発見。彼は小さなバッグを小脇に抱え、何度も後方を振り返り、誰かにつけられていないか不安げに歩いていたが、門から離れるにしたがって、その歩調が徐々に早まり、走るような速さになった。彼は京王線上北沢駅に向かっていた。すぐに彼の後を追ったが、路上で声をかけると逃げられる可能性があるのでチャンスを狙って追いかけた。

ところが、かなり離れていたにも関わらず、電車に乗り込む際に佐川クンと目が合ってしまった。カメラを首から下げた私に、佐川クンは一瞬戸惑いを見せたが、ドアが閉まる直前に飛び乗った。吊り輪を掴んでいる彼に近付き、「佐川さんですね」と声をかけ、自己紹介して撮影の理由や目的も手短に伝えた。すると、彼は光のない目でじっとこちらを見据えてきた。

その目を見た時、私は突然吐き気をもよおすような嫌悪感に襲われた。

――この人は、撮ってはならない人だ。

佐川クンは、写真を撮るという行為によって生じる特別な「縁」を結んではならない異次元の生物だと直感的に感じたのだ。私は撮影を止めることにした。

ヒット曲

『もしも明日が…。』わらべ、『ワインレッドの心』安全地帯、『涙のリクエスト』『哀しくてジェラシー』『星屑のステージ』チェッカーズ、『十戒』中森明菜、『娘よ』蘆屋雁之助、『つぐない』テレサテン、年間アルバム1位は『スリラー』マイケル・ジャクソン

ベストセラー本

『見栄講座』ホイチョイ・プロダクションズ、『プロ野球知らなきゃ損する』板東英二、『愛のごとく』渡辺淳一、『三家猫ホームズのびっくり箱』赤川次郎、『天璋院篤姫』宮尾登美子、『伝われ 愛』中島みゆき、『金魂巻』渡辺和博・タラコプロダクション

ヒット映画

『里見八犬伝』、『愛情物語』、『上海バンスキング』

非業の死、山口組四代目組長竹中正久――一九八四年十一月八日

私が初めて竹中正久というヤクザを目にしたのは、兵庫県警と姫路署が竹中組の組事務所の家宅捜索に入った際のニュース映像を見た時である。六月五日に竹中が山口組四代目組長を襲名して四、五日後、ちょうど「エーゲ永遠回帰の海」の写真展の準備で忙しくしている頃だった。

「なんじゃい、わぁりゃー。汚いことしくさって、ぶっ殺したろかっ」

テレビ画面に映し出された竹中は顔を朱に染め、押し入ろうと居並ぶ警官たちの前に立ちふさがり、体全体から殺気を立ち昇らせて猛々しく怒鳴り散らしていた。国家権力に対して一歩も退かないそのド迫力。

「スゲェ!」

思わず唸ってしまった。

山口組三代目にして中興の祖と呼ばれた大親分、故田岡一雄組長は、激しい気性を内に秘めつつも表面的には穏和な物腰の首領《ドン》だったが、竹中は怒りを怒りとして直截に露出させる。下っ端ならいざ知らず、親分にしてはあまりにも粗暴な振る舞いだった。が、その常人をはるかに超えた凶暴な姿に、興味と不思議な親近感が湧いた。現代ヤクザが失くした昔の極道や

野武士の持つ野性味を目の当たりにしたようで、私は感動すら覚えた。

――怒りが強ければ強いほど内にある情もより深く、より細やかなのではないか。

日本中に十数万人もの極道、ヤクザ、暴力団員と呼ばれる、もしくは自称する男たちがいるが、竹中は日本最大のヤクザ組織の首領であり、一般社会に馴染めず弾き出された荒くれどものトップである。ひょっとすると、山口組の組長になるということは、我が国の総理大臣になるよりも、ずっと難しいことなのではないか。近年の首相の姿を思い浮かべるにつけ、ふとそんな感慨を覚えるのだ。

山口組四代目に推し上げられた竹中に器量や統率力があるのは当然だが、それだけでは子分はついてこないだろう。とにかく、マスコミ報道では伝わってこない、何かが彼にはあるに違いないと感じた。

竹中組長は、一九六一年（昭和三十六年）に田岡組長と盃を交わして三代目山口組の直系若衆になる。三十六歳で若頭補佐に抜擢され、田岡組長のボディガードも務めた。そして、田岡一雄が一九八一年（昭和五十六年）七月に他界すると、山口組ナンバー2の若頭に就任し、一九八四年（昭和五十九年）六月には、三代目姐、田岡フミ子未亡人の推挙によって山口組四代目を襲名した。

しかし、襲名に反発する組長代行の山本広を中心に一和会が結成され、山口組は分裂。対立抗争が始まった。当初の勢力は一和会がざっと六千名、山口組が五千名ほどで、一和会の方が優勢であった。

しかし、山口組の切り崩しは凄まじかった。まず、態度を決めかねている幹部を取り込み、一和会に加わった幹部を絶縁して引退させ、その組員を吸収して徐々にその勢力を弱体化させていったのである。

佐川君との区切りがあっさりついたこともあり、抗争真っ最中の八月の初め、竹中親分に会うことに決めた。当たり前のことだが、こちらが勝手に決めても「じゃあ、会いましょう」なんて親分が言う訳はない。私は、まず撮影依頼の手紙を書くことから始めた。通常の撮影ならば、その手紙が着く頃に先方に電話をする。しかし、私は手紙を出すことさえも止め、兵庫県姫路市にある竹中組の組事務所に直行することにした。

その頃、テレビではスタコラサッサと走り去る〝エリマキトカゲ〟の三菱自動車や、小指を立てて「私はこれで会社を辞めました」という〝禁煙パイポ〟のＣＭが大受けしていた。悪童と呼ばれるジョン・マッケンローがウィンブルドンの決勝でジミー・コナーズを破って優勝し、気に入らない判定を下した審判に悪態をつく、そのワンパクぶりも全盛期を迎えていた。ソ連・東欧諸国による報復ボイコットはあったが、無事に開催された「ロサンゼルスオリンピック」で、陸上のカール・ルイスが金メダルを四個も獲得し、山下泰裕選手は柔道無差別級で金メダルに輝いた。喜びで泣きじゃくる山下選手の顔が連日テレビや新聞、雑誌を賑わせていた。

竹中組の組事務所は姫路駅から四、五分という近い場所にあるという。番地と地図を頼りに探すと、それは細い通りに面した間口三軒ほどの、小ぢんまりとした三階建てのビルだった。一九六四年（昭和三十九年）に建てられた頃は周囲は空き地だったらしいが、今では高いビルに囲まれているため、古ぼけた小さな建物といった印象を受けた。「竹中組総本部」という看板が掛けられてはいるが、あまりにも慎ましい佇まいだった。ビルの窓が少し開いていたが、内部の様子はわからない。

——無用心だな。だが、玄関のドアぐらいはカギを掛けてあるだろう。

ところが、正面玄関のドアノブを回すと、何の抵抗もなくドアが開いてしまったのである。もう引き下がることは許されない。

——一和会側の「鉄砲玉（刺客）」が飛び込んで来たと勘違いされたら痛い目に合うな。

私は緊張しながらドアを開け、背筋を伸ばして立った。

「こんにちは、写真の須田慎太郎と申します。竹中正久さんはいらっしゃいますか?」

堅気《かたぎ》の人間らしく挨拶した。

組事務所内部も質素である。映画で見るようなきらびやかさはどこにもない。竹中組と書かれた提灯が六個ほど茶色の壁に掛けられているだけだった。詰めていた組員は二人。一人は二台並んだ電話を前にして、椅子に腰かけていた。その男はスポーツ刈りで、鼻の下にチョビ髭を生やしていた。もう一人は、こちらに背を向けて応接用のソファーに座っていた。背を向けているその男が、こっちを胡散《うさん》臭そうに振り返った。サングラスをかけているが、髪の毛は一本もない。

「なんだ、オメェは」

間の抜けたような空気が漂う中に、面倒くさそうな甲高い声が響いた。私は、取材の趣旨を訴えた。

「親分は写真がキレェだ」

そう言われても簡単に諦めることはできない。

「親分はイネェよ、出直してきな」

その通りだ。たとえ居たとしても最初から易々と取り次いでもらえるわけがない。

「改めて来ます」

撮影依頼の手紙をデスクの上に置き、しばらく外で待つことにした。

——顔繋ぎもできたし。まずまずだろう。

組事務所の向かい側の路肩にカメラバッグを抱くようにして座り込んだ。

「そこはアブねぇ、そこにいちゃイケねぇ」

腰を下ろすとすぐに、組事務所から飛び出して来た電話番の男に、ハエのように追い払われてしまった。

山口組から絶縁された一和会との抗争中だから何が起るかわからない。山口組の解体、壊滅を狙う警察の目も、組事務所に出入りする人物を監視するため、どこかで光っているのだろう。組事務所の前に長時間立っていることやその周辺を歩き回ることは、不審に思われるので続けるのは難しい。私は離れたところで立ったまま、八月の強い陽射しの中、親分が帰って来るのを待つことにした。

しかし、この日は夜まで待っても竹中組長の姿を見ることはできなかった。姫路駅近くのビジネスホテルに泊まったが、明日会えるかどうか気になってなかなか寝つけなかった。

翌日の午前中に、無理だろうと覚悟しながら再び訪ねた。

「親分はイネェよ」

相手にさえしてもらえなかった。

午後に訪ねた時は、わずかだが立ち話ができた。その組員とのやり取りの中で、竹中組長がこのビルの二階に住んでいることがわかった。首からカメラを下げたまま、しばらくの間離れて機会を待つことにした。こういった時は、自分が誰で、どこにいるか、目立つようにする方がいい。

組員や警察からしてみれば、害のないカメラマンだということがわかり、敵対する一和会の差し回した危険なヤツと勘違いされないからである。

新幹線で東京と姫路の間を通いながら、竹中組訪問をほぼ一週間ごとに繰り返し、都合が付けば週二度は姫路に行くようにした。

そして、三、四回通った頃になると、

——今日もダメかもしれない。

弱気になるとともに、ウンザリし始めた。

何度訪ねても、組員の対応はケンモホロロだったからである。しかし、私は竹中組長に会おうと決心したことを思い返し、東京駅から朝一番の新幹線に乗り、列車の中で寝ながら何も考えないことにした。

しかし、親分の帰りを組事務所近くの喫茶店で待つことにも飽きた。諦めにも似た徒労感から、私は気晴らしに映画を見ることにした。たまたま入った映画館では、アーノルド・シュワルツェネッガー主演の「ターミネーター」を上映していた。やっつけても、やっつけても復活する、未来から送り込まれた殺人マシーンの恐怖に息を呑んだ。桜が散る如き、あっさりとした死生観を持つ日本人には製作できないような、徹底的にしぶとい映画だった。報道写真家もこうでなければと感心しながら、そのあまりの面白さに竹中組長のことを忘れて三回続けて見てしまい映画館を出た時は既に夕暮れ時だった。組事務所に行ったが、やっぱり追い返された。

姫路に通い始めてひと月を過ぎた九月中旬には、顔見知りになった組員に時折近くの喫茶店に連れていかれ、コーヒーなどを奢ってもらえるようになった。組事務所では毎回お茶を出してくれ、いつしか〝ハエ〟ではなく〝客〟扱いしてくれるようにもなった。その頃になると組員たちは、少しずつではあるが、竹中組長について話をしてくれるようになっていた。

「やたらなことは親分に取り次げねえよ。機嫌が悪いとガラスの灰皿で殴られるからよ」

しかし子分たちもしたたかである。殴られる度に灰皿を少しずつ小さくし、既にステンレス製の軽い灰皿に替えてあった。

「親分はな、ヤクザはヤクザ、見栄を張るなってよく言う。旅の者（姫路から離れた地方の組の組員）にも総会でよく声をかけるし……」

竹中組長の信条と目下への配慮がわかった。

「晩飯は鍋が多いな。みんなで突っつくんだ」

親分と子分がいっしょに鍋を囲むらしい。

「刺青なんかしてねえし、肌は白い」

風呂で竹中の肌を流したことのある組員が、思い出しながら言った。

「指もツメてねえしな」

左手の小指と薬指が無い組員は、さすが親分はオレたちとは違うな、というような表情をした。

「筋目を絶対に通す。（四代目に）なるべくしてなったんだ」

背の高い痩せ型の組員は、自分のことのように誇らしげだった。

ある日、二階にいる竹中に会えないものかと期待して、組事務所内で待たせてもらった。しばらくすると、電話のベルが鳴った。受話器をとって受け答えをしていた組員が、奥の応接室にいる兄貴分にどなった。

「笹川会長から、夕食でもどうですかって電話なんスけど？」

「親分が行くわきゃねえだろ」

「親分、いません」

ぶっきらぼうに電話を切った。

――あの笹川も、やっぱりな。

山口組という組織の四代目組長に、笹川良一日本船舶振興会会長が裏で繋がりを持とうとしていることを目の当たりにした思いだった。しかし、三代目の田岡組長とは酒を酌み交わす仲だった日本の首領の一人、笹川会長も、これには面食らっただろう。

姫路市御国野町にある竹中の実家を訪ね、竹中と面立ちがそっくりの姉の冨久子さんに会った。

「四代目にならないようにと言ったけど、自分がなりたくてなるのではない。推されてなるから仕方ないってね。でも、三代目と比べられるのが、やりきれないようだよ」

冨久子さんがお茶を淹れてくれながら話した。

「若いもんには怒るけど、(一般の人に対して)いじめっ子じゃないよ……。組長になってからは、組とは関係ない社長や他の人たちといっしょに話をしたり、ゴルフをしたりして、だんだん角が取れて丸くなっていくだろうなって。田岡さんの足下にも及ばないかもしれないけど、少しずつ近づいていってくれればね」

四代目になった弟への期待と心配が入り混じっているようだ。話が終わる頃に、竹中に会わせてもらえないか頼んだが、「本人次第」ということだった。

さらに私は、竹中のすぐ下の弟の正と末弟の武を訪ねた。武は六月に、正久から竹中組組長の座を譲られ、四代目山口組直参に昇格し、正はその竹中組の相談役になっていた。二人に竹中に会えるように頼んだが、それでもだめだった。しかし、私の存在を竹中が知っているという手応えはあった。ここまできたら、ターミネーターのごとくしつこく、通い続けるだけだった。


竹中組の組員たちが、暗くなり始めた路上に溢れていた。毎月二十五日は、竹中組傘下の組長たちが総本部に集まる定例会の日である。カメラを首から下げ、二百人ほどの組員がたむろしている中を縫うようにして組事務所の前に出た。「邪魔だ、失せろ!」くらいはあるだろうと考えていたが、不思議なことに誰からも咎められることはなかった。異分子がいるのに、気にも留めていないようだ。

東京に帰る途中、大阪の一和会の組事務所を訪ねたことがあった。竹中組総本部よりずっと立派だが、窓は鉄板で塞がれていて、ドアも鉄の扉だった。案内を頼んだがドアを閉めたままで、亀が首をすくめたように開けようともしなかった。

定例会が終わり、ほとんどの組員が路上から姿を消したので、顔見知りの組員を見つけて声をかけた。

「親分は眠っちまったよ」

今日こそはと意気込んで待っていたが、あっさり言われてしまった。

東京から自腹を切って何度もやって来るので同情されたのかもしれない。九月に入ると数人の組員がクラブに連れていってくれた。

そのうちの一人が、クラブ内にいるホステスを見渡し、

「あれ以外なら誰でもいいぞ」

十人ほどいるホステスの中の一人に、ニヤニヤした視線を送りながら言った。

――あのホステス嬢は、この組員のお気に入りなのか。

組員たちは代わるがわるカラオケのマイクを握り、ウイスキーの水割りを流し込んでいた。両脇に座ったホステスからは香水の香りが漂ってきた。飲めと勧められても、落ち着いて飲めるもんじゃない。歌えと言われても苦手だと言ってやんわり断った。

夜は組事務所近くのホテルに泊まった。部屋に入ってすぐに、十代後半と思しき女性が訪ねて来た。朝までベッドで添い寝をしてくれると言うのである。

――あの組員が気を遣ってくれたのか。

しかし、ヤクザに下半身までお世話になりたくない。

しかし、せっかくの厚意を無下に断ったと思われたくないので、口止め料というわけではないが、既に彼女に支払われたと思われる金額を手に握らせ、お引き取り願うことにした。彼女の瞳は、いっそう輝いた。

翌日その組員に会い、一応礼を述べた。

「オメェもスキだな」

ニヤニヤしながら卑猥な流し目を送ってくる組員に苦笑いするしかなかった。

既に十月も中旬になっていた。イギリス南東部のブライトンのホテルで、過激派組織ＩＲＡ（アイルランド共和国軍）の爆弾テロが起こり、数人の保守党議員とその家族らが犠牲になったが、鉄の女サッチャー首相は危機一髪のところで難を逃れたというテレビ報道が流れていた。

組事務所の前に白いがベンツが止まっていた。よく見ると、太陽の光の角度によって真珠のような光沢をもっているのがわかった。

「ベンツ１０００、アラブの王族が注文していたやつを親分がキャッシュで買った。四代目らしくしなけりゃいけねえこともあるしな」

組員がそう話していた竹中の新車だった。組事務所から数人の組員が出て来て、白いスーツを着た竹中がそのベンツに乗り込んだ。

望遠レンズで撮ろうとすれば撮れる距離だった。しかし、止めた。中途半端に撮っても他のカメラマンが撮る写真と同じような写真になってしまう。それでは意味がない。初めに決めた通り直接会い、二〇ミリという広角レンズで真正面から撮ることにして、竹中組長を見守ることにした。

――それにしても、無用心だ。

真新しいベンツを見送りながら、三代目の田岡一雄が京都東山区のナイトクラブ「ベラミ」で、大日本正義団組員の鳴海清に銃撃されたことを思い出した（その後、鳴海組員は兵庫県の六甲山中で腐乱死体となって発見された）。田岡三代目は命を取り留めたものの、既に強大で磐石な組織になっていたはずのその山口組の大親分が、薄い警備の隙を衝かれて命を狙われた事件だった。

十一月八日、これが二十六度目の訪問になった。いつものようにドアを開けると、血相を変えた組員に「アッ！」という間に追い返された。機嫌の悪い竹中組長が組員に説教をしていたからだ。

――かわいそうに、あの形相で〝ダボ〟〝ボケ〟って罵られているのか。

怒鳴りつけられている組員に同情しながら外で待つこと三時間。組長が外出していないことは確実だった。

「よしっ」

気合を入れ直して組事務所内に入った。そこには、初めて会う竹中組の幹部がいて、私が来たことを竹中に伝えるため、奥の応接室に入っていった。

――こんなことは、初めてだ。

期待して待っていると、その幹部に手招きされた。

前身に緊張が走った。

応接室にはジャージ姿の竹中正久四代目がいた。身長は百六十センチほどと言われていたが、実際に目の前にすると、存在感と威圧感で身長百八十センチ以上、体重百キロ以上もある大男に見えた。

小太りではあったが、余分な脂肪分を削ぎ落として鍛えあげた相撲取りのような体をしていた。

「なんでオレみたいな人間に用があるんだ」

はにかんだ表情には、子供がイタズラを見つかってしまったような恥らいが表れていて、無骨さは感じられなかった。想像していた通りの男だった。

「その顔に用があるんです」

勢いあまって、考えてもいなかった言葉が口から滑り出てしまった。マズイことを言ってしまったと後悔したが、機嫌を損ねた様子はなかった。

――会えたからには、殴られても撮る。

胸の中で誓った。

座るように勧められたので従ったが、この六畳ほどの応接室にも装飾品といえるようなシャレたものは一切なかった。見上げると、田岡一雄三代目の写真が壁の上部に掛けてあるだけである。ソファーも何ら変わったところのない使い古された安物であった。竹中組長が着ている深い緑色のジャージも、そこら辺のスーパーで売っているような代物だった。

――つまらない見栄は張らないのだろう。

煙草に火をつけ、煙を吐き出すと、ゆっくり親分が話し始めた。

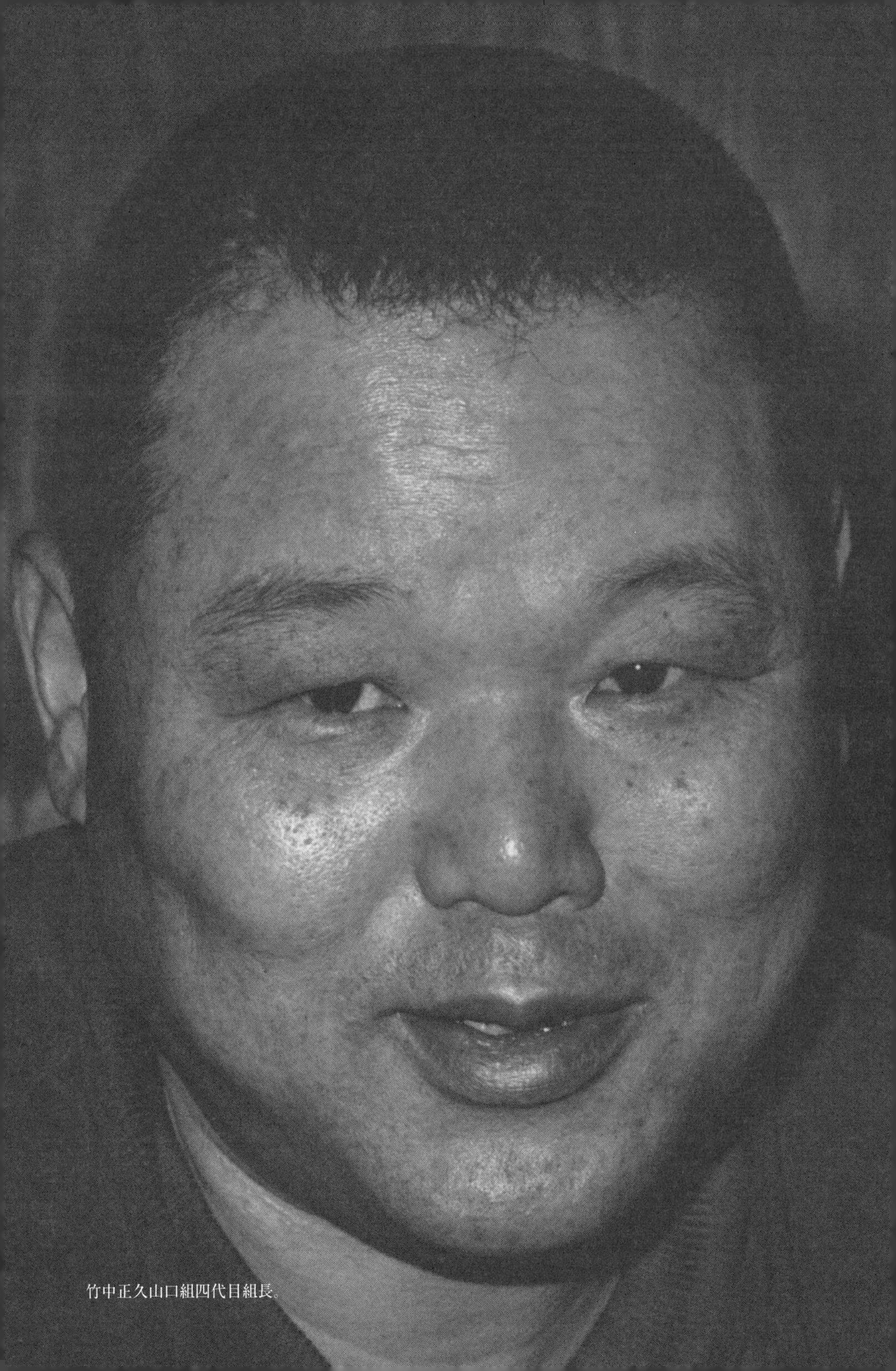

竹中正久山口組四代目組長。

ソファでくつろぐ竹中親分

「本当は、山広（一和会・山本広会長）でも誰でも（山口組四代目に）立てて、（オレは）組をまとめる役がやりたかった」

四代目襲名については、自分ではどうしようもない成り行きに戸惑いがあったようだ。

「六十（歳）になったら辞めたいよ。三代目から引き継いで五代目に渡すだけだ」

考えてもいなかった四代目就任の心情を吐露した。

「上を見るな、下を見ろ。自分が一番イイ時を忘れないでいると、ダメだ。人間、座って半畳、寝て一畳。出世したってたかが知れてる」

まるで若い衆に話してでもいるかのように、自分の人生哲学を語った。

およそ三十分の間、竹中組長は現在の一和会との関係や〝シノギ（稼ぎ）〟の内容を一方的にしゃべった。私は、その間ほとんど質問せず、うなずきながら話を聴くことに専念した。メモを取ろうにも、取りにくい雰囲気があり、撮影する前に嫌がられてしまっても困るのだ。

「撮らせてください」

払いのけられるかもしれないと覚悟しながら、首から下げたカメラで写真を撮ろうとした。

「顔が悪いから写真はかんべんせい」

きまり悪そうにはにかんだが、そういった言葉は耳に入らないフリをして、強引に撮り始めた。しかし親分は、まな板に載った鯉のように指示に従ってくれた。写されている時の気恥ずかしそうな表情から、竹中組長の純情を見る思いだった。

「このこと（一和会との抗争）は、すぐにケリがつく。来年になったらいっしょに鍋でも食おう」

帰り際に、ねぎらうように言われた。

事務所を出ると、今日まで苦労と心配をかけてきた若い組員が、

「親分があんなこと言うの、めったにないぞ。オメェ気に入られたな」

満面の笑みで姫路駅まで送ってくれた。

竹中組長の話によると、一和会の切り崩しはほぼ終えていたらしい。表情にも安堵のようなものが浮かんでいた。子分たちの話の中にも、それとわかる雰囲気が漂っているのがわかった。


しかし、勢力が激減した一和会、特に会長の山本広は危機感を募らせ、既に四代目を暗殺する計画を立てていたのである。

「いっしょに鍋を食おう」という約束が果たされることはなかった。会ってからおよそ二カ月半後、一九八五年（昭和六十年）一月二十六日夜、山口組四代目組長竹中正久は、若頭の中山勝正（豪友会会長）、ボディガード役の南力（南組組長）の二人とともに、一和会の〝ヒットマン〟いわゆる暗殺部隊の四人組に、愛人が暮らす大阪府尼崎市のマンション一階ロビーで狙撃された。中山勝正と南力は頭部に被弾してその場で即死。

「竹中が撃たれたらしいですよ」

暗室でプリント作業をしていると、銃撃事件を知った「遊軍」の鎌田カメラマンが急いで入ってきて教えてくれた。

――すぐにケリはつくと言っていたではないか。そんなことはないだろう。もし撃たれたとしても、あの竹中組長が死ぬわけはない。

しかし、不吉な予感が頭を去らなかった。

その頃、テレビで弟が撃たれて重態であることを知り、大阪市天王寺区の大阪警察病院に駆けつけた姉の富久子さんは、竹中組長の血圧が五十、四十、三十と下がるのを見ていた。

「もう、だめだ」

弟の死を覚悟したという。

四代目になって、富久子さんは何度も気を付けるように注意した。

「人間、一度死んだら二度は死なん」

その度に竹中親分は鼻先で笑った。

竹中組長が死線をさまよっている翌一月二十七日の午前中、私は武蔵野ゴルフクラブでゴルフコンペの取材をしていた。東京は好天に恵まれて清々しい朝だった。このゴルフコンペは、前年の一九八三年（昭和五十八年）十一月に、第二次中曽根内閣で、田川誠一自治大臣に替わって労働大臣（現厚生労働大臣）に就任した、新自由クラブの山口敏夫幹事長の呼びかけによるもので、日本の〝政・労・使（政府・労働者団体・使用者団体）〟を代表する錚々たる面々が一堂に会していた。

その頃は、景気の回復に伴ってゴルフ場も増加し「千二百万ゴルファーの時代」と呼ばれるようになり、労働組合幹部の方々も盛んにゴルフをするようになっていた。しかし、かつてはゴルフを「資本家のゼイタクな遊び」と敵視し、クラブを手にすることはなかったのである。これだけの労働界幹部がこぞってゴルフ党ということ自体、〝ご時世〟を感じさせた。その上、「春闘決戦」前の、本来ならば緊迫すべき時期に、労働界幹部と政府や経営者の代表が和気あいあいなのも、ひと昔前の常識では考えられないような光景だった。

その一月十二七日の深夜十一時二十分、三発の銃弾が命中して瀕死の状態だった竹中組長は、治療の甲斐もなく、意識の戻らぬまま息を引き取った。極道の頂点、山口組四代目を襲名してからわずか七カ月、五十一歳の死であった。「義照院釋顕正大居士」、彼の戒名である。

ゴルフコンペの暗室処理を終え、深夜二時過ぎに自宅に帰って窓を開けた。少し前までは降っていなかったはずの雪が、部屋からこぼれる灯りによって照らし出され、いつしか暗い宙に白く舞っていた。合掌。


ところで、竹中組長に会うために姫路に通っている間、その竹中を組内にあった反対を押し切るかたちで四代目に推挙、襲名させた田岡フミ子未亡人（六十六歳）とはどういった女性なのだろうという興味をいつしか私は抱くようになっていた。彼女は三代目姐として隠然たる力を維持していて、実質的な山口組の〝ゴッドマザー〟である。当然のことながら、極道社会で神格化されるほどの大親分だった夫の田岡一雄三代目組長を陰で支えてきたことによる強いカリスマ性が、彼女をゴッドマザーたらしめている理由ではあった。

しかし、報道されていることや世間でいわれていることだけでは満足できなかった。山口組の内部事情に詳しい記者に彼女がどこにいるのかと尋ねると、京都府八幡市の八幡病院に、糖尿、肝臓、腎臓の治療のために入院していると教えてくれた。

ところが、訪ねようとしている矢先に、竹中四代目が殺されてしまったのだ。時期が悪いと思った。この射殺事件によって、フミ子さん周辺のボディガードや警察による病院の警戒が強

左から4番目、16インチ（155センチ）のトテツもなく長いクラブをもっている山口敏夫労働大臣を中心に、左へ自動車総連会長の塩路一郎、全民労協議長の樫山利文、中立労連議長の藁科《わらしな》満治、右へ日経連専務理事の松崎芳伸、総評議長の黒川武、日経連副会長の亀井正夫、同盟会長の宇佐美忠信の各氏。

まり、おいそれとは近づけないと考え、しばらく時間を置くことにした。

実際、警察は犯人の検挙はもとより、山口組と一和会を同時壊滅に追い込む好機と捉えていた。そして、両組織の組長クラスの摘発と潜在的な事件の掘り起こしによる大量検挙、抗争事件の事前封圧などを掲げ、取り締りを強化していたのである。マスコミでは「必殺の報復作戦」「全面抗争必至」「報復に狂う山口組」「五代目の候補すらなし」などと、抗争激化をさらに煽り立てるかのごとく賑わっていた。

一月三十一日、山口組四代目組長竹中正久の密葬が、神戸市灘区にある通称〝田岡御殿〟で執り行われた。極道の世界では、密葬の日までは敵に手出しをしないことになっているという。密葬が終わったことで、山口組による一和会への本格的な報復が、激しさを増すことになった。ここで、警察は山口組による報復活動への先制攻撃の第一弾として、二月一日に竹中の末弟でウリふたつの風貌をした竹中武竹中組組長を、骨上げ式に参列後に野球賭博容疑で逮捕した。だが、山口組は中西一男を組長代行、渡辺芳則を若頭（一九八九年四月、五代目山口組組長に就任）に選出し、一和会への報復活動を強めていった。

「オレはマスコミのオモチャ」ＮＴＴ新社長真藤恒――一九八五年四月一日

竹中組組長竹中武が逮捕されてから六日後の一九八五年（昭和六十年）二月七日、自民党田中派の竹下登大蔵大臣と自民党幹事長の金丸信が、天下の闇将軍、田中角栄元首相に反旗を翻すかたちで田中派内に「創政会」を結成。実質的には田中派を衣替えして竹下派として乗っ取ろうとした。激怒した田中元首相はその切り崩しの最中、二月二十七日に脳梗塞で倒れて入院することになる。

大阪では、二月五日の試合で〝浪花のロッキー〟ことボクサーの赤井英和選手が、小和田正春選手にＫＯされ意識不明となった。診断の結果、急性硬膜下血腫と脳挫傷と判断され、緊急手術が行われた。注目していたボクサーだったので、私は入院中の赤井選手の写真を撮ろうと大阪に向かった。しかし、静かな病室の入り口でマネージャーらしき人物と話し合いを続けたが、今しばらくは生命の危機にあるというので、この時は無理を言わずに断念した。

二月九日に「サクラカラー・ファンタジックフェア大撮影会」というヌード撮影会を取材。ポルノ女優にもかかわらず、ミス日本に輝いた小田かおるさんがセミヌードで出演するというので盛況だった。他にも十人以上のヌードモデルがいたが、押し合いながら彼女の写真を撮るアマチュアカメラマンで会場内はごった返していた。その熱気の中を取材していると、見知っ

一九八五年の出来事

昭和シェル石油誕生
一月一日、シェル石油と昭和石油が合併し社名を昭和シェル石油に変更。石油業界再編の先駆けとなる。

両国国技館完成
一月九日、両国国技館が完成する。大相撲観覧の常設施設としての国技館は、一九〇九年（明治四十二年）本所回向院境内に建設された。設計委員会委員長は板垣退助、設計者は日本銀行本店や東京駅の設計で知られる辰野金吾。しかし一九一七年（大正六年）の出火で全焼、一九二〇年に再建される。ところが、一九二三年の関東大震災で再び消失し、翌年に再建。さらに、第二次世界大戦の東京大空襲によってまたもや消失。戦後、蔵前に蔵前国技館として一九五四年（昭和二十九年）に再建されたが、老朽化が進んだことから両国に新国技館が建設された。

た顔を見つけた。私の故郷、千葉県鴨川市のアマチュアカメラマンのグループだった。何と、私の父親も混じっているではないか。最近写真を趣味にするようになったと聞いてはいたが、東京までやって来るということに驚いた。しかし父親は、人間よりも風景が好みなので、詰めかけたアマチュアカメラマンの群れの後方で手持ち無沙汰にしているのが印象的だった。

ソ連では、三月に入ると在任期間わずか十三カ月で亡くなったコンスタンチン・チェルネンコに替わり、若手のホープミハイル・ゴルバチョフが共産党書記長に選出された。日本では、本州と北海道を結ぶ世界最長の「青函トンネル」が開通し、「人間・居住・環境と科学技術」をテーマとする「国際科学技術博覧会（つくば科学博）」が茨城県の筑波研究学園都市で華やかに開幕。既に存在しているとされていた日本のエイズ患者、その第一号の公式発表が厚生省からようやくあった。

三月三十一日、国立療養所東名古屋病院で、旧日本陸軍伍長の横井庄一さん（七十歳）に面会。横井さんは「恥ずかしながら……」という名文句を引っ提げ、一九七八年（昭和五十三年）にグアム島のジャングルから戦後の日本へ帰ってきた。帰国の年に結婚した妻の美保子さん（五十七歳）に手伝ってもらい、横井さんの胃ガンの手術痕を大きく広げてもらった。

「お医者さんよりワシの方が先にガンに気づいた」

横井さんが自慢げに言った。

執刀にあたった医師も、横井さんが二十八年間ジャングルの中で自分自身の健康管理をしてきて身につけた知恵、まさにジャングル生活の賜物だろうと驚いていた。

横綱北の湖引退
一月十五日、第五十五代横綱北の湖が引退を表明。大鵬に次ぐ幕内最高優勝二十四回（大鵬は三十二回）の功績によって、大鵬以来二人目の一代年寄「北の湖」を襲名する。

ビデオカメラレコーダ
一月二十一日、ソニーより8ミリビデオカメラレコーダ1号機「CCD-V8」が発売される。以後、八月に発売された初代「ハンディカム」を皮切りにシリーズ化され八十年代、九十年代をソニーのビデオカメラが席巻することになる。

ギャッツビー発売
二月一日、マンダムからロングセラー商品となる「ギャツビー　ヘアスタイリングフォーム」が発売される。

風営法改正
二月十三日、改正風営法が施行される。正式名称が「風俗営業等の規制及び業務の適正化等に関する法律」に改正される。営業時間は午前0時まで、のぞき部屋、ファッションマッサージなども届出対象となる。この改正の影響でノーパン喫茶が姿を消すことになる。

既に土光敏夫さんについては百三十一ページで述べた。その「土光臨調」で、特に国民の耳目を集めていたのは、日本国有鉄道（現ＪＲ）、日本電信電話公社（現ＮＴＴ）、日本専売公社（現ＪＴ）、いわゆる三公社の民営化だった。そして、一九八五年（昭和六十年）四月一日は、電電公社と専売公社が民営化される日だった。

夜明け前に、私は新生ＮＴＴの初代社長となる真藤《しんとう》恒《ひさし》さん（七十四歳）の自宅に向かった。

――今日こそは写真を撮る。

気持ちが高ぶっていたこともあり、杉並にある真藤さんの自宅には午前五時前に着いた。

真藤さんは石川島播磨重工業（現ＩＨＩ）の社長と会長を務めた後、相談役に退いていたが、「土光臨調」の会長になった師と仰ぐ土光さんに請われ、四年前の一九八一年（昭和五十六年）に電電公社の総裁に就任し、〝ミスター合理化〟の土光さん同様〝ドクター合理化〟として、電電公社の民営化を積極的に推進してきた。

資本金七千八百億円、年間売り上げ四兆五千億円という超マンモス企業の社長宅だったが、周囲の一戸建てとそれほど変わらなかった。ただ、注目を浴びている新会社発足当日だから、当然マスコミの取材や警察の警備ぐらいはあるだろうと予想してやって来たのだが、その自宅の玄関周辺には人の気配すらなく、拍子抜けするほど静かだった。

――迷惑にならないかな。

春ではあったが、朝のひんやりとした気持ちのいい空気の中で十五分ほど時間をつぶし、高揚する気持ちを鎮めた後で、小さな門を開けて玄関のベルを鳴らした。

「おはようございます、ちょっと早過ぎると思ったのですが、社長の写真を撮らせていただい

世界初のＡＦ一眼レフカメラ
二月二十日、ミノルタが世界初のＡＦ（オートフォーカス）一眼レフカメラ「α-7000」を発売。

角栄倒れる
二月二十七日、田中角栄元首相が脳梗塞で倒れ入院。

ソ連書記長死去
三月十日、ソ連の最高指導者コンスタンティン・チェルネンコ書記長が肺気腫により死去。アンドロポフ前書記長の死に伴い後継者となったが、わずか一年あまりの短い政権だった。翌十一日にミハイル・ゴルバチョフがソ連共産党書記長に就任。

てよろしいですか?」

この日のために個人的に何度も訪れ、既に顔見知りになっていた美智子夫人に、恐縮しながらも強引に頼んだ。

「どうぞ、こちらでお待ちください」

案内された部屋は、撮影場所として望んでいた部屋ではなく、ただの殺風景な応接間だった。

——ここではつまらない。

ソファーに座られては、ありきたりの写真になってしまう。真藤さんが来る前にその味気ない部屋から廊下へ出て、三つある茶色い木製のドアの中で一番奥にあるドアを押し開けた。

「失礼します」

いきなり入ったが、何の反応もなく部屋の中は不思議なほど静かだった。しかし、そこは思い描いていたフォトジェニックなダイニングルームだった。予想外だったことは、真藤さんが疲れきった表情で、ぐったりと椅子に座っていたことだった。写真で見る、あのエネルギッシュな姿とは明らかに違っていた。

「ここで朝食をとっている様子を撮影させていただけませんか?」

「もう食べちゃった、お茶でもいいかな?」

私を見上げるようにして、気怠るそうに真藤さんは言った。

「それでけっこうです、お願いします」

ありきたりの写真は撮りたくない。記者会見など真っ平ごめんだが、どうせ撮るならば他の写真家とは違った写真を撮りたいのだ。少し残念だったが、それでもよしとして、次の新たな

トルコの恩情
三月十九日、イラン・イラク戦争の最中、イラン在住邦人の救出をトルコ航空が自国民より優先して行う。三月十七日にフセインイラク大統領が突如、四十八時間後にイラン上空の飛行する航空機は無差別に攻撃すると宣言。イラン在住の外国人は自国の航空機で即時脱出した。日本政府もただちに日本航空に対してチャーター便派遣を要請したが、同社の労働組合は安全が保障されないと拒否。進退窮まった野村豊在イラン日本国特命全権大使がトルコ政府に救援を要請したところ、イランの近隣に位置することから自国民は陸路で脱出させ、航空機による脱出は日本人を優先させた。これにより、日本人は全員無事に脱出できた。

国内初のエイズ患者
三月二十二日、厚生省のエイズ(AIDS:後天性免疫不全症候群)調査検討委員会は、アメリカから一時帰国した男性を国内における「エイズ患者第一号」と認定したことを発表。後に、非加熱血液製剤を原因とする感染もあったことが判明し、いわゆる「薬害エイズ事件」として社会問題となる。

展開に期待した。

雑談しているうちに真藤さんは、

「昨日、雨の中でゴルフをしたせいで、風邪をひいて熱がある」

と話してくれた。

それもかなり高い熱のようだ。彼の健康を気遣うと、やたらに注文も出せない。朝食をがっちり食って、エネルギッシュに出かけていく姿を想い描いていたが、考えを百八十度切り替えて、高熱でグッタリの新社長でいくことに決めた。

六時過ぎに秘書が迎えに来た。この自宅に来た時は少し早過ぎたかと思ったが、もっと早くてもよかったのか、と玄関前で時間を無駄にしたことを後悔した。

「ヨッ」

軽く気合をいれた真藤さんの後ろに、美智子夫人がスーツの上着を持って立ち、右腕、それから左腕をゆっくり通し、前のボタンは真藤さんが自分でしめた。何十年も繰り返されてきた何気ない夫婦の営みなのだろう、その自然な動きにほのかな温かみを感じた。

「行ってらっしゃい、今日はありがとうございました」

すれ違う時にお礼を述べた。

「いいんだ。どうせオレは、マスコミのオモチャだから」

真藤さんがようやく笑った。

ＮＴＴとＪＴの誕生
四月一日、民営化により日本電信電話公社（電電公社）が日本電信電話株式会社（ＮＴＴ）、日本専売公社が日本たばこ産業株式会社（ＪＴ）と、それぞれ設立移行。

ＩＮＡＸ誕生
四月一日、伊奈製陶がＩＮＡＸ（現ＬＩＸＩＬ）に社名変更。

夕やけにゃんにゃん
四月一日、フジテレビ系列で夕方のバラエティ番組『夕やけニャンニャン』が放送開始。同番組から秋元康プロデュースによる「おニャン子クラブ」が誕生し人気番組となる（一九八七年八月三十一日終了）。

異民族間の結婚容認
四月十五日、南アフリカ共和国で反アパルトヘイト政策の一環として、異民族間の結婚を禁止する法律を廃止。

真藤恒さんと美智子夫人。

「早く撮ってお帰り」入院中の三代目姐―一九八五年六月二十八日

私が田岡フミ子さんが入院する八幡病院に行くことを決めたのは、五月五日に営まれた竹中正久山口組四代目の百カ日法要から帰ってきてからだった。

ところが、竹中組長を取材中に気心が知れるようになった組員から、私が撮影した竹中の写真をぜひ欲しいという電話がかかってきた。竹中組の直系組長すべてに配るというのである。当然快く引き受けたが、予備も含め五枚一組で三十セットつくらなければならなかった。四切《よつぎり》（およそA四サイズ）の印画紙で百五十枚になる。丁寧にプリントしたため、思わぬ時間がかかってしまった。

最初の訪問は五月二十四日だったが、その日の空は厚い雲に覆われていた。午後六時に八幡病院に到着。正面玄関から二十メートルほど離れた、玄関ホール内を見通せると同時に病院に出入りする人物を確認することができる位置に、京都府警の車と思われる濃紺のワゴン車が止まっていた。私がその車の傍らを通り過ぎる時、気配を殺しているため、ひっそりと静まり返っているようには見えたが、車中からこちらを窺うような三、四人の視線を感じた。車内にいる警官は、彼女に面会に来る人物や、抗争中の一和会の手先がやって来て起こすかもしれない何らかの事態に備えているのだろう。

サミット開催
五月二日～四日まで、西ドイツのボンで第十一回先進国首脳会議（サミット）が開催される。出席した首脳は議長であるヘルムート・コール西ドイツ首相、フランソワ・ミッテランフランス共和国大統領、ロナルド・レーガンアメリカ合衆国大統領、マーガレット・サッチャーイギリス首相、中曽根康弘日本国内閣総理大臣、ベッティーノ・クラクシイタリア首相、ブライアン・マルルーニーカナダ首相、ジャック・ドロール欧州委員会委員長。

サイクロンの猛威
五月二十五日、バングラデシュでサイクロン（インド洋に発生する熱帯低気圧）により、約一万人の死者が出る。

ヘイゼルの悲劇
五月二十九日、ベルギーのブリュッセル市ヘイゼル・スタジアムで行われたリヴァプール（イングランド）とユヴェントス（イタリア）によるUEFAチャンピオンズカップ決勝戦の試合前、両チームのサポーターによる暴動発生。観客三十九人が死亡。暴動の原因は、リヴァプールの暴力的サポーター（フーリガン）によるユヴェントスサポーターに対する暴行。

私は首からカメラを、右肩からカメラバッグを下げ、左手に京都駅近くで買った見舞い用の赤とピンクのカーネーションを囲むようにカスミソウをあしらった花束を抱いていた。気持ちが急《せ》くのを抑えながら正面玄関を抜け、吹き抜けの明り取りから陽光が鈍く射し込む、さして広くもない玄関ホールを通り過ぎ、エレベーターホールに直行した。昇りのエレベーターが来るまで少し待たされた。そのわずかな時間が実に長く感じられた。できることならフミ子さんがいると思われる三階の病室を確認するまでは誰にも会いたくない。

しかし、後方から看護師がやって来て、エレベーターのドアの上にある階数を示す数字を見上げた。不信感を持たれ、誰に面会に来たのかなんて聞かれたくない。入院している患者の名前なんて調べておかなかったので答えられない。適当なことを言えば逆に結果は悪くなるだろう。やっぱり調べておけばよかったなどと後悔しているうちに、エレベーターのドアが開き、不安を感じた通りその看護師といっしょに乗り込むことになってしまった。

目的の三階で看護師も降りたが、紺の三つ揃いを着て、白のポケットチーフを左胸に挿しているのはいいとしても、プロが使うようなカメラを首から下げた私を、見舞い客としては似つかわしくないと感じたのか、チラッと振り返った。その時看護師と入れ替わるようにして、右脇を白っぽい浴衣に身を包んだ小さな影がすり抜け、降りたばかりのエレベーターに吸い込まれるようにして入っていった。直接会ったことはないが、ピンときた。息が止まるほど一瞬で気分が高揚したが、この場面では声をかけない方がいいと判断したが、なぜか口が滑った。

「田岡さんですね？　どちらへ行かれるのですか」

反射的に尋ねてしまったのだ。どうやら口と脳ミソは別物なのかもしれない。

信仰の罪
六月六日、キリスト系教団「エホバの証人」の信者が、教団の教えに従い交通事故に遭った十歳の息子への輸血を拒否。息子は搬送先の病院で死亡。

インド航空182便爆破事件
六月二十三日、北大西洋上でインド航空（エア・インディア）ジャンボ旅客機が、シーク教過激派の仕掛けた爆弾により爆発。乗客乗員三百二十九人全員死亡。

セイキの結婚
六月二十四日、トップアイドル松田聖子（当時二十三歳）と人気俳優神田正輝（当時三十四歳）が結婚。結婚式と披露宴の中継は三十四・九％の高視聴率で、「聖輝の結婚」と呼ばれる。松田聖子は同じくトップアイドルだった郷ひろみとの破局からわずか半年のスピード結婚だった。

坊主たちの反乱
七月十日、京都市で古都保存協力税条例が施行される。同税に反発した金閣寺、銀閣寺、清水寺など有名寺院が対抗して拝観停止を実施。

「検査よ、検査！」

初めて交わした会話はそれだけだった。ぶっきらぼうな返事だったが冷たさはなく、それから先に進むことができるような気がしてほっとした。

しばらく病室には帰ってこないようだ。病室を確認するため、彼女が来たと思われる方向にゆっくり歩き始めると、すぐに見つかった。個室のドアの右横に、白地に黒いマジックで「田岡」と手書きの札が掛かっていたからだ。部屋番号は三〇六。何らかのトラブルを避けるために名札はないものと期待はしていなかったが、予想に反して名札はあった。これで歩き回らずに済むと安心した。

だが、いつ看護師に誰何《すいか》されるかと、外見は平静を装っていても内心は落ち着かなかった。

十五分ほど病室の前で待ったであろうか、彼女が検査から戻って来て、病室に入っていこうとドアを開けた。その後ろを背後霊のように、彼女の背中に貼りつくようにして入った。振り返る余裕を与える前に、彼女の背中に向かって話しかけた。

「お加減はいかがですか？」

「いいわきゃないでしょ」

険のある、硬くトゲトゲした声だった。

だが、いきなり病室に入ってきた見知らぬ若い男を前にして、不審感を表すでもなく、臆することもなく、背筋を伸ばしたその姿からは凛とした気配さえ漂わせていた。病人としてやつれたオバアちゃんといった様子などまったく感じさせない。若い組員か友人の知り合いと勘違いしているのかもしれないと感じた。

女性差別撤廃条約批准
七月二十五日、「女子に対するあらゆる形態の差別の撤廃に関する条約」を日本が批准、七月二十五日に発効。

日本の宇宙飛行士
八月七日、初の日本人宇宙飛行士として土井隆雄、内藤千秋（現姓：向井）、毛利衛三名が決定。

最悪の航空機事故
八月十二日、群馬県御巣鷹山で日本航空１２３便墜落事故が発生。乗客乗員五百二十四人のうち歌手坂本九を含む五百二十人が死亡、生存者は四人のみという史上最悪の航空機事故。原因はボーイング社の不適切な修理にあった。

三光汽船の倒産
八月十三日、大手海運会社三光汽船が会社更生法を申請し倒産。戦後最大規模の倒産事案となる。三光汽船の実質オーナーは自民党三木派の河本敏夫沖縄開発庁長官だったが、責任をとるかたちで辞任。

「写真の須田慎太郎と申します。田岡さんにお会いしたくてやって来ました」

「……？」

突然の珍客に、相手をするのも面倒だという態度だった。

しばらくその場に直立不動で立っていると、空気が澱《よど》んでくるように感じた。間が悪い。いつものことだが、自ら進んで会いに来ているとはいえ、心臓を高鳴らせて何時つまみ出されるかわからないこんな所になぜいるのだろう、そんな後悔にも似た思いが体の中からこみ上げてきた。

写真を撮らせてくれなんて言えるような状況ではまったくない。あまりにも気まずい雰囲気になって嫌われては、ガードが厳しくなり次からは病室に入ることすらできないだろう。

「また、うかがいます。これ、どうぞ」

なんともぎこちないしゃべり方で、胸に抱いていた花束をドアの脇の棚に置き、病室のドアを閉め、来た道をゆっくりと戻って行った。

門前払いはなかった。最初にしては上出来だろう、写真が初めから撮れるわけはない、と自分自身を慰めた。しかし、心臓の高鳴りは収まらない。病室の様子を思い返した。曇天《どんてん》のため病室内は暗いにも関わらず電灯は点いていなかったことや、カーテンが開いていて窓辺に写真が飾ってあったこと、六個入りのメロン箱に二個だけ残っていたことなどは思い出せたが、この病院に来る前に乗ってきた、京都から八幡駅に向かう電車内の様子や車窓の風景、駅の喧騒、病院までの街並みなどは思い出せなかった。図太くやってやろうなどと考えてはいたが、やはり会うまでは緊張していたのだ。

首相の靖国神社公式参拝
八月十五日、中曽根康弘首相が念願だった靖国神社の公式参拝を実行。海外出張中だった二閣僚を除く全閣僚も首相に従って公式参拝した。歴代の首相はすべて「私人」として参拝していた。しかし、中国の激しい反発を受けて翌年以降は公式参拝を断念した。

南京虐殺記念館
八月十五日、鄧小平の指示により建設されていた博物館、南京大虐殺記念館（正式名：侵華日軍南京大屠殺遭難同胞紀念館）が、抗日戦争終結四十周年の一環としてオープン。館内では、日本軍により市民と捕虜三十万人が虐殺されたとある。

PL学園優勝
八月二十一日、第六十七回全国高校野球選手権大会で、大阪のPL学園高校が決勝戦で山口の宇部商業高校を破り、二年ぶり三度目の優勝。清原和博が新記録となる一大会五本塁打を放つなど、桑田真澄と清原の「KKコンビ」の活躍で掴み取った優勝だった。

翌日も同じ時間に花束をもって見舞った。私が病室に入っていくと、フミ子さんは椅子に座っていたが、ゆっくりとベッドに座りなおした。

――病室内が昨日より片付いている。

夕食用の食器が小さなテーブルの上に置いてあり、おかずが一皿残っていたが、どうやら食欲はありそうだ。そう思っただけで気持ちが落ち着いた。しかし、気まずさは昨日と同じだった。挨拶程度の会話をして五分ほどで退室した。

その後十回ほど訪ね、同じことを繰り返した。オレはバカかもしれないと感じながら花束を抱いて通った。だが、バカになれるのは若いうちだけの特権でもある。とことんバカになれと自分に言い聞かせた。

伺った時はほとんど彼女一人だった。幸運だったのだろう。ただし、フミ子さんとの会話はまったくといっていいほどなかった。組員といったいかつい男たちとも、ついぞ遭遇することがなかった。

変ったことといえば、病室の名札が外されたぐらいである。そしていつしか、どうしても写真に撮りたいと思うようになっていた。入院中のフミ子さんの姿はこれまで報道されたことが一切ないため、撮影したいという報道写真家としての本能や、欲望みたいなものが刺激されたのかもしれない。しかし、撮るからには本人の承諾を得た上で撮影したかった。

ある日、ドアの前に立つと、病室内から明るい話し声が聞こえてきた。出直そうかと考えたが、誰がいるのだろうという好奇心に勝てなかった。下手をすればこれまでの努力は吹っ飛び、つまみ出されて二度と会えず、さらに病室を替えられる可能性もあった。しかし、どうしても

シートベルトの義務付け
九月一日、乗用車の前部座席でのシートベルト着用が義務化される（二〇〇八年には後部座席でのシートベルト着用とチャイルドシートも義務化された）。

タイタニック号発見
九月一日、アメリカとフランスの合同捜査チームが、大西洋で沈没したタイタニック号の船体を発見。

初の携帯電話
九月二日、NTTから携帯電話「ショルダーフォン」が発売される。現在の携帯電話と比べると肩から提げる相当大きなものだったが、バブル時代を象徴するアイコンのひとつとなった。

夭逝の美女夏目雅子
九月十一日、映画『鬼龍院花子の生涯』などで知られる女優の夏目雅子が急性骨髄性白血病により死去（享年二十七歳）。夫は作家の伊集院静。

スーパーマリオ登場
九月十三日、任天堂よりファミコン用ソフト『スーパーマリオブラザーズ』発売。その後シリーズ化され、空前の世界的大ヒットとなる。

誰が来ているのか知りたかった。私はノックをして、いつものように丁寧にドアを開けた。そこには窓からの光を浴びるようにして、数人の「極道の妻」と思しき肝っ玉のすわっていそうな姐《あね》さん軍団がいた。高級な和服姿の姐さんもいれば、洋服姿もいる。病院の駐車場に、そのスジの人が乗るような神戸ナンバーのベンツやソアラ、センチュリーが駐まっていることを思い出した。明るい会話は一瞬のうちに消え、静寂に変わった。振り返ってこちらを見たその彼女らの向こうに側に、ベッドの上に座った浴衣姿のフミ子さんがいた。

――誰だコイツは？

といった視線が、すべて私に集中していた。

その視線の圧力と、彼女たちの醸し出す凄みを内に秘めた色気にメマイがするほど圧倒された。さすがに、私は挨拶だけして早々に退散した。逆光ではっきりとはわからなかったが、姐さんたちの一人ひとりが美人だった。

――極道の世界では、男はイカツイ野獣でも女は皆美女なのだろうか。

感心してしまった。

また、刺繍のついた可愛らしい服を着た女の子が、母親と一緒に見舞いに来ていて、笑い声が病室いっぱいにこだましていることもあった。

フミ子さんに会うため、東京と京都を行ったり来たりしている最中の六月十三日、「関脇小錦あわや乱闘」という見出しでスポーツ紙に私が取り上げられてしまった。

コトの顛末はこうだ。「関脇小錦の腰痛悪化、巡業から急遽帰京、今日再検査」という報道

メキシコ大地震
九月十九日、メキシコでマグニチュード八・一の大地震が発生。メキシコシティ付近を中心に九千人以上死亡、三万人以上が負傷、九万人以上が家屋を失うという大被害となった。

プラザ合意
九月二十二日、アメリカのニューヨーク、プラザホテルでG5（フランス、アメリカ、イギリス、西ドイツ、日本の先進五カ国財務相・中央銀行総裁会議）が開催され、ドル安誘導で合意。翌日ドルと元は暴落。円は一年後に一ドル二百円台から百円台に高騰。この後日本は円高不況を経てバブル景気へ向かう。

お化け番組の終了
九月二十八日、TBS系列のお笑いバラエティ番組『8時だョ！全員集合』がついに終了。ドリフターズによるこの番組は、十六年間全八百三回の長きにわたって放映され、平均視聴率二十七・三％、最高視聴率五十・五％という数字をたたき出し、テレビ史上に残るプログラムとなった。

に接し、私は通院する小錦関の姿を撮ろうと、前日の六月十二日に東京墨田区の高砂部屋に駆けつけた。到着してすぐに、取材目的と雑誌名を相撲部屋の関係者に伝え、東関親方（元関脇高見山）にも挨拶を済ませた。ところが、小錦関が稽古場で四股を踏んでいる姿をファンたちとしばらく眺めていると、いきなり水を浴びせられた。苛立つ小錦関を思いやって付き人がやったようだが、若かった私はこれにカチンときた。

——絶対逃すものか！

私は、タクシーに乗り込んで病院に向かう小錦関を追った。行き先が墨田区の同愛記念病院だとわかっていたので、先回りしてその正面玄関で待ったのだが、彼の乗ったタクシーは裏口に直行した。せめて病院に入っていくところだけでも撮ろうと、二百メートルほど全力で走った。

小錦関は料金の支払い中だったので、私はタクシーのドア付近で待機し、車を降りてくるところから撮り始めた。

小錦関は写真を撮られることが嫌いだというが、怪我のイライラのはけ口として当り散らしているとしか思えなかった。赤レンガをもって追いかけてくる姿は、明らかに脅しそのものだった。水を浴びせたり、大きな体で脅せば恐れをなして皆が退散していたのだろう。今回も脅したが逃げなかったので、さらにボルテージが上がったようだ。

「その右手に握っているのは何だ！」

怒鳴りつけると、そのレンガをサッと浴衣の袖に隠した。

怪我に苦しみながらも、二年後の一九八七年（昭和六十二年）年五月に、小錦関は外国出身

迫力満点の小錦関。

力士として初めて大関に昇進したが、残念ながら一九九七年（平成九年）の十一月場所を最後に、横綱になることなく引退した。

一九八五年六月十八日には「豊田商事」の永野一男会長が大阪で殺された。永野会長は金の地金を使った「現物まがい商法」で、総額二千億円にものぼる被害を身寄りのない老人をはじめ三万人もの人々に与えていた。現物まがい商法とはペーパー商法とも呼ばれ、「権利証」や「預り証」などの紙切れを渡すだけで現物を渡さないという悪徳商法のことだ。この事件は戦後最悪の悪徳商法を原因とした事件であった。

写真部で「遊軍」の仲間たちとテレビのニュース映像を食い入るように見ていると、「今日、永野会長逮捕」という情報を聞きつけ、大阪市北区の永野会長の自宅マンション玄関前に詰めかけている報道陣を掻き分けるようにして、二人の男が「年寄りから何百万円も騙し取るのは許せん。アイツを殺してくれと頼まれたんや」と喚きながら現れた。二人は永野会長の自宅玄関横の窓ガラスを叩き壊し、呆然としている報道陣を尻目に部屋の中に押し入った。

争う物音が室内から聞こえていたが、五分もしないうちに犯人の一人が虫の息の永野会長を引きずりだしてきた。その時、最前列から抜け出てフィルムを巻き上げている一人のカメラマンの姿がテレビ画面に映しだされた。

「あいつ、編集部に戻ったらドヤされるぞ。いま撮らなくてどうするんだ」

と、他社のカメラマンだとばかり思っていた私は同情した。

しばらく経って、その現場を撮ったフィルムが大阪から届いた。私は暗室に飛び込み、その

久米宏の『ニュースステーション』 十月月七日、テレビ朝日系列で、後に同局の看板報道番組となる『ニュースステーション』が放送開始。キャスターは久米宏、サブキャスターは小宮悦子。久米が自らのリベラルな信条に基づく個人的意見を述べることで他との差別化をはかり人気を博すが、一方で偏った報道だと自民党や保守派からの強い反発を受ける。二〇％前後の高視聴率を誇り、二〇〇四年三月二十六日まで続く。後継番組『報道ステーション』のキャスターは古館一郎。

フィルムを現像して定着液に浸した。そしてライトを点けた瞬間、体中に電流が走った。早々に水洗をすませてプリントすると、フィルム一本、三十六枚すべての画像が、銃剣でメッタ刺しにされたうえ額を叩き割られて血まみれになった永野会長の顔面だった。私は、その凄まじさに圧倒されながらプリントした。フィルムを巻き上げていたあの間抜けな（と思った）カメラマンは、実は『フォーカス』の益田周一カメラマンだったのだ。彼はその時既に、興奮した犯人が銃剣を振り回している最前線で、最大のシャッターチャンスを撮り終えていたのである。

翌六月十九日、警視庁に『投資ジャーナル』の中江滋樹元会長が出頭し、詐欺容疑で逮捕された。豊田商事の永野会長が惨殺されて震え上がり〝安全な警察〟に逃げ込むかのような素早さだった。

それまで中江元会長は行方をくらましていた。しかし、猟犬のごとき久恒記者をキャップとする「フォーカス班」は、四十日間という辛い張り込みの末、既にその姿を捉えていた。中江元会長は一時〝兜町の風雲児〟ともてはやされたが、実は株の不正売買で一般投資家から六百億円を騙し取っていたのである。

当時の日本は、「第二次オイルショック」の影響から完全に脱し、景気回復の波に乗っていた。しかし、その一方で貴金属や宝石、株やゴルフ会員権などを使った現物まがい商法が日本中にはびこっていたのである。これらの事件が起きてから間もなく、日本は後に「バブル」と呼ばれる狂乱景気の時代に突入していったのである。まさに「バブル前夜」ともいえる時代だった。

六月二十三日、新宿のアシベホールで人気劇団「第三エロチカ」の舞台を取材。六月二十五

やらせ発覚
十月八日、テレビ朝日系ワイドショー番組『アフタヌーンショー』で放映された「激写！中学女番長!! セックスリンチ全告白」という事件映像が、ディレクターの指示による演出（やらせ）であったことが少女の供述によって発覚。内容は、東京都福生市内の多摩川河川敷で暴走族の男と不良少女複数が五人の少女に暴行を加えるというシーン。始まったばかりの『ニュースステーション』のトップニュースで司会の久米宏が謝罪。さらに十月十五日に被害者の母親が自殺したことが判明。この前代未聞のやらせ事件は、大きな批判を巻き起こし、担当ディレクターは暴行教唆で逮捕され懲戒解雇となり、同番組は打ち切りとなる。

国鉄民営化
十月十一日、一九八七年四月一日付での国鉄の分割・民営化決定を政府が発表する。

タイガース優勝
十月十六日、阪神タイガースが二十一年ぶりのセ・リーグ優勝。

人気劇団第三エロチカの舞台公演「新宿八犬伝」のクライマックス。
中央の白いスーツ姿は主宰者の川村毅さん。

日には写真週刊誌『エンマ』が文藝春秋社から創刊された。昨年十一月に創刊された講談社の『フライデー』と新潮社の『フォーカス』の頭文字を取って「FFEの時代」と呼ばれるようになった。

六月二七日、私は再び京都の八幡病院に向かった。見舞いに伺う時間は平日の午後二時と決めていた。また、気力が続くならば五時にも挑戦した。こうした私のルーティンを、フミ子さんは当然わかっていたはずである。今日あたり来る頃だと予想していたのかもしれない。いつものように病室で直立不動の姿勢で花束を抱いて立っていた時、看護師が突然入ってきた。

「あらぁー、田岡さん。今日は特別なお客さんでも来るの?」

「来やしませんよ」

いつも接している看護師にとって、糊のきいた浴衣を着て、髪をしっかり整え、赤い紅をさし、アイシャドーを描いて薄化粧をしているフミ子さんの姿は、一つの事件だったのだろう。

「あんたにだけ、撮っていいと言うわけにはいかないんだよ。義理のある人ぜんぶに断っているからね」

フミ子さんは私に視線を合わせることなく、そう言い放った。しかし、どこか申し訳なさそうな言葉のニュアンスと親近感を漂わせている仕草、そして今日来ると予想しての身なりを整えた姿などから、私はその場の微妙な空気を読み取った。「大げさにしないで撮って帰りなさい」ということだ。それが私の結論だった。しかし、看護師に邪魔された。フミ子さんの「来やしませんよ」という言葉に、看護師の柔和だった顔が急に険しくなり、ここに居てはいけな

北米でファミコン発売
十月十八日、任天堂が北米で「Nintendo Entertainment System」(日本名ファミリーコンピュータ)を発売(ヨーロッパでは翌年発売)。『スーパーマリオブラザーズ』も同時発売され大ヒットとなる。

過激派と機動隊の激闘
十月二十日、千葉県成田市三里塚交差点付近で、鉄パイプ、角材、火炎瓶などで武装した中核派を中心とする新左翼過激派と機動隊が大規模衝突を起こす(一〇・二〇成田現地闘争)。

タイガース日本一
十一月二日、阪神タイガースが日本シリーズで西武ライオンズを四勝二敗で破り、球団史上初の日本一。

い〝見舞い客〟として追い出された。もう少しだった。しかし、一方的ではあるが、願いが通じたような気がして心が弾んだ。

私は間を置かず、翌六月二十八日にも挑戦した。その日は看護師に邪魔をされないように時間をずらし、昼食が終わる頃に突撃した。天に願いが通じたのか、フミ子さんは一人だった。病室にはゆったりとした音楽が静かに流れていた。

「早く撮ってお帰り」

言葉ではっきり言われたわけではなかったが、暗黙のうちに承知してくれているのは明白だった。

しかし相手は入院患者である。その場の空気を乱すことなく撮影したい。私は、首から下げたカメラでファインダーを覗かずに撮った。彼女は撮られていることをわかっていたが、何も言わなかった。

「長い間、ありがとうございました」

とお礼を述べ、

「ほんとに、ご苦労さん」

独り言のような言葉を背中に受けとめながら、私は病室から立ち去った。

田岡フミ子さんのその後を書いておきたい。フミ子さんは一年に及ぶ病院暮らしを終え、一九八五年（昭和六十年）の暮に神戸市内の自宅マンションに戻って療養していた。ところが、翌一九八六年（昭和六十一年）、正月の三箇日が過ぎたあたりから衰弱が始まり、さらに持病

コロンビア最高裁占拠事件
十一月六日から七日にかけて、コロンビアで起きた人質事件。首都ボゴタの最高裁判所兼法務省ビル（正義宮殿）に左翼ゲリラ組織M-19（四月十九日運動）の武装ゲリラ三十五名が侵入。警備員ら二名を殺害し、国会議員や市民、判事十二人を含む約三百人を人質に取った。M-19はベタンクールコロンビア大統領との交渉を要求したが、レイエス最高裁長官の攻撃中止要請にも関わらず、治安部隊は装甲車などによる突入作戦を開始し、激しい銃撃戦の末に最高裁を制圧、ゲリラ全員を殺害した。最高裁は炎上、救出された人質は二百人、最高裁長官と判事、軍兵士、市民など人質百十五名が死亡するという大惨事となった。

コロンビアで火山噴火
十一月十三日、コロンビアのネバドデルルイス火山が噴火、二万人を超える死者が出る。

野球選手の労働組合
十一月十四日、日本プロ野球選手会が労働組合として発足。

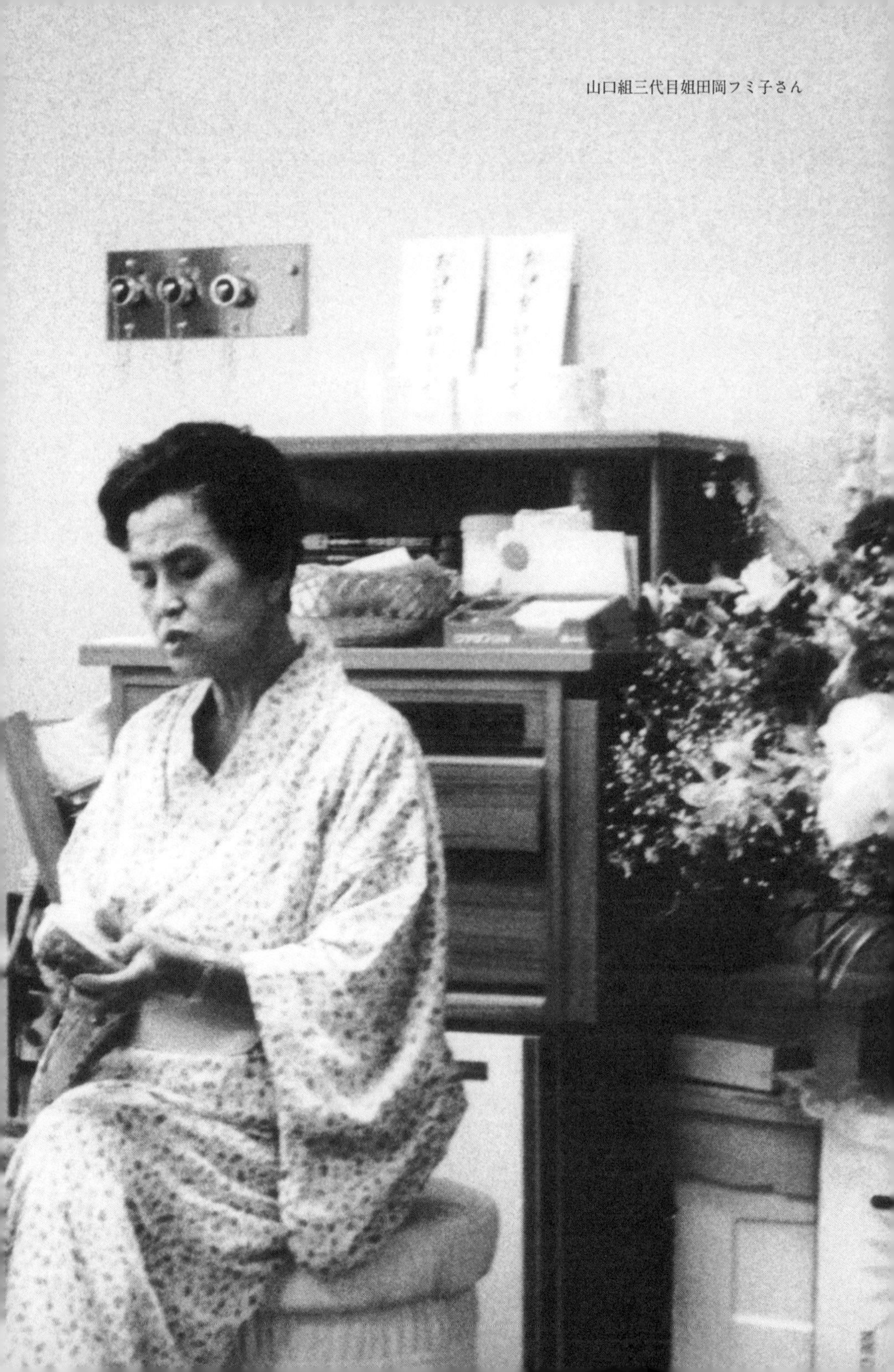

山口組三代目姐田岡フミ子さん

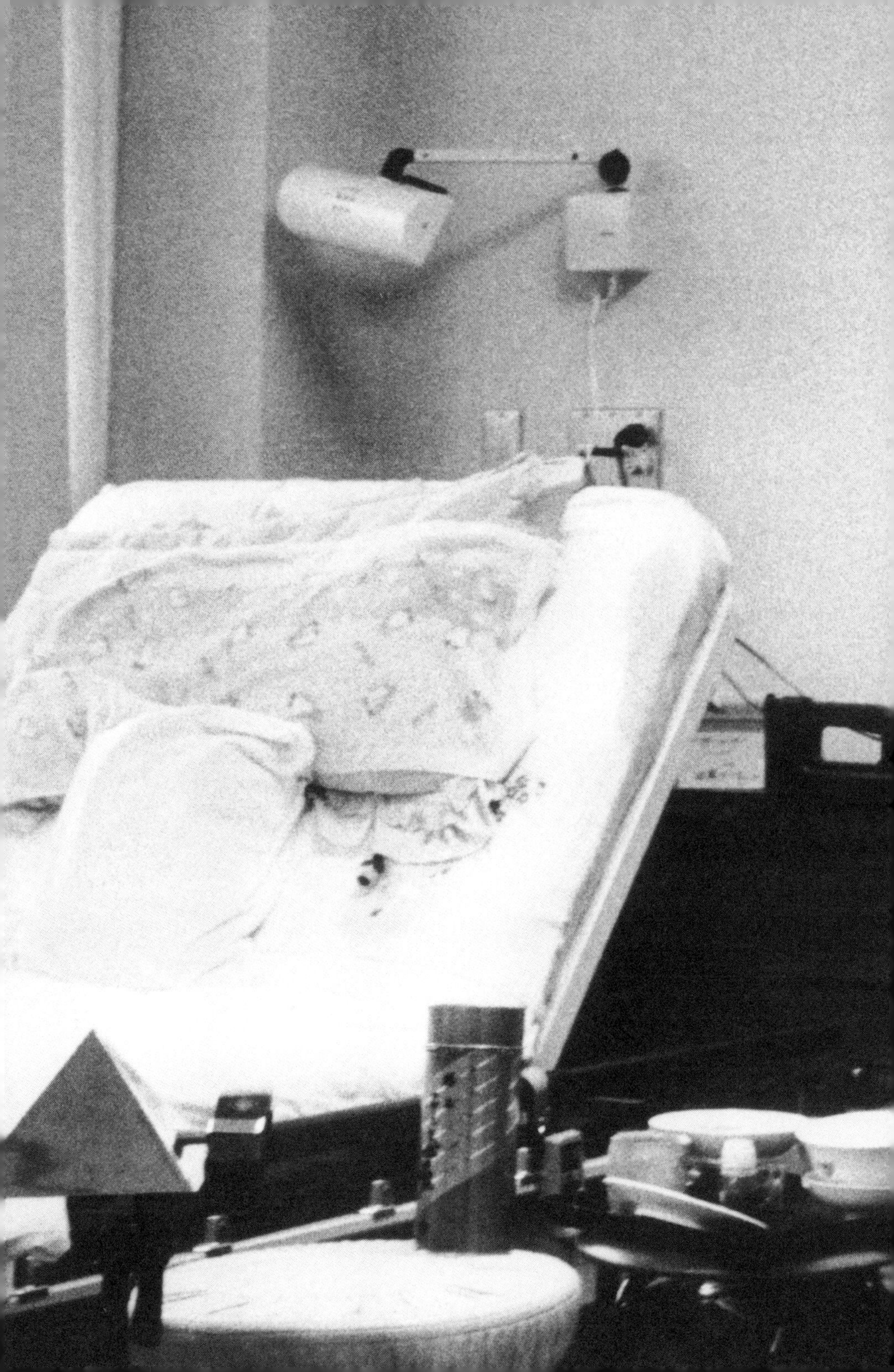

の糖尿病による腎障害に加え肝硬変を併発した。

後に『フォーカス』の記者が主治医を取材した時、再入院を勧めるその主治医に向かって、フミ子さんは次のように言って断ったという。

「体に管いっぱい付けて植物人間みたいに生きていても、何の意味もあらへん。このままで結構です」

一月の中旬に軽い痙攣を伴う発作を起こし、半昏睡状態に陥った。呼べば返事はするが、意識は朦朧とし、呼びかけにも反応しなくなった。普通の人ならばこういった状態になると、二、三日が峠だが、心臓が強かったフミ子さんの場合は、昏睡のまま十日間ほど生命を保ち、一月二十四日午後十時四十三分、自宅で亡くなった。

臨終の席には長男の満氏をはじめとする家族、長女由伎さんと夫でシンセサイザー奏者の喜多郎氏も駆けつけた。その喜多郎氏が枕元で新曲をシンセサイザーで演奏している中、フミ子さんは静かに息を引き取ったという。

最大最強の組織の礎を築き、ヤクザ史上に燦然と輝く名を残した大親分田岡一雄。その妻として夫を支え、戦後を夫とともに駆け抜けた田岡フミ子は、やはり戦後日本の陰の主役のひとりだったのではないか。また、私が生で接した彼女は、夫の器量に見合った器量と風格を備えながらも、図々しく不躾な一介のカメラマンを許すような人情の機微に通じた人でもあった。合掌。

葬儀は、神戸市灘区にある田岡邸で一月二十六日に行われた。奇しくもフミ子さんの葬儀は、

レーガン・ゴルバチョフ会談
十一月十九日、アメリカ合衆国大統領ロナルド・レーガンとソ連共産党書記長ミハイル・ゴルバチョフが、スイス・ジュネーヴで初の米ソ首脳会談を行う。

森監督就任
十二月一日、広岡達朗監督辞任を受けて、森祇晶が西武ライオンズの監督に就任。在任九年間で八度のリーグ優勝を果たし、西部黄金期を創出。

羽生登場
十二月十八日、後の七冠王羽生善治が史上三人目の中学生プロ棋士となる。

ヒット商品
ショルダーホン（NTT）、ハンディカム（ソニー）、ルポ（東芝）、一太郎（ジャストシステム）、一眼レフカメラミノルタα7000（ミノルタカメラ）、ギャツビー（マンダム）、スーパーマリオブラザーズ（任天堂）、ビックリマンチョコ（ロッテ）、いちご大福（玉屋）

自ら四代目山口組組長に決めた竹中正久が、一年前に銃弾に倒れた日と同じ日だった。

山口組直系組長会が開かれることで知られる神戸市灘区の田岡邸二階の大広間に、遺体を安置した祭壇がつくられた。フミ子さんは、花嫁の着る白い打掛に白い綿帽子を身にまとって柩《ひつぎ》に納まっていた。十四歳で故田岡一雄組長と出会い、十八歳で結婚したフミ子さんは、正式な結婚式を挙げていなかった。喪主の田岡満氏の挨拶によると、「もう一度、父のもとに嫁いでもらいたいからだ」という。

フミ子さんの死の前後から、山口組と一和会の抗争を終結させるための工作が水面下で行われるようになった。既に一和会は、警察の締め付けと山口組の圧迫を受け〝シノギ〟が厳しくなり、末端では離脱者が相次いでいた。翌一九八七年（昭和六十二年）五月に、一和会副会長兼理事長の加茂田重政氏が自身の引退と加茂田組の解散を表明し、最高顧問の中井啓一氏も引退。二年後の一九八九年（平成元年）年三月十九日に一和会は解散、同月三十日には、竹中正久暗殺を計画した会長の山本広氏が、山口組に詫びを入れて抗争は終結した。この「山一抗争」と呼ばれる殺戮戦では、三百十七件の抗争事件が発生し、山口組側八名、一和会側十七名の死者と両組織合わせて八十名の負傷者を出した。

流行語

うざったい（「うっとうしい、うるさくてわずらわしい」などの意味）、金妻（テレビドラマ「金曜日の妻たち」から「不倫」を表わす言葉）、新人類（一九六〇年以降に生まれた若者）、ダッチロール（日航ジャンボ機墜落から8の字を描いて飛行するという航空用語）、「フォーカスされる」「FFされる」（スキャンダル写真を週刊誌に撮られること）

ヒット曲

『ジュリアに傷心』チェッカーズ、『ミ・アモーレ』中森明菜、『恋におちて』小林明子、『Romanticが止まらない』C-C-B、『飾りじゃないのよ涙は』中森明菜、『悲しみにさよなら』安全地帯、『天使のウィンク』松田聖子

ベストセラー本

『わが闘魂の経営』アイアコッカ、『真田太平記』池波正太郎、『洋子へ』長門裕之、『首都消失』小松左京、『知価革命』堺屋太一

ヒット映画

『乱』、『Wの悲劇』、『早春物語』『ゴーストバスターズ』『グレムリン』『ネバーエンディング・ストーリー』『ビバリーヒルズ・コップ』

「出てってもらって!」苛立つ真紀子夫人――一九八六年一月十九日

一九八五年（昭和六十年）八月十二日、「かい人21面相」による「くいもんの 会社 いびるの もう やめや」という犯行の終結宣言が発表された。不審車両を取り逃がした責任を取り、自身の退職の日に焼身自殺した滋賀県警山本昌二本部長の香典代わりということだった。重要参考人とされる「キツネ目の男」をはじめ、この「グリコ・森永事件」の犯人は、日本の警察力では捕らえることができず、一九九四年（平成六年）三月に江崎グリコ社長誘拐事件が、二〇〇〇年（平成十二年）二月には一連の食品企業への脅迫事件が公訴時効となった。

終結宣言が発表された八月十二日夕刻、悲惨な事故が起こった。羽田発大阪行きの日本航空一二三便のジャンボ機が操縦不能となって群馬県御巣鷹山に激突したのだ。私は短い夏休みの最中で、自宅のテレビを見ていた。夜の七時を過ぎた頃「日航ジャンボ機が緊急信号を発したまま消息を絶ち、墜落したものと思われる」といった内容の臨時ニュースのテロップが流れた。すぐに編集部に連絡。しかし、既に仲間のカメラマン数人が長野県の山中に向かって出発した後だった。NHKをはじめ、すべてのテレビ局が墜落事故報道一色になった。

翌八月十三日午前十一時前後、奇跡的に四人の女性が救出されたが、亡くなった人は五百二十人、史上最悪の大惨事となった。十四日には仲間のカメラマンたちが憔悴しきった顔で編集

一九八六年の出来事

スペイン・ポルトガルEC加盟

一月一日、スペインとポルトガルがECに加盟。

スペースシャトル爆発事故

一月二十八日、アメリカのスペースシャトル「チャレンジャー号」が補助ロケットのトラブルにより、打ち上げから七十三秒後にフロリダ州中部沖、大西洋上で爆発し空中分解した。乗組員七名は全員死亡。

いじめで中学生が自殺

二月一日、東京都中野区の中学二年の男子生徒がいじめを苦に首吊り自殺。自殺した男子生徒は日常的に暴行を受けていた。驚くべきことに、担任教師ら四人の教師も「葬式ごっこ」という名のいじめに加担していた。寄せ書きには、「死んでよかった」「バンザイ」などと書かれていたが、担任教師は事件後クラスの生徒に口止めをしていた。この悪質な事件はマスコミに大きく取り上げられ、「いじめ」は以後社会的問題となる。

部に帰ってきた。しかし、全員ではなかった。撮影を終えて御巣鷹山から下山したはずの「遊軍」の三人が行方不明となり、連絡が取れないという。墜落現場への山道など元々ない。山中で迷った彼らは、二日二晩彷徨《さまよ》った末にヘリコプターで救出された。

「グリコ・森永事件」と「日航ジャンボ機墜落事故」の影に隠れてしまったが、八月十三日には、三光汽船が倒産していた。転売目的で過剰な船舶を抱え込んでいた三光汽船は、一九七九年（昭和五十四年）の「第二次石油ショック」以降の海運不況によって経営が行き詰まり、五千二百億円という巨額の負債を抱えて会社更生法の適用を申請したのである。これは当時の日本における戦後最大の倒産だった。実質上のオーナーで自民党河本派の領袖、河本敏夫議員は沖縄開発庁長官を辞任することになった。

京都を根城とする舞踏集団「白虎社―東方夜總繪」の夏合宿に参加した。この写真も、ぜひ撮っておきたいと考えていたうちの一つだった。白虎社のプロのメンバーは七人だけで、それ以外の約六十人はすべて素人だった。和歌山県熊野町で合宿中の十日間は、過疎で廃校になった中学校で寝起きし、お粥と一汁一菜で過ごさねばならない。四日目には、霊感を磨き大自然に敏感になるため、男は頭を丸め、女は眉を剃ることになっているが、大量の〝脱走者〟も出るという。十日間も休めないので、その四日目の八月二十二日のみ撮影させてもらった。

九月三日には「引田天功大脱出！　浜名湖遊覧船大爆発」を取材したが、その脱出劇の鮮やかさと見事さに、二代目引田天功の細い体のどこにそんな大きな肝っ玉があるのだろうかと感心した。

十月十一日は、奇妙奇天烈な頑張りで人気絶頂の「爆風スランプ」の撮影。ひと月前に一度

最古の竪穴式住居跡
二月十三日、大阪府藤井寺市で日本最古と見られる旧石器時代の竪穴式住居跡が発見される。発見現場がプロ野球選手梨田昌孝の自宅建設予定地であったことから、後に「はさみ山遺跡梨田地点」と命名される。

世界最高齢者の死去
二月二十一日、最後の江戸時代生まれの日本人、鹿児島県徳之島の泉重千代さんが百二十歳で死去。一九七九年、ギネスブックで世界最長寿と認定されたが、後に百五歳であるとされ認定が取り消された。

エドサ革命
二月二十五日、二十年間にわたって独裁政治を行ってきたフィリピンのマルコス大統領がマラカニアン宮殿を大衆に包囲され国外に脱出し、ハワイに事実上の亡命。マルコスは、二月七日に行われた大統領選挙で露骨な開票操作をして当選するが、この選挙結果に反発したエンリレ国防大臣、ラモス参謀長ら国軍の幹部が決起。二十二日にこれを擁護する市民百万人がマニラのエドサ通りに繰り出す。結局、野党連合のみならず、アメリカ政府、国軍、カトリック勢力から見放された格好となった。

白虎社・東方夜總繪の夏合宿

撮らせてもらったのだが、その出来上がりに納得できなかったので、個人的に頼み込んで再度撮影させてもらった。

十一月二日は東京農業大学で、第九十三回収穫祭が開催される日だった。その学園祭は大学本部屋上の「豊受大神宮」（天照大神の食事を司る神）への奉納でスタート。もちろん、学園祭だから「ミス農大コンテスト」や豚の丸焼きの屋台も出るし、大根をもらったりして楽しめる。が、やはり面白いのは「先生のど自慢大会」である。それは起源がはっきりしないほど歴史のある催しのようで、メインステージの呼び物として人気があるという。各学科代表の教師が出場してカラオケに合わせて得意曲を歌い、収穫祭実行委員会の学生がそれを採点する。教師と学生の立場が逆転するという構図が好評で、「不可」が出た教師は来年も出場しなければならないらしい。

農大の収穫祭が行われた日は、二十一年ぶりにリーグ優勝した阪神タイガースが、球団創設五十周年目にして初めて日本シリーズも制し、日本一になった日でもあった。小柄な体の吉田義男監督が宙に舞い、タイガースの応援歌「六甲おろし」の大合唱が街中にとどろいた。

感極まったファンは、橋から次々とヘドロの道頓堀川に飛び込み、うんざりするほどの阪神フィーバーが日本中に吹き荒れた。「日航機墜落事故」の犠牲者の中に阪神タイガースの球団社長、中埜《なかの》肇《はじむ》氏も含まれていた。選手たちは絶対負けるはずはないといった神憑り的な活躍をした。ランディー・バース選手がセ・リーグの三冠王に、パ・リーグではロッテの落合博満選手が二度目の三冠王に輝いた。月末には、甲子園のスター、PL学園の桑田真澄投手が巨人に、その巨人入りを熱望していた清原和博選手が涙の末に西武に、すったもんだはあったが入

ミッチーの毛バリ発言
三月一日、渡辺美智雄通産相が福岡市での講演中に、野党の支持者を「毛バリに引っ掛かるようなもので、知能指数は高くない」と放言。この発言に野党各党は猛反発し、渡辺氏の罷免要求を突きつけた。「ミッチー」の愛称で知られ、わかりやすい言葉で政治を語る一方で失言癖のある渡辺だが、意外にも自らの発言で辞任したことは一度もない。

ANAが国際線に参入
三月三日、日本航空と並ぶ主要航空会社である全日本空輸（ANA）が国際定期便を運航開始。ANAは国内線では最大の路線網を有す。

モルツ発売
三月四日、ビール市場で苦戦を強いられていたサントリーが、ロングセラーとなる麦芽百%ビール「モルツ」を発売。

火炎弾発射事件
三月二十五日、皇居半蔵門とアメリカ大使館に向けて、過激派の戦旗・共産同ゲリラ・パルチザン部隊が、手作りのM22火炎弾を発射。

団した。

九日、私はリングを追われることになったイサヤ・イコニ選手（二十六歳）を取材するため、豊島区のヨネクラジムへ向かった。ケニア出身のイサヤ・イコニ選手は、一九八一年（昭和五十六年）に来日して以来、わずか九戦で日本ジュニア・ライト級チャンピオンになり、WBA世界三位にランクされた。世界タイトルへの挑戦が目前となっていたが、「日本ボクシングコミッション」が全プロボクサーを対象に実施したCTスキャンによる脳検査の結果、イコニ選手の脳に変形構造が発見され、「ボクサーには不適格」と引退が勧告されたのだ。普通の社会生活には何の支障もないが、ボクサーの場合、脳内出血などの障害を起こしやすいというのである。米倉健司会長は「世界的組織のWBAやWBCの医事委員会で適切と認められぬ限り、引退は承服しがたい」とコミッションに猛反発し抗議文を提出したが、結果としてイコニ選手は引退し、トレーナーとして活躍することになった。

クリスマスで忙しくなる前の十二月二十日、巨乳ソープランドの取材。店長は「吉原には現在百七十軒のソープランドがあり、一日最低二千人のお客が来る。ウチの場合、その二千人のうち二パーセントのお客を呼べればペイするので、まぁ少なくとも百人に二人は〝デカパイ好き〟がいると思ってオープンに踏み切った」と話してくれた。ソープ嬢は全部で十五人。最大一〇五センチ、最低でも八八センチ以上ないと、どんな美人でも雇わないらしい。料金は一〇〇分で四万円、店の名前は「D―CUPコレクション」、なかなかの評判だという。

一九八六年（昭和六十一年）一月十九日に「田中直紀代議士を囲む集い」が福島いわき市で

男女雇用機会均等法施行
四月一日、一九七九年第三十四回国連総会において「女子に対するあらゆる形態の差別の撤廃に関する条約」（女性差別撤廃条約）が採択されたが、この条約を批准するため、前年に制定した男女雇用機会均等法が施行された。

コスモ石油誕生
四月一日、丸善石油、大協石油、コスモ石油の三社が合併、コスモ石油となる。

人気ラジオ番組開始
四月七日、TBSラジオで大沢悠里アナウンサーがパーソナリティを務める生中継のワイド番組『大沢悠里のゆうゆうワイド』が放送開始。二〇一六年四月八日まで三十年続く長寿番組となる。

アイドルの自殺
四月八日、人気アイドルの岡田有希子が東京都内にある所属事務所のビル屋上から飛び降り自殺。事件後、ファンの後追い自殺が相次いだことから社会問題となる。

親子で世界一周
四月十三日、自力で建造したコンクリート製外洋ヨット「エリカ号」（娘の名）で一九八一年に親子三人で出港した長江裕明一家が世界一周に成功。

D-CUP コレクションのお嬢様たち

士を囲む集い
れ会
浜将会
浜将会

田中直毅代議士を囲む集い。
私と記者が追い出される直前の２人の笑顔

開かれた。その最中に、地元では見かけないカメラマンがいることに気づいた真紀子夫人は「あんた、だれ?」と私に尋ねた。「東京から来た『フォーカス』です」と愛想よく答えたところ、「その人に出て行ってもらって」と秘書に指示。私と佐貫記者は追い出されてしまった。

田中直紀衆院議員は、田中角栄元首相の婿養子で、妻はその長女の田中真紀子さんだ。次の選挙に福田派から強力な対立候補が立ち、加えて脳梗塞で倒れて言語障害が残る田中角栄元首相の応援が期待できないことから、田中直紀氏は「今度の選挙は危ないんじゃないか」と言われていた。夫の落選の危機に焦りを感じた真紀子夫人は、少々気が立っていたのかもしれない。周囲の予想通り、直紀氏は一九九〇年(平成二年)二月の衆院選で落選。しかし、一九九三年(平成五年)年七月の衆院選ではトップ当選し、見事返り咲きを果たした。一方、真紀子夫人も父田中元首相の地盤を引き継いで新潟三区から出馬し、同選挙で初当選。しかも、翌一九九四年(平成六年)には、一年生議員でありながら「自・社・さ(自民党・社会党・新党さきがけ)連立政権」最初の村山富市内閣で科学技術庁長官に就任した。

リビア爆撃
四月十五日、アメリカはアブ・ニダル ら国際テログループをリビアが支援していると断定。レーガン大統領の攻撃命令により、首都トリポリにある最高指導者カダフィ大佐の住居、空軍基地、ベンガジの防空網などを目標として約十五分間、三百発の爆弾投下と四十八発のミサイル発射を行ったが、カダフィ殺害は失敗。この他国に対する大規模な軍事行動に対して、イギリスを除く各国は強く非難。

瀬古優勝
四月二十日、ロンドンマラソンで瀬古利彦選手(エスビー食品所属)が初優勝。

チェルノブイリ原発事故
四月二十六日、ソ連のチェルノブイリ原子力発電所四号炉で大規模な爆発事故が発生、放射性降下物がウクライナ、白ロシア(現ベラルーシ)、ロシアなど広範囲を汚染。原発史上、最悪の事故となった。原因は、設計上の欠陥、管理者の判断ミスの他、複合的な要因が重なったことにある。爆発により、原子炉内の放射性物質が大気中に十トン放出された。これは、広島に落とされた原爆の四百倍に相当する。現在もなお、

土井たか子、社会党委員長に就任――一九八六年十月八日

神秘的な尾を引くハレー彗星が七十六年ぶりに地球に接近し、一生に一度見られるかどうかのチャンスに世界中の人が心を躍らせていた。世界各地で観測会が開かれ、日本、米国、ソ連などが打ち上げたハイテクを駆使した探査機六機がハレー彗星に近付きつつあった。また、一九七七年（昭和五十二年）に打ち上げられた米国の無人探査機ボイジャー二号が、天王星に八万キロまで接近したという、未知なる宇宙への憧れを抱かせる明るいニュースも流れていた（その後海王星へ、現在は太陽圏を離脱して地球から約百八十億キロ彼方の宇宙空間で、星間プラズマの密度と温度の直接測定をしている）。

しかし一九八六年（昭和六十一年）一月二十八日、有人宇宙船スペースシャトル「チャレンジャー」が米国のフロリダ州ケネディ宇宙センターから発射された七十三秒後に空中分解して大爆発を起こした。機体は、紺碧の大空に純白の煙とオレンジ色の炎とともに粉々になって飛び散った。搭乗していた日系三世のオニヅカ飛行士を含む七人全員が犠牲になった。その映像が繰り返しテレビ画面から流された。期待に胸を膨らませて打ち上げを見守っていた人々の、初めは何が起こったのか理解できず、夢でも見ているかのような表情が、一瞬後には凍りつき、そして悲痛にゆがんだ。

原発から半径三十キロメートル以内の地域では居住が禁止、原発から北東へ向かって約三百五十キロメートル範囲内にはホットスポットと呼ばれ高濃度汚染地域が約百カ所にわたって点在する。爆発直後の死者数は、運転員・消防士合わせて三十三名、事故処理にあたった予備兵・軍人、トンネルの掘削を行った炭鉱労働者に多数の死者が確認されている。商用発電炉の歴史で放射線による死者が出たのは初めて。その他、国際原子力機関（IAEA）の推計では、放射線による癌によって四千人が死亡するとされる。また、二〇〇〇年の追悼式典では、ロシアの事故処理従事者八十六万人中五万五千人が既に死亡、ウクライナの国内被曝者総数三百四十二万人の内作業員の八十七％が病気に罹っていると発表された。

アークヒルズ完成
四月二十八日、東京港区の赤坂と六本木にまたがる地区に、オフィスビル、ホテル、集合住宅、コンサートホール、放送局などから構成される高層の複合施設アークヒルズが完成。開発・運営は森ビル。大規模都市再開発のさきがけとなる。

この日私は、一月三十日から銀座ニコンサロンで始まる写真展の展示準備をしていた。写真展は『フォーカス』に掲載された写真と独自に撮影した写真五十五枚を「人間界　シャバ・シャバ2」というタイトルで開くものだった。このタイトルは後藤編集長のアイディアだった。既に二年前に同様の写真展を開催していたが、今回はその続編だった。

その写真展の開催中に、東京中野の富士見中学二年の鹿川裕史君（十三歳）が、「このままじゃ、生き地獄」という言葉を遺書に残し、同級生の〝イジメ〟によって首吊り自殺するという事件が起こった。信じがたいことに、その「葬式ごっこ」というイジメには担任教師までが加わっていた。当然、担当教師は退職金なしの論旨免職。しかし、陰湿なイジメは以後、社会的病根の一つとして日本中に深くはびこり、現在に至っても収まることはない。

二月二五日、大統領選後の混乱が続いていたフィリピンで、二年前にマニラ空港（現ニノイ・アキノ国際空港）で射殺されたベニグノ・アキノ元上院議員の妻コラソン・アキノさんが臨時政府を樹立し、大統領としての実権を握った。独裁者として君臨したフェルナンド・マルコス前大統領は、イメルダ夫人らを伴い、多数のマニラ市民に取り囲まれたラカニアン宮殿（大統領官邸）から米軍のヘリコプターで脱出、クラーク空軍基地からは米軍機でハワイへ、そのまま米国に亡命。二十年に渡るマルコス王朝は崩壊した。マルコス夫妻による国家の私物化に怒りを爆発させた〝ピープルズパワー（エドゥサ革命）〟の勝利だったが、二人が追い出されたマラカニアン宮殿には、豊満なイメルダ夫人が収集した膨大な量の靴やブラジャー、香水などが、節操を知らぬ高慢な性格を物語るかのように残されていた。

「湯の街伊香保・女の祭典」というイベントが三月三十日に群馬県伊香保町で開催された。

昭和天皇在位六十年記念
四月二十九日、両国国技館で昭和天皇の在位六十年記念式典開催。

東京サミット開催
五月四日から六日まで、東京の赤坂迎賓館で第十二回先進国首脳会議が開催。議長は中曽根首相。テロ問題では、リビアが名指しで非難される。

英皇太子夫妻来日
五月八日、英チャールズ皇太子とダイアナ妃が初来日。「ダイアナフィーバー」と呼ばれる社会現象を巻き起こした。チャールズの不倫が原因で後に離婚。一九九七年に交通事故で三十六年の短い生涯を閉じた。

ドラゴンクエスト発売
五月二十七日、エニックスがファミコン用ソフト「ドラゴンクエスト」発売。シリーズ化された作品の第一作。いわゆるRPG（ロール・プレイング・ゲーム）の代表的ゲームのひとつとなり、漫画、アニメ、ドラマ、映画等にも広く展開することになる。

〝芸者対抗氷上運動会〟や〝芸者塾〟などいろいろな催しがあったが、ハイライトは何といっても〝露天風呂での撮影会〟だった。六百人のアマチュアカメラマンの中から抽選で選ばれた六十人が何台ものカメラを持参して参加した。モデルは、地元の芸者、コンパニオン、クラブのホステス、ショーダンサーからストリッパーまで六十人。そのアマチュアカメラマンのあまりの迫力に、モデルの女性たちだけでなくプロの私でさえもタジタジだった。

「ポスト松田聖子」と期待されていた、アイドル歌手の岡田有希子さんが四月八日、新宿区四谷のビルの屋上から飛び降り自殺を遂げた。その凄惨な現場を撮った写真が『スポーツ報知』に掲載され、同じ写真を『フォーカス』が転用した。しかし、この飛び降り自殺は、それだけで収まらなかった。その後の二週間で、熱狂的なファンの少年、少女二十五人があと追い自殺を起こし、「岡田有紀子現象（ユッコ・シンドローム）」と呼ばれる死の連鎖の引き金となった。

全日本プロレスに転向した元横綱輪島と全日本プロレス総帥のジャイアント馬場の記者会見が、四月十三日に東京永田町のキャピトル東急ホテルで行われた。輪島は、初土俵から三年半という超短期間で横綱に昇り詰めた天才力士だった。左の下手投げを得意とし、その力強さは〝黄金の左〟と呼ばれ、ライバルの横綱北の湖関とともに一世を風靡した。また、大関への同時昇進を果たした〝角界のプリンス〟貴乃花とは土俵を離れれば親友だった。〝蔵前の星〟ともてはやされた輪島は、横綱引退後に花籠部屋を継承したが、その「年寄り名跡（親方株）」を、三億円の借金の担保にするという前代未聞の不祥事を起こしたことが躓《つまず》きとなり、自身は廃業、継承した名門花籠部屋も消滅した。

ワールドカップメキシコ大会
五月三十一日から六月二十九日にかけて、FIFAワールドカップメキシコ大会開催。決勝戦ではアルゼンチンが西ドイツを破って優勝。

トントン誕生
六月一日、上野動物園のジャイアントパンダ、トントン誕生。

死んだふり解散
六月二日、中曽根内閣が第百五回臨時国会を召集し衆議院解散を断行。中曽根首相は前回総選挙で失った党勢の回復のために衆参同日選挙を目論んでいた。しかし前年に最高裁判所が衆議院の議員定数の不均衡（一票の格差）に対して違憲判決を出していて、解散総選挙の障害となっていた。政府は公職選挙法改正案を提出し、五月二十二日に参議院本会議で可決・成立して議員定数不均衡問題は解決した。しかし、改正法には新定数に関する三十日の「周知期間」が設けられたことなどから、中曽根は同日選実施を断念したと思われていた。後に中曽根は「正月からやろうと考えていた。定数是正の周知期間があるから解散は無理だと思わせた。死んだふりをした」と述べている。

全日本プロレス総帥のジャイアント馬場氏と元横綱・輪島関。

かつては1年に30隻以上のタンカーを売って、世界に〝シップ・ブローカー海部〟の名をとどろかせていた海部八郎元日商岩井（現・双日）副社長（左の白いスーツ姿の男性）と若狭得治全日空会長（右のロマンスグレーで背の高い男性）

記者会見中の輪島関は、終始力強く明るく振舞っていたが、ジャイアント馬場に従って記者会見場に入ってきた時と同様、会見を終えて去っていく時の後ろ姿からは、横綱として輝いていた往時のオーラは感じられず、新たな船出の日にも関わらずどこか寂しさが漂っていた。

四月二十八日、一九八五年度の日本の自動車輸出が過去最高の六百八十万台を越えたと報道された。その頃、「ソ連で原発事故が発生したのではないか」という緊迫したニュースが世界中を駆け巡っていた。四月二十六日未明に起こった事故からおよそ二日経った四月二十八日夜（日本では二十九日未明）になって、ようやくソ連政府はウクライナ共和国のチェルノブイリ原子力発電所で爆発があったことを公表。放射能汚染の恐怖が世界中をパニックに陥れた。

「東京サミット（先進国首脳会議）」の開催初日の五月四日、新宿区矢来町の新潮社近くのビルからロケット弾が、会場となる赤坂の迎賓館に向かって打ち込まれた。周囲のビルが揺らぐほどの轟音だった。その中曽根首相が議長を務めた東京サミットの終了後まもなく、チャールズ英国皇太子夫妻が来日。〝ダイアナ・フィーバー〟が日本中に巻き起こった。ダイアナ妃は、笑顔が美しい華やかな女性だった。彼女を見ているだけで幸福になり、七色に輝く未来がやって来るのではないかと皆が感じていた。

六月三日、「ロッキード事件」の贈賄側の主役の一人、若狭得治全日空会長（七十一歳）と「ダグラス・グラマン事件」のこれも贈賄側の主役の一人海部八郎元日商岩井（現双日）副社長（六十二歳）が、赤坂の全日空ホテルの開業披露パーティーで招く側と招かれる側で現れた。ダグラス・グラマン事件とは、ロッキード事件同様、自社の戦闘機を売り込むため、代理店である商社の日商岩井を経由して日本政府の高官に巨額の賄賂をバラ撒いた航空機疑獄事件で、ロッキード事件が起きた三年後の一九七九年（昭和五十四年）一月に発覚。岸信介元首相や福田赳夫前首相、中曽根康弘前自民党総務会長、松野頼三元自民党総務会長らが介在したとされたが、疑惑渦中の日商岩井常務が自殺。松野頼三氏は「政治献金（賄賂ではなく）」として五億円を受け取っていたことを認めたが、既に政治資金規正法違反や収賄罪に関しては、公訴時効が成立していたこともあり、議員辞職して自民党を離党した。海部元副社長は外為法違反・議院証言法違反の容疑で逮捕され、一九八〇年（昭和五十五年）八月に、東京地裁で懲役二年執行猶予三年が確定し、この汚職事件は終息していた。なお〝全日空の首領〟若狭得治氏もロッキード事件での贈賄は公訴時効のため起訴されなかったが、外為補違反、議員証言法違反の容疑で逮捕され、一九九二年（平成三年）九月に、最高裁で懲役三年執行猶予五年の刑が確定した。

六月二十二日、W杯メキシコ大会の準々決勝で、マラドーナがゴールを決めた。テレビで何度見ても、誰が見ても「ハンド（手で意図的にボールを扱うこと）」だった。しかし、審判はマラドーナのゴールを認めた。それからわずか数分後、マラドーナがまたも奇跡を起こした。ドリブルで五人をかわし、ふたたびゴールを決めたのだ。この〝神の手〟と〝五人抜き〟は伝説となった。一九七九年（昭和五十四年）に日本で開催されたワールドユースで、アルゼンチンがソ連を破って優勝した時、私は優勝カップを頭上に掲げてサッカー場を走りまわる若き日のマラドーナの写真を撮っていた。そんなこともあり、私にとってマラドーナは特に気になる

鉄人衣笠
六月七日、広島の衣笠祥雄選手が日本プロ野球界で史上初となる二千試合連続出場を達成。

甲斐バンド解散コンサート
六月二十九日、甲斐バンドが東京の黒澤フィルムスタジオで、解散コンサートを開催。チケットの購買競争率が百倍を超える。

写ルンです
七月一日、富士写真フイルムから世界初のレンズ付きフィルムカメラ「写ルンです」が発売され、爆発的ヒットとなる。「写るんです」と「ルンルン気分」とを合わせ、「写ルンです」という名前に決まったという。

現代仮名遣い公布
七月一日、内閣総理大臣中曽根康弘により日本語の仮名遣いについて、一九四六年内閣総理大臣吉田茂により告示訓令された昭和二十一年内閣告示第三十三号「現代かなづかいの実施」を改定し、昭和六十一年内閣告示第一号「現代仮名遣い」として公布。

衆参同日選挙
七月六日、史上二度目となる衆参同日選挙（第三十八回衆議院議員総選挙・第十四回参議院議員通常選挙）で自民党圧勝。

サッカー選手だった。
六月二十四日、刑期を満了した元流行歌手のＫ氏を撮影。七年半の刑務所暮らしを経て、一九八三年（昭和五十八年）十月に仮出所して二年半。刑期満了日の一九八六年六月二十三日に、Ｋ氏は文字通り〝自由の身〟となった。その前日の六月二十二日の夜、Ｋ氏とＫ氏の左側に写っている女性は、ＮＨＫのラジオを聞いていた。午前零時の時報と同時に「君が代」が流れ、二人はしばし沈黙したという。感無量だったに違いない。
Ｋ氏は、一九六一年（昭和三十六年）にデビューし、テレビアニメの主題歌をはじめいくつかのヒットを飛ばし、二年連続で「ＮＨＫ紅白歌合戦」にも出場したが、その後は低迷。一九七六年（昭和五十一年）五月、自分に妻子がいることを隠し、ソープランド嬢までさせて貢がせていた愛人を「カムバックの邪魔」として絞殺、大阪刑務所に収監された。
仮出所中のＫ氏は、一九八四年（昭和五十九年）の春、スナックでショーを開いている時に写真左側の女性と知り合った。すぐに気が合い、同棲を経て結婚。Ｋ氏は、仮出所後に始めたカラオケ教室が大繁盛で、埼玉県内の主なものだけでも五教室を持ち、小さいながらもスナックでのショーも大人気とあって、あくまでも推定だが月収百万円は下らなかったようだ。そのＫ氏を支える奥さんはというと、運転手兼マネージャー兼専務といった形になっていた。
ところが、この買い物をする二人の写真を撮ってから三年後の一九八九年（平成元年）五月、Ｋ氏は覚醒剤取締法違反で逮捕され、懲役八カ月の実刑判決を受けた。Ｋ氏が〝シャブ〟に手を出すきっかけは、「教室での下手な生徒に指導するのは疲れるし、ストレスが溜まる。その解消のために打ち始めた」というものだった。また、月に百万円を稼いではいても、五教室や

石橋書記長辞任
七月七日、衆参同日選挙敗北の責任を取って、日本社会党の石橋政嗣委員長が辞任を表明。

第三次中曽根内閣発足
七月二十二日、自由民主党の単独内閣。先の死んだふり解散で自民党を大勝させた功績により中曽根の自民党総裁としての任期が特例で一年延長された。自民党単独政権となり、連立与党であった新自由クラブは解党され多くは自民党に合流した。

アンドリュー王子結婚
七月二十三日、エリザベス女王の次男アンドリュー王子がウェストミンスター寺院でセーラ・ファーガソンと結婚。

夜の競馬
七月三十一日、大井競馬場で日本初のナイター競走開催。

初の女性党首誕生
九月六日、土井たか子が日本社会党の委員長に就任。日本の主要政党で初の女性党首に。

自宅近くのコンビニで買い物をする元歌手のＫ氏と妻のＫさん

大宮の自宅マンションの支払いなどで、生活は周りが見るほど楽ではなかったようだ。

七月二日、史上二度目の「衆参ダブル選挙」において自民党が衆参両院で圧勝。中曽根康弘首相が野党をだまし、突然解散したことで、〝死んだふり解散〟と呼ばれた。自民党が大勝する一方で、振るわなかった新自由クラブは国会議員がわずか六人となり、自民党との連立が解消されただけでなく、解党することになった。新自由クラブの解党を正式決定するため、八月十五日に千代田区のダイヤモンドホテルで開かれた臨時党大会は、ヤジも怒号もなく、シラケにも似た諦めムードさえ漂っていた。河野洋平代表、山口敏夫幹事長らは自民党へ復党し、翌一九八七年（昭和六十二年）一月には、「死んでも自民党には帰らない」と言っていた田川誠一元副代表が進歩党を結成した。

新自由クラブ同様、ダブル選挙で大敗した社会党は、党の顔として土井たか子さんを委員長に選出。彼女は、「やるっきゃない」という名台詞を発し、意を決して委員長に就任した。その「おタカさん」を励ますため、「いま始まります 女の政治」という集会が、十月八日に岩波ホール総支配人の高野悦子さん、作家の林真理子さん、評論家の樋口恵子さんら女性有志八百人により、東京千代田区の日本教育会館一ツ橋ホールで華やかに開催された。写真左の漫画家、池田理代子さんは、「ナポレオンが失脚したのは彼の女性蔑視も一因」とお得意の自説を披露した。

挨拶に立ったおタカさんが、委員長就任を要請された時のことを「ここで断ったら女がすたると思った」と気迫のこもった言葉で述べると、この日最大の拍手の嵐が巻き起こった。

新自由クラブが解散
八月十五日、新自由クラブが解党。ロッキード事件に揺れる一九七六年、自民党議員であった河野洋平、田川誠一、西岡武夫、山口敏夫らが「保守政治の刷新」を掲げて新自由クラブ（河野洋平代表）を結党。その後、内部対立と議席減などから解散、田川誠一を除く衆参議員は自民党に合流。

韓国連続猟奇殺人
九月十五日、韓国の京畿道華城郡（現華城市）で、下半身を裸にされた七十一歳の女性絞殺死体が発見される。一九九一年四月三日まで続いた連続殺人事件の最初の犠牲者。被害者は十名、十四歳～七十一歳の女性。警察は延べ百八十万名の警官を動員し、史上類をみない大捜査を展開するも犯人の逮捕に至らず、二〇〇六年四月二日に公訴時効が成立。

土井たか子さんは憲政史上初の女性党首であり、一九九三年（平成五年）には、日本初の女性衆議院議長に就任した。

安中公害訴訟の和解成立

九月二十二日、東京高裁による和解勧告に基づき安中公害訴訟の和解が成立。東邦亜鉛が住民らに四億五千万円を賠償。安中公害とは、企業による悪質な公害として特筆される案件のひとつ。一九三七年に設立された日本亜鉛製錬株式会社（現東邦亜鉛）は、安中町（現安中市）に安中製錬所を設置、操業を開始するが、当初より公害が発生。安中製錬所の排煙、廃液に含まれる猛毒カドミウムにより、農作物の立ち枯れ、川魚の大量死などの被害が出たことから、住民は工場拡張反対運動を起こす。反対運動はその後長期にわたるが、その間にも公害は増大する。一九七二年、住民側は賠償を求めて前橋地方裁判所に提訴するが、公害防止協定締結を巡って東邦亜鉛との協議が決裂。上級審で争うことになった。

社会党の女性委員長土井たか子さん（右）と
漫画家・池田理代子さん（左）

の政府

闇将軍、田中角栄の至近写真――一九八六年十一月三日

一九八五年（昭和六十年）二月二十七日に脳梗塞で倒れて以来一年八カ月、「闇将軍」田中角栄元首相（六十八歳）は世間の目から姿を消していた。後援会機関紙『月刊越山』の撮り下し写真や超望遠レンズを通して撮った粒子の粗い写真以外、見ることができなかったその素顔をようやく間近に捉えることができた。

田中元首相は、一九八五年の暮頃から車で外出するようになった。国会議事堂や赤坂周辺をドライブし、夏には軽井沢の別荘にも泊まったという。一九八六年（昭和六十一年）七月の衆参ダブル選挙における選挙戦では、まったく選挙運動ができなかったがトップ当選を果たした。

十一月三日の文化の日、豊島区目白の田中邸を張っていた記者が、昼過ぎに自邸を出た田中元首相の乗る車を追跡。田中元首相が東京千代田区の東京逓信病院に入った一時間後に、その記者から「田中元首相が車に乗り込み、目白方面に向かった」という連絡が編集部に入った。帰る道筋を予想すると、かなり高い確率で『フォーカス』編集部のある新潮社の前を通過する。

写真部や編集部に詰めていた数人のカメラマンが、交差点や路上で待機。しばらくすると、期待通りに、田中元首相の乗った車が、交通量の少ない道路をゆるやかに走って来た。信号が赤に変わり、止まった。後部座席の田中元首相めがけてストロボの閃光が一斉に放たれた。そ

モリモリ結婚
十月一日、共に実力歌手である森進一と森昌子が結婚。なお同日、松田聖子と神田正輝の長女沙也加が誕生。

住友銀行が平和相銀と合併
十月一日、住友銀行が平和相互銀行を吸収合併。平和相銀は創業者一族の公私混同による乱脈経営、「金屏風事件」など一連の不正融資により五千億円もの不良債権を抱え、極端な経営不振に陥っていた。

米ソ首脳会談
十月十一日、米ソ首脳会談。アイスランドのレイキャビクでレーガン大統領とゴルバチョフ書記長が会談するが、軍縮交渉は決裂。

広島カープリーグ優勝
十月十二日、広島が、二年ぶり五度目のセ・リーグ優勝を決める。

西武、日本シリーズを制す
十月二十七日、日本シリーズの第八戦で、西武が三連敗した後四連勝して広島を破り優勝。

高値のNTT株
十月二十九日、NTTが一株百十九万七千四百円で同社の株式を売り出す。

の瞬間、反射的に田中元首相はキッと睨みつけたが、それがカメラだとわかったせいか、次にニヤリッと笑った。同僚の撮った写真には、笑った顔が確かに写っていた。

しかし、私の撮った写真には、笑っているどころか、かつて「コンピューター付ブルドーザー」と呼ばれて脂ぎっていた頃の迫力さえも写っていない。私と闇将軍との接触はこの一瞬だけだった。『フォーカス』の創刊以来五年以上経っていたが、写すことのできた写真はこの一枚のみだった。妙に感慨深かった。連日というほど、田中元首相の動向はマスコミに取り上げられていたにも関わらず、一枚の写真も撮るチャンスがなかったからだ。

田中元首相は、学閥も門閥もない裸一貫から首相にまで昇り詰め、その威勢は〝今太閤〟〝庶民宰相〟ともてはやされた。豊富な知識量と人脈、実行力と潤沢な金にものをいわせ、他の政治家を圧倒して寄せ付けなかった。また、一九七二年（昭和四十七年）に著した『日本列島改造論』によって日本中が土地ブームに沸き立ち、全国津々浦々の土地や住宅、ビルなどが、実際の需要だけに留まらず投機対象として注目され、土地は言うに及ばずあらゆる物価が高騰した。そして、土地を商品と見做したことは、地価の上昇を加速させ、日本をバブル社会へと導く要因となった。

だが、金権政治は必ず腐敗する。金脈問題を批判されて田中首相はその座を追われ、一九七六年（昭和五十一年）に発覚した「ロッキード事件」により、同年七月に逮捕されて自民党を離党し、表舞台からは身を引いた。しかし、政界に対する影響力はなお絶大で、田中元首相の支持なしに誰も首相に就任することはできなかった。一九八三年（昭和五十八年）の東京地裁による一審判決では、懲役四年、追徴金五億円の実刑を受けたが、即日控訴。ところが、その

シートベルト着用義務
十一月一日、道路交通法が改正され、一般道路における自動車のシートベルト着用が原則義務化。

信者の後追い自殺
十一月一日、和歌山県和歌山市毛見、浜の宮海岸で、宮本清治を教祖とする新興教団「真理の友教会」の信者である宮本の妻、義母、養女を含む七人の女性の焼死体が発見される。宮本の病死に伴う灯油を用いた集団焼身自殺だった。

イラン・コントラ事件
十一月三日、レバノンの雑誌によって、レーガン政権が秘密裏にイラクと戦っていたイランへ武器輸出をし、それによって得た資金をニカラグアの反共ゲリラ「コントラ」に供与していたことを暴露。大きなスキャンダルとなる。アメリカは革命後のイランと大使館占拠事件以来国交を断絶していたが、レバノンで自国兵士がイスラム過激派ヒズボラに拘束されたことからヒズボラに影響力を持つイランと裏取引をしたといわれている。なお、一連の秘密工作を担当したのは海兵隊のオリバー・ノース中佐で後に起訴される。

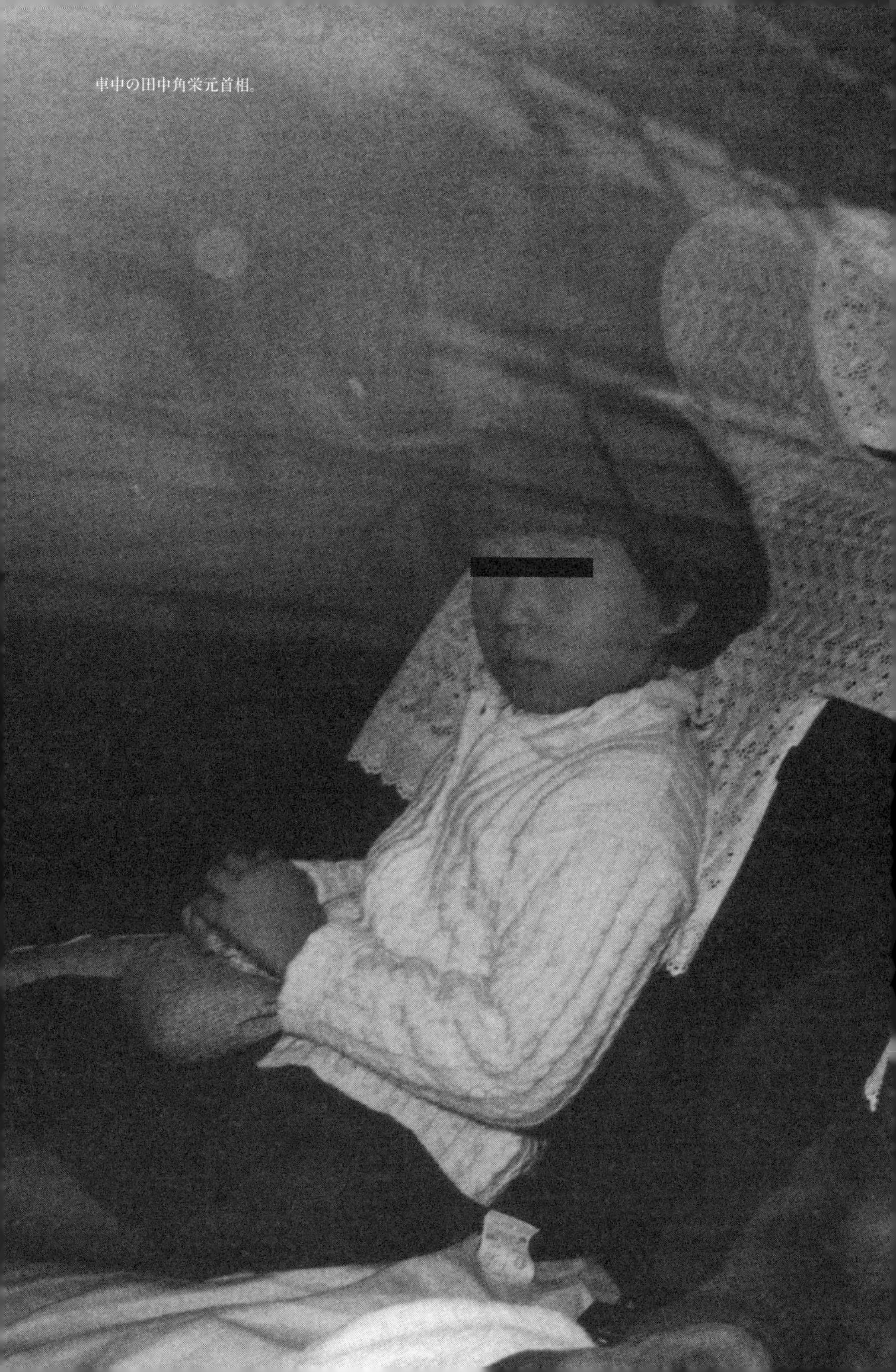

車中の田中角栄元首相。

控訴は一九八七年（昭和六十二年）七月に東京高裁で棄却され、田中元首相は再び即日控訴した。

ロッキード事件の核心を握る右翼の大物児玉誉士夫氏は既に死亡。最高裁で係争中だった政界の黒幕、刎頸《ふんけい》の友と呼ばれた小佐野賢治氏は、ふた月ほど前に病没していた。そして、事件の主役である田中元首相もまた、上告審の審理中、一九九三年（平成五年）十二月十六日、最高裁の控訴審判決を聞くことなく亡くなった。

この撮影をした翌十一月四日、私はまた失敗してしまった。恐れ多くもお付き合いをさせていただいている彼女二人が、再び私の自宅でバッタリ出くわしてしまったのだ。今回は、穏やかにとはいかなかった。一人が包丁を握ったからだ。

「乱れた下半身！『フォーカス』カメラマン、愛人に刺されて悶死」

といった恥ずかしい見出しが、スポーツ紙や他のライバル雑誌に、ここぞとばかりに面白可笑しく躍る様が頭をよぎった。死ぬならまだしも、大怪我を負って入院となると、さらに悲惨だ。退院と同時に記者会見という町奉行所の〝お白州〟に引きずり出され、あれやこれやと攻め立てられた挙句、あらゆる恥ずかしい過去が、有ること無いことすべて書き立てられてしまうからだ。

三木先生に知られたら破門どころじゃすまないと、渾身の力で押さえつけて事無きを得たが、下手をすると人生が終わるところだった。二度目だったこともあり、もう一方の彼女は私に愛想を尽かして去っていった。こういうことがあるから、他人の下半身のスキャンダル取材には闘志が湧かないのです。

マニラ誘拐事件と三原山噴火
十一月十五日、三井物産マニラ支店長若王子信行さんが、マニラ郊外のゴルフ場から帰る途中、フィリピン共産党の軍事組織新人民軍（ＮＰＡ）のメンバー五人に誘拐される。三月三十一日にケソン市内の教会脇で解放された。若王子さんに怪我はなかった。事件に政治的な背景はなく身代金目的の誘拐事件とみられているが、一千万ドルの身代金が支払われたとされる。同日、伊豆大島の三原山が噴火。（全島民が島外に避難する。

有楽町三億円事件
十一月二十五日、三菱銀行有楽町支店で現金輸送車の三億三千万円が強奪される。事件後、フランスの強盗団グループの犯行であったことが判明。警視庁はＩＣＰＯを通じて国際指名手配。主犯格以外の三人はフランスで逮捕され、一九九八年、主犯格の犯人も潜伏先のメキシコで逮捕される。

天皇在位六十年のちょうちん行列―一九八六年十一月十日

繰り返しになるが、一九八〇年代前半の日本は、国内景気は停滞していたがドル高・円安の影響を受けて輸出産業が絶好調で、大幅な黒字国となっていた。その円安を背景に海外では質のよい日本製品が飛ぶように売れていた。特に米国では自国の製品が日本製品に対抗できず、さらに「レーガノミクス」の失敗によって国内産業が悪化して、大幅な貿易赤字（経常赤字）と財政赤字いわゆる〝双子の赤字〟に陥り、日本との間で深刻な貿易摩擦を引き起こしていた。既に日本に対する我慢が限界に達していた米国は、日本との貿易摩擦を是正するため、一九八五年（昭和六十年）九月二十二日、日本・米国・イギリス・フランス・旧西ドイツの先進五カ国（通称G5）蔵相・中央銀行総裁会議をニューヨークのプラザホテルで開催し、ドル安・円高導入を提案。米国との関係悪化を絶対に回避したい竹下登蔵相は、日本経済を弱体化させるその提案をあっさり受け入れた。これが「プラザ合意」と呼ばれる、G5による経済方針の一致だ。強い圧力を受けた竹下蔵相は、拒否することなどできなかっただろうが、その竹下蔵相だけでなく、米国をはじめとするG5のメンバー国、さらにほとんどの日本人も、後に日本が〝人類史上最大級のバブル景気〟に翻弄され、「バブル景気の崩壊及びその後の長く深刻な不況」に突き落とされることを想像すらできなかったに違いない。

共産党幹部宅盗聴事件
十一月二十七日、東京都町田市にある日本共産党国際部長、緒方靖夫宅の電話が盗聴されていたことが発覚。通話中の雑音や音質低下に不審を抱いた緒方が日本電信電話（NTT）町田電話局に通報、職員の調査により緒方宅から100メートル離れたアパートで盗聴が行われていたことがわかった。通報を受けた町田警察署は当初捜査を拒否。NTTによる告発も一度不受理とされたが、二十九日になって受理し実況見分を実施した。緒方からの告発を受けた東京地方検察庁の特捜部は捜査を開始し、神奈川県警察本部警備部公安第一課所属の複数の警察官が一九八五年から盗聴を行っていたことを突き止めた。また捜査の過程で、公安警察による各種非合法工作活動を統括する部署、コードネーム「サクラ」の存在が明らかになった（現在は霞ヶ関の警察庁内に「チヨダ」と名を改め存在するといわれる）。

プラザ合意発表の翌日、一ドル二五〇円がたった一日で二三五円の円高。さらに、小気味がよいほど、あれよあれよという間に円高は進み、一年経った一九八六年七月には一ドル一五〇円台にまで円高が進行していた。その結果、体力のない日本の中小輸出関連企業が大打撃をこうむって〝円高倒産〟が続出し、「日本経済は沈没するのではないか」とまで心配された。

だが、プラザ合意がなされた翌十月には、円高を逆手にとった気の早い上野の「アメ横」では早々と、続いて大手スーパーやデパートでも円高で安くなった輸入品の「円高（差益）還元セール」を始めた。

また、中曽根内閣も「内需拡大策」という名の経済政策を決定。日本の経済を「輸出主導型」から「内需主導型」に転換する。海外、特に米国との貿易摩擦を緩和するのが狙いだった。内需拡大策の一環として、国内経済活性化のための「民活法（民間事業者の能力活用による特定施設整備促進に関する臨時措置法）」を、さらに翌一九八七年六月には、リゾート産業の活性化と地方の開発・振興を目的とする「リゾート法（総合保養地域整備法）」を成立させた。

また、かつてないこの「円高不況」を乗り切るため、日銀は一九八六年だけで四度（翌一九八七年にも一度）も公定歩合（日銀が一般銀行に貸す際の利息）を引き下げ、金利を安くして企業や個人が銀行からお金を借りやすくした。さらに、その頃既に円高メリットが出始めていた。原油や鉱物資源を筆頭に輸入資材が安くなり、その結果生産コストが大きく下がった。企業は息を吹き返して好決算に沸いた。

だが、この金融緩和政策と、一九八五年（昭和六十年）五月に国土庁が発表していた「首都改造計画」が相まって「バブル」の引き金となった。プラザ合意によるデメリット、円高不況

フライデー襲撃事件
十二月九日、ビートたけし（北野武）が「たけし軍団」の十一名を連れて講談社本社のフライデー編集部に乱入、同誌記者らに暴行を加え現行犯で逮捕される。襲撃した理由は、たけしが交際していた専門学校生の女性にフライデーの記者が腕を掴むなど強引な取材をしたことにあるとされる。裁判ではたけしに懲役六カ月、執行猶予二年の判決が確定。軍団の十一名は起訴猶予となる。事件後、たけしは八カ月にわたる謹慎を余儀なくされた。

サハロフ博士の流刑解除
十二月十九日、反体制的言動からゴーリキー市（現ニジニ・ノヴゴロド）で流刑に処せられていたソ連のノーベル平和賞受賞者にして高名な物理学者アンドレイ・サハロフ博士夫妻が、ゴルバチョフ大統領によって流刑を解除される。サハロフは「ソ連水爆の父」と称される一方で、人権と自由を主張。モスクワに戻ってからはペレストロイカを支持し、「ペレストロイカの父」と呼ばれた。

を短期間で克服し、景気が拡大しているにも関わらず、金利（銀行から融資を受けた時の利息）は依然と非常に低いままだったことで、企業だけでなく個人までもがその安い利息のお金を銀行から借り、株や不動産（土地・マンションなど）に投資するようになった。その結果、株や不動産価格は上昇し、その株や不動産を担保にさらにお金を借りて、新たな株や不動産を買いまくった。これが繰り返されて株価や土地価格が急激に上昇し、バブルが一気に膨張した。不動産や株で大儲けした人々だけでなく、ボーナスが増えた企業の一般社員でさえも財布が緩み、宝石や高級車を買いあさり、日本中がイケイケ状態となっていた。ただし、こうした〝土地ころがし〟の果てに、その土地価格が五〜六倍、少ないところでも二〜三倍に上昇、瞬く間に一般庶民には、小さな新築マンションさえも手が出せない価格にまで跳ね上がっていた。

そうした中にあって、写真週刊誌も一九八六年十月から十一月にかけ、小学館からに『タッチ』が、光文社からは『フラッシュ』が相次いで創刊され、『フォーカス』『フライデー』『エンマ』それぞれの頭文字をとって「3FET時代」と呼ばれる写真週刊誌全盛の時代を迎えていた。その他の類似した雑誌を含めると全部で二百誌以上が乱立し、総発行部数が「3FET」だけで五百二十万部、二百誌ともなると総発行部数が推計で二千五百万部に達するといわれた。

十一月十日、「昭和天皇ご在位六〇年大奉祝」行事が開催された。私は、そのメインイベントの「ちょうちん行列」を撮影するため日本橋に向かった。上野広小路を出発した行列と新橋から出発した行列が日本橋室町交差点で合流するからである。

昭和天皇は、一九二六年（昭和元年）十二月二十五日に即位された。即位後の天皇と日本は

ヒット商品
写ルンです（富士写真フィルム）、ドラゴンクエスト（エニックス）、モルツ（サントリー）、リゲイン（三共）、ハチミツレモン（サントリーフーズ）

流行・流行語
ボディコン（ボディラインの強調ボディ・コンシャスの略語で、体に密着したワンピース）がバブル時代の女性ファッションを席巻する。家庭内離婚（夫婦間の愛情はないが表面上は夫婦を装っている状態）、定番（流行に左右されず常に安定した人気のある商品）、テレクラ（テレホンクラブの略。見知らぬ男女が電話を通じてコミュニケーションをとる施設）、土地転がし（不動産業者が次々に土地を買い高値で転売すること）

ヒット曲
『CHA-CHA-CHA』石井明美、『DESIRE』中森明菜、『仮面舞踏会』少年隊、『My Revolution』渡辺美里

ベストセラー本
『化身』渡辺淳一、『日本はこう変わる』長谷川慶太郎、『大前研一の新・国富論』大前研一、『大殺界の乗りきり方』細木数子

間を置かず激動の時代を迎えることになった。関東軍の暴走による「満州事変」と満州国建国、中国軍と武力衝突した「上海事変」、犬養毅首相が射殺された「五・一五事件」、孤立を深めた「国際連盟脱退」、美濃部達吉博士の「天皇機関説」排斥運動、天皇親政を掲げ陸軍の青年将校らが起こした「二・二六事件」、日中全面戦争に踏み出した「盧溝橋事件」、ソ連と交戦することになる「ノモハン事件」、太平洋戦争勃発から「東京大空襲」、広島・長崎への「原爆投下」、そして敗戦、天皇の「人間宣言」、戦争放棄を謳った「日本国平和憲法」の施行、「極東国際軍事裁判」、国際社会復帰を果たした「サンフランシスコ平和条約」、「日米安保条約」、アジア初の「東京オリンピック開催」、「天皇皇后の訪欧・訪米」から「日中平和友好条約締結」など、現代史史上の大きな出来事を数え上げたらきりがない。

二・二六事件発生時の天皇は、「自ら近衛師団を率いて反乱軍の鎮圧に赴く」という勇気ある発言をされた。終戦時には連合国軍最高司令官マッカーサー元帥に「自分の一身はどうなってもよい。国民を助けてやってほしい」という犠牲的精神をお見せになった。戦前まで「現人神」とされた天皇は、人間宣言されるとすぐに日本国内を巡幸し、国民の中に自然と融け込もうと努力された。国民はその天皇を日本の象徴として熱烈に歓迎した。

あたりが夕闇に包まれた頃、大河の流れのように揺れる二つのちょうちん行列、合計三万五千人が日本橋室町交差点で合流。その紅い光の中を「バンザイ」の声がこだました。

「六十年間の陛下のご苦労を思うと涙が出る。よくぞ日本を平和と繁栄の国にしてくださった」

中曽根首相が満面の笑みでバンザイを繰り返した。

一九五二年（昭和二十七年）一月の国会で、天皇の戦争責任論を持ち出し、時の吉田茂首相

ヒット映画

『子猫物語』、『植村直己物語』、『キネマの天地』、『ビー・バップ・ハイスクール高校与太郎哀歌』、『火宅の人』、『バック・トゥ・ザ・フューチャー』、『グーニーズ』、『コーラスライン』、『エイリアン2』、『ポリス・ストーリー香港国際警察』

ヒットドラマ・アニメ

『男女7人夏物語』、『あぶない刑事』、『ドラゴンボール』、『めぞん一刻』

に「非国民」のレッテルを貼られた同一人物とは思えないほどのはしゃぎぶりだった。

中曽根首相は「日本は不沈空母である」「日米は運命共同体」というギョッとさせるような発言もしたが、レーガン大統領との間に〝ロン・ヤス〟と呼び合うほど親密な関係を築き（とはいえ服従したに過ぎないが）、最悪の状態だった米国との信頼関係を取り戻して「日米安全保障体制」を強化した。

一九八五年（昭和六十年）にＮＴＴ（日本電信電話株式会社。旧日本電信電話公社）とＪＴ（日本たばこ産業株式会社。旧日本専売公社）を発足させ、国鉄の分割・民営化のゴールも見えた。五月には「東京サミット（先進国首脳会議）」を無事に終え、七月の「衆参ダブル選挙」では自民党が圧勝し、その功績によって総裁の任期が一年延長された。「バブル景気」によって日本の経済は上向き、内需が増大し国内市場も活性化した。あと一年務めれば、戦後では佐藤栄作、吉田茂両氏に次ぐ長期政権となる。このバンザイの力強さはその余裕だったのかもしれない。

皇居前に押し寄せた群集は、またもバンザイの嵐を巻き起こした。

「今日は大勢の者が在位六十年を祝ってくれてありがとう」

この時天皇は、二重橋の上から手を振られていたらしいが、あまりにも遠く離れていたため、そのお姿を目にすることはできなかった。

十一月十五日には伊豆大島の三原山が二百九年ぶりに噴火。その模様を取材するため「フォーカス班」が現地に急いだ。二十一日夕方、それまでと比べ物にならないほどの大噴火

満面の笑みで万歳を繰り返す中曽根首相（写真中央）

が起こった。夜空に真っ赤な炎を噴き上げる三原山を背景に、全島民一万人の避難が始まった。定期航路をもつ東海汽船、海上保安庁、海上自衛隊だけでなく、近くの島の漁船も集まった。避難は翌朝までかかったが、幸運にも犠牲者は出なかった。

十二月八日、東京紀尾井町の赤坂プリンスホテル旧館（現赤坂プリンスクラシックハウス）麝香の間で行われた、安倍晋太郎自民党総務会長の次男、現首相である安倍晋三（当時は総務会長秘書）と森永製菓社長令嬢の松崎昭恵さんとの結納の儀を、密かに情報を得た佐貫記者とともに単独取材に向かった。今では森友学園をめぐる事件で有名になってしまった昭恵さんだが、幼稚園からお嬢様学校の聖心に通い、聖心女子専門学校を卒業後は広告代理店の電通に勤め、新聞雑誌局で働いていた。

しかし、ここで注目すべきは松崎家である。昭恵さんの父松崎昭雄氏（右から二人目）は、いわば〝森永のサラブレッド〟。祖父の半三郎氏は創業者の森永太一郎氏とともに森永製菓を築いてきた人物で、森永のシンボルマークであるエンゼルマークの考案者でもある。太一郎氏の跡を受けて半三郎氏が二代目社長に就任したのを皮切りに、森永製菓では代々森永家と松崎家が交互に社長を出すしきたりになった（現在は異なる）。しかも、松崎昭雄社長の夫人、恵美子さん（写真右端）は、森永太平元社長の次女。昭雄氏が早くから森永のプリンスと呼ばれてきた所以である。ちなみに、山種証券（二〇一八年に吸収合併されてSMBC日興証券となる）の山崎一族とも血が繋がっている。

結納の儀で仲人を務めた山崎誠三氏（左から三人目）もその一人。誠三氏は山種産業（現ヤマタネ）会長だが、父親は故山崎種二山種証券会長。夫人の初恵さん（右から三人目）は森永

結納式を終えて記念写真を撮影中の安倍家と松崎家

こちらは自民党総務会長の安倍晋太郎氏とライバル関係にある竹下登大蔵大臣のオメデタ。1985年9月30日の結婚式を目前に控えた竹下大蔵大臣の三女・公子さんと大手建設会社竹中工務店の経営者一族の御曹司竹中裕二さん。

太平元社長の長女。つまり今回の花嫁の伯母にあたる。一方、花婿の父晋太郎氏（左から二人目）も〝政界のプリンス〟と呼ばれるにふさわしい存在だ。洋子夫人（左端）は岸信介元首相の長女で、東京瓦斯会長の安西浩氏や美智子妃の正田家にも繋がっている。今回の結納は安倍氏による〝閨閥づくり〟かと思わせるがそうではなく、二人は正真正銘の恋愛結婚。共通の知人を介して知り合い、二年間のお付き合いの後、この一九八六年八月に晋三氏がプロポーズしたという。翌一九八七年（昭和六十二年）六月九日、二人は新高輪プリンスホテル（現グランドプリンスホテル新高輪）で結婚式を挙げた。

翌十二月九日未明には、怒りを爆発させたビートたけしさんが、弟子の「軍団」十一人を引き連れて『フライデー』編集部に殴り込んだ。たけしさんが交際中の女性に対する『フライデー』記者の取材方法にブチ切れたようだ。ビートたけしさんには同情と批判が集まり、写真週刊誌の過熱する取材活動も問題となった。ビートたけしさん独特のブラックユーモアの匂いもあったが、彼女のために〝殴り込み〟とはカワイイ男である。

「トントン」と名付けられたジャイアントパンダが十二月十六日に公開され、デパートや商店街はパンダフィーバーに沸き、十二月の上野動物園の入場者は三十六万人に昇った。トントンは、メスの「ホワンホワン」とオスの「フェイフェイ」の間に、人工授精によって生まれ、名前は全国の子どもたちから募集されて決まったものだった。

また、「プラザ合意」以後の急激な円高にも関わらず、日本の貿易黒字（輸出額から輸入額を引いたもの）と企業の経常利益は減るどころか増えていた。この一九八六年の暮れに大蔵省（現財務省）は、貿易黒字が空前の記録十四・四兆円に達したことを発表した。

地価狂乱、今が売りどき――一九八七年四月六日

一九八七年一月三十一日、私は神奈川県小田原市で催された「河野洋平代議士の母照子さんの三回忌法要」、一月二十六日に「中日・星野仙一新監督を励ます会」、二月に「円高日本の外国人旅行者」、三月二十一日には「親子三代職業軍人」などの取材をした。

三月三十一日、フィリピンで誘拐されていた三井物産マニラ支店長の若王子信行さんが、一千万ドルと引き換えに無事解放された。解放前に犯人から送られてきた写真に、若王子さんの右手中指が欠けている姿が写っていたが、それは中指を内側に折り曲げて撮った写真であることがわかっていたので、犯人には若王子さんを殺害する意思がないと感じていた。

翌四月一日、午前零時をもって国鉄が分割・民営化された。北海道、東日本、東海、西日本、四国、九州、六つの旅客鉄道会社をはじめ、日本貨物鉄道など新生JR法人十一社と国鉄清算事業団が発足。民営化されたのは三十七兆円以上という膨大な赤字が原因で、事実上の「国鉄解体」だった。

国鉄の内実はまったくひどいものだった。累積債務は一九八五年の時点で二十三兆円にものぼり、しかも利子だけで毎年一兆円以上増え続け、それを国民の血税で埋めているという有様だった。それだけではない。国鉄労組は、あまりにも無茶苦茶だった。利用客無視のストライ

一九八七年の出来事

天安門広場のデモ
一月一日、中国北京の天安門広場で「一部地方政府幹部の腐敗反対」を呼び掛ける学生数百人がデモ。

初の女性エイズ患者
一月十七日、神戸市内で日本初の女性エイズ患者が確認され、三日後に死亡。女性の供述から百人以上の男性と性交渉していたことがわかった。

NTTの上場
二月九日、政府が所有していたNTTの株式が公開されることに伴い、東京証券取引所、大阪証券取引所、名古屋証券取引所第一部に上場した。政府保有株式は百八十六万株が放出されたが初日に買注文が多いため値が付かず、翌日に政府はさらに十万株を放出し百六十万円が初値となった。二カ月後の四月二十二日には、史上最高値の三百十八万円まで株価が高騰し、バブル経済の象徴のひとつとなった。

キを頻繁に決行し、保守作業員などは夕方の四時頃になると風呂に入っている始末だった。国民から見限られてさんざん批判されているにも関わらず〝ヤミ休暇〟〝ヤミ手当て〟などが横行し、本来、出札窓口は全部開いていなければならないのに、悪質なところでは三分の二を勝手に閉めてしまう。客が長蛇の列をつくっていてもおかまいなしだった。苦情を言おうものなら客に対して「バカヤロー」と怒鳴る組合員さえいた。国民はそういった職場の荒廃ぶりと組合員の横柄な態度に憤慨していたのである。だから、「土光臨調」における最大の課題、国鉄の分割・民営化は国民的な盛り上がりを見せていた。しかし国鉄は、OB、労組、自民党の族議員を巻き込んで凄まじい抵抗をしていた。

一九八三年（昭和五十八年）十二月に、鉄道建設公団総裁を務めていた仁杉巌《いわお》氏（六十九歳）が〝分割・民営化のエース〟として期待され、国鉄総裁に就任した。ところが、一九八五年（昭和六十年）六月、総裁の仁杉氏を含む国鉄役員の半数にあたる七人が中曽根首相に辞表を提出したのである。理由は仁杉氏による国鉄独自の再建案にあった。その再建案は、一九八七年（昭和六十二年）に国鉄の民営化を実施するが、分割は一九九〇年（平成二年）に再検討するというものだった。この分割を再検討するという点が、反対派幹部や組合に「分割・民営化に及び腰」とされ、結果として辞表提出、実質上の更迭につながったのである。国鉄はおろか日本の行政史上でも異例であり、マスコミは「史上最大の更迭」と騒ぎ立てた。

日本の近代化とともに歩んだ国鉄は、明治、大正、昭和にまたがる百十五年の歴史に幕を閉じ、鉄道の再生に向けて新たな一歩を踏み出した。港区汐留では国鉄の最後に立ち合う運輸大臣となった橋本龍太郎氏（四十九歳。後に首相）と総裁の杉浦喬也氏（七十二歳）らが出席し、

ルーブル合意
二月二十二日、パリのルーブル宮殿で開催された先進七カ国財務大臣・中央銀行総裁会議（G7）で、一九八五年のプラザ合意によって始まったドル安に歯止めをかけることが合意されたが、各国間の協調が不十分だったことからドルの下落を止めることはできなかった。

超新星の発見
二月二十三日、大マゼラン雲で超新星ＳＮ１９８７Ａが発見され、日本の観測施設カミオカンデによって超新星爆発によるニュートリノが初めて検出された。肉眼で観測される超新星の発見は一六〇四年以来。

戦後最低の公定歩合
二月二十三日、円高不況に陥っていた日本経済を浮揚するため、日銀は五％だった公定歩合を前年の一月から五回に分けて引き下げ、最終的に戦後最低の二・五％に半減させた。その結果、銀行は企業への融資が行ないやすくなり、企業の保有する不動産を担保に信用創造を意図的に行い積極的な融資をするようになる。この公定歩合引き下げが、バブル経済到来の一因となった。

SL汽笛吹鳴式《きてきすいめいしき》が行われた。

春爛漫の一九八七年（昭和六十二年）四月六日、別世界に迷い込んでしまったような不思議な感覚にとらわれた。芝生の広がる庭園を囲むように、枝を大きく伸ばした巨木が生い茂り、ヨーロッパ風の建物には蔦がからまり、淡いピンクの桜の花びらはそよ風に舞っていた。しかし、ここは別世界ではなく、東京三田にあるオーストラリア大使館だった。大使館周辺は緑が多く、慶應義塾大学のキャンパスや高層マンション、豪邸が建ち並んでいて、この一帯は都内でも有数の高級住宅地になっていた。

オーストラリア大使館のある土地は、蜂須賀公爵家の邸として知られたところで、敷地は約五千坪。関東大震災で家屋が崩壊したため、英国留学の経験のある十七代当主、故蜂須賀正韶《まさあき》氏が、英国郊外の別荘を模した邸宅を建てた。それが写真中央にある建物で、大使の公邸として使われていた。その背後には事務棟があり、館員用の住宅が十棟ほど建っていた。敷地内には樹齢四百年の松の木や見事な桜の木が点在し、季節によってはツツジやバラが咲き乱れるという。

桜の季節に各国の大使や公使などを招き、庭園で花見の宴を催すのが恒例となっているこの敷地の売却話が飛び出したのは、オーストラリア政府の財政が逼迫していたからだ。

膨れ上がるばかりの財政赤字にネを上げた政府が、処分できそうな国有財産のリストを作成したところ、異常な地価高騰と日本円の高騰が重なり、六百億円から一千億円という在外公館の中で飛び抜けた評価額がついたのが在日大使館だった。

南極商業捕鯨終了
三月十四日、国際捕鯨委員会（IWC）により大型鯨類の商業的捕獲が禁止されたことから、南極海での商業捕鯨が終了する。以後、日本は調査捕鯨を名目に二〇一四年まで捕鯨を続けることになる。

ビールのドライブーム
三月十七日、朝日麦酒が日本初の辛口ビール「アサヒスーパードライ」を発売。すっきりとした切れ味が受け、大ブームとなる。

戦後三位の長期政権
三月二十一日、中曽根内閣が佐藤内閣、吉田内閣に次ぐ戦後三位の長期政権となる（後に小泉内閣と安倍内閣に抜かれ五位となる）。

ファミコンがバカ売れ
三月二十二日、任天堂のファミリーコンピュータ国内累計出荷数が一千万台を突破する。

絵画バブル
三月三十日、安田火災がオークションでゴッホの「ひまわり」を五十三億円で落札。

汽笛を鳴らす橋本龍太郎運輸大臣

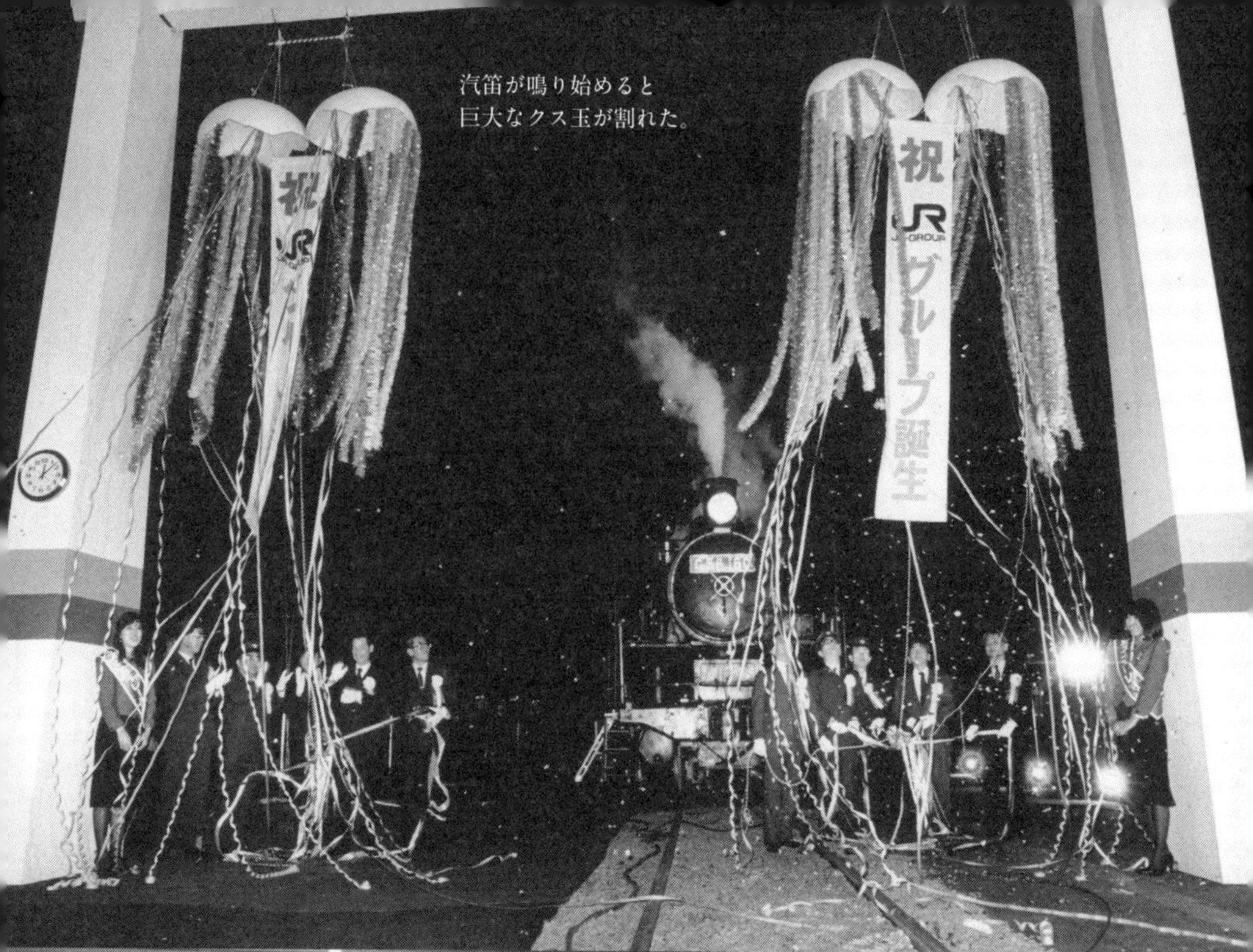

汽笛が鳴り始めると
巨大なクス玉が割れた。

民営化後の旅客会社６社の名前を
冠した６本の列車「旅だちJR号」
を撮影するため東京駅に殺到した
撮り鉄たち。

春爛漫のオーストラリア大使館

三十五年前の一九五二年（昭和二十七年）に、この敷地と建物がオーストラリア政府に大使館として売却された価格は百豪ドル（一九八七年のレートで約一億円）足らずだったから、オーストラリア政府が腰を抜かすほどビックリしたとしても不思議はない。

日本は、海外に保有している資産が世界一、貿易黒字もナンバーワンとなり、既に東京の地価も世界一になっていた。山手線内の土地価格で米国全土の土地が買えるほどだった。国土庁の地価公示価格は、大使館に近い三田二丁目が一坪あたり千二百万円。この数字をそのまま当てはめるだけで六百億円になる。それどころか、これほどのまとまった土地を都心で探すのはほとんど不可能なので、一坪三千万から四千万という評価にもなるといわれていた。その一等地、〝超希少物件〟の売却話は、都心の土地あさりに血眼の不動産業者を興奮させることになった。

空前の好景気に沸く日本では、資金を持てあます金融機関によって不動産業者や建設業者への無節操な過剰融資や投機が行われ、土地の売買・転売がひたすら繰り返されていた。特に東京では「地上げ」の嵐が吹きまくり、少しでもまとまった土地を持つ地主ならば、夢のような大金をつかむチャンスだった。歌舞伎町一丁目の「新宿ゴールデン街」では、一坪一億円という声さえ上がった。実際に銀座五丁目の鳩居堂前は一坪一億三千万円の高値がつき、東京渋谷の駐車場のひと月の賃貸料が一台分で二十万円にまで跳ね上がった。都心部だけでなく、全国の都市圏の土地はまさに天井知らずの値がつき、一時間以内の通勤圏内に、ささやかながらもマイホームを持ちたいなどというのは夢のまた夢という状態だった。

ある地上げ屋（不動産売買の仲介人。主として暴力団）は、当時の有様を次のように話した。

国鉄からＪＲへ
三月三十一日、日本国有鉄道（国鉄）の百十五年の歴史に幕が下ろされる。

テニスの新殿堂完成
四月四日、東京都江東区有明に有明コロシアムが完成。田園コロシアム（東京都大田区）に代わって、テニスの新しい殿堂となる。

ロックコンサートで死亡事故
四月十九日、日比谷野外音楽堂で行われた人気ロックバンド「ラフィン・ノーズ」のコンサートで、開演と同時に演奏に興奮した一部の観客がステージに上がろうとし、それに続こうとした後続の観客が重なるようにして転倒、下敷きとなった。事故による被害は、死者三名、重軽傷者二十名。

洗剤のアタック発売
四月二十一日、花王が日本初のコンパクト洗剤「アタック」を発売。これを契機に洗剤のコンパクト化が始まる。

「飲み歩いていたらカネになったんだ。政治家も銀行も、オレみたいな地上げ屋も、それこそ豆腐屋から八百屋、タバコ屋にいたるまで、カネ、カネ、カネに日本人皆が浮かれてたんだ。一坪二千万が四千万、八千万になり、ベンツの座席やトランクに積んだ紙袋の札束が散乱していても、まったく気にならなかった。金銭感覚がマヒしていたんだ」

二年前に民営化されたNTTが、二月に東証一部に上場したばかりだった。一株の初値は百六十万円、それが、二カ月後の四月に三百十八万円という史上最高値まで急騰した。

投機熱は土地や株だけでなく、ゴルフ会員権や絵画、さらに資産と呼べるものすべてに及び、日本中で札束が乱舞しているような状態だった。この写真を撮影した七日前の三月三十日、ロンドンのクリスティーズ社の競売で、ゴッホの傑作「ひまわり」が絵画史上最高の五十八億円で落札された。その買い主は日本の安田火災海上保険（現損保ジャパン日本興亜）だった。このバブル景気の日本を象徴する落札をきっかけとして、日本企業による絵画購入が増えていった。

一方のオーストラリア大使館はというと、バブル景気絶頂期の翌一九八八年（昭和六十三年）に、敷地の三分の一の売却を終えて〝フトコロ〟が潤い、現在は新しい事務棟や民間企業のマンションが建っている。

帝銀事件の平沢死刑囚死去
五月十日、八王子医療刑務所で帝銀事件の平沢貞通死刑囚が肺炎で死亡（享年九十五歳）。帝銀事件は、戦後の混乱期一九四八年に帝国銀行（後に三井銀行、現三井住友銀行）椎名町支店で行員と用務員一家計十六人が青酸化合物で毒殺され金と小切手が奪取された事件。証拠が乏しく謎の多い事件であったが、平沢は一貫して無実を主張。歴代法務相はついに死刑執行命令書に署名することはなかった。

バブルの歌姫デビュー
五月二十五日、森高千里が「NEW SEASON」で歌手デビュー。

燃え盛る炎の中で。特別養護老人ホームの悲劇――一九八七年六月七日

五月三日、目出し帽をかぶった男が兵庫県西宮市の朝日新聞阪神支局に侵入し、散弾銃を発砲して小尻知博記者を殺害、犬飼兵衛記者にも重傷を負わせた。この凶悪なテロ事件「朝日新聞阪神支局襲撃事件」は、「赤報隊」を名のる犯人が捕まることなく、二〇〇二年（平成十四年）五月に公訴時効となった。

五月五日はギャグ漫画家の赤塚不二夫さん（五十一歳）を東京中落合の自宅で取材。右端が長女のリエさん（二十二歳）、その隣が前夫人の登茂子さん（四十六歳）、左端が新夫人の真知子さん（三十七歳）だ。アルコール中毒にかかった赤塚さんを、かいがいしく看護する真知子さんを見て、離婚していた登茂子さんが、「結婚したら」と前の亭主赤塚さんに勧め、おまけに結婚の保証人にまでなったという。

赤塚さんを撮った日は、私の三十歳の誕生日だった。撮影を終えて編集部に戻って来ると、「遊軍」の仲間がプレゼントをくれた。開けてみるとそれは写真用の大きな額だった。葬式に使えるように額縁は黒で、しかも黒と白のリボンまでついていた。報道写真家はいつこの黒縁に収まることになるかわからない。その覚悟で仕事をするようにということと、そうはならないように、さらにそうなって欲しくないという彼らの気遣いが感じられて嬉しかった。

赤の広場に異邦人侵入
五月二十八日、西ドイツの青年マティアス・ルスト（十九歳）がフィンランドのヘルシンキからソ連のモスクワまでセスナ機を操縦し、防空網を突破して赤の広場に着陸。この日はソ連国境警備隊の休日であり、モスクワまで妨害を受けずに飛行した。ソ連空軍の戦闘機が追尾してはいたが速度差が大きく度々見失った。また、大韓航空機撃墜事件で国際的に非難された後であったことから、民間機への攻撃がためらわれ交戦許可が下りなかった。その結果、五時間にもわたってソ連上空を飛行した後、ルストはセスナをソ連の中枢クレムリンに隣接する赤の広場に着陸させた。彼は飛行目的を「東西の対立を解消し平和をもたらすため」と述べたが、着陸後直ちに逮捕されモスクワで裁判にかけられる。ルストは暴力行為、航空法違反、不法入国という罪状により四年間の懲役を命じられるが、四百三十二日間の懲役生活の後、アンドレイ・グロムイコ最高会議幹部会議長の恩赦を受けて国外退去処分となり、一九八八年八月三日に西ドイツに帰国する。なお、改革を進めていたミハイル・ゴルバチョフ書記長はこの事件を奇禍とし、グラスノスチやペレストロイ

「そうか、三十か」
自分の年齢に改めて気付かされた。突っ走ってきたから歳のことなど気にしていなかった。後悔は後からすればいいと信じていた。だから、この本を書いていると〝お白州〟に引っ立てられて「あっしは、こんな悪どいことをやっちまいやした」「あんなスケベェなことは二度といたしやせん」「写真なんてぇのを撮って、他人《ひと》さまの魂を抜くようなこたぁ金輪際こりごりで、へぇ」などと逃げ口上を言うだけいわされている、裁きを待つ江戸時代の罪人のようで気が重い。それに、分別なんて五十、六十歳になったら自然と備わるものだと思っていた。しかし、その年齢を超えた現在、いまだ迷いの渦の真っ只中にいる自分に、がっかりするばかりである。
五月二十八日、ソ連の権力の中枢クレムリンに隣接する赤の広場に他国のセスナ機が不時着。原子力発電所の管理が完璧ではなくとも、国防だけは鉄壁と自負していたソ連の防空網をくぐり抜け、暴挙というよりも快挙を成し遂げたのは西ドイツのアマチュア飛行士で十九歳の青年マティアス・ルスト君だった。セスナ機の到来は、ソ連首脳部にしてみれば青天の霹靂、国防担当者にしてみれば、天から舞い降りた悪魔に見えたに違いない。自分の保身ばかりを考えているソ連首脳部だったが「チェルノブイリ原発事故」の際のお粗末な対応とは異なり、見事なほどの素早さで国防相や防空軍総司令官をはじめとする上級将校や高級将校のクビを大量に飛ばした。セスナ機が不時着した時の映像を見ていると、ソ連首脳部のおエラ方が激怒しているシワ深い顔や、責任を追及されて奈落に突き落とされた軍幹部の慄《おのの》きが目に見えるようだった。

カに反対していたセルゲイ・ソコロフ国防相及びアレクサンドル・コルドゥノフ防空軍総司令官を解任した。帰国後のルストは良心的兵役忌避を宣言し病院で奉仕活動に従事するが、交際を断わられた看護婦をナイフで刺し二年半の懲役刑に服す。釈放後も万引きで罰金刑を受けている。現在はベルリンに在住、オンラインポーカーの賞金で生計を立てている模様。

人気ミニ番組放映開始
六月一日、テレビ朝日系列で、五分間のドキュメンタリー番組『世界の車窓から』が放送開始。現在まで続く人気長寿番組となる。

日経平均二万五千円
六月一日、日経平均株価が二万五千円台に。

ベネチアサミット開催
六月八日から十日まで、イタリアのベネチアで第十三回先進国首脳会議が開催される。議長は、アミントレ・ファンファーニ首相。

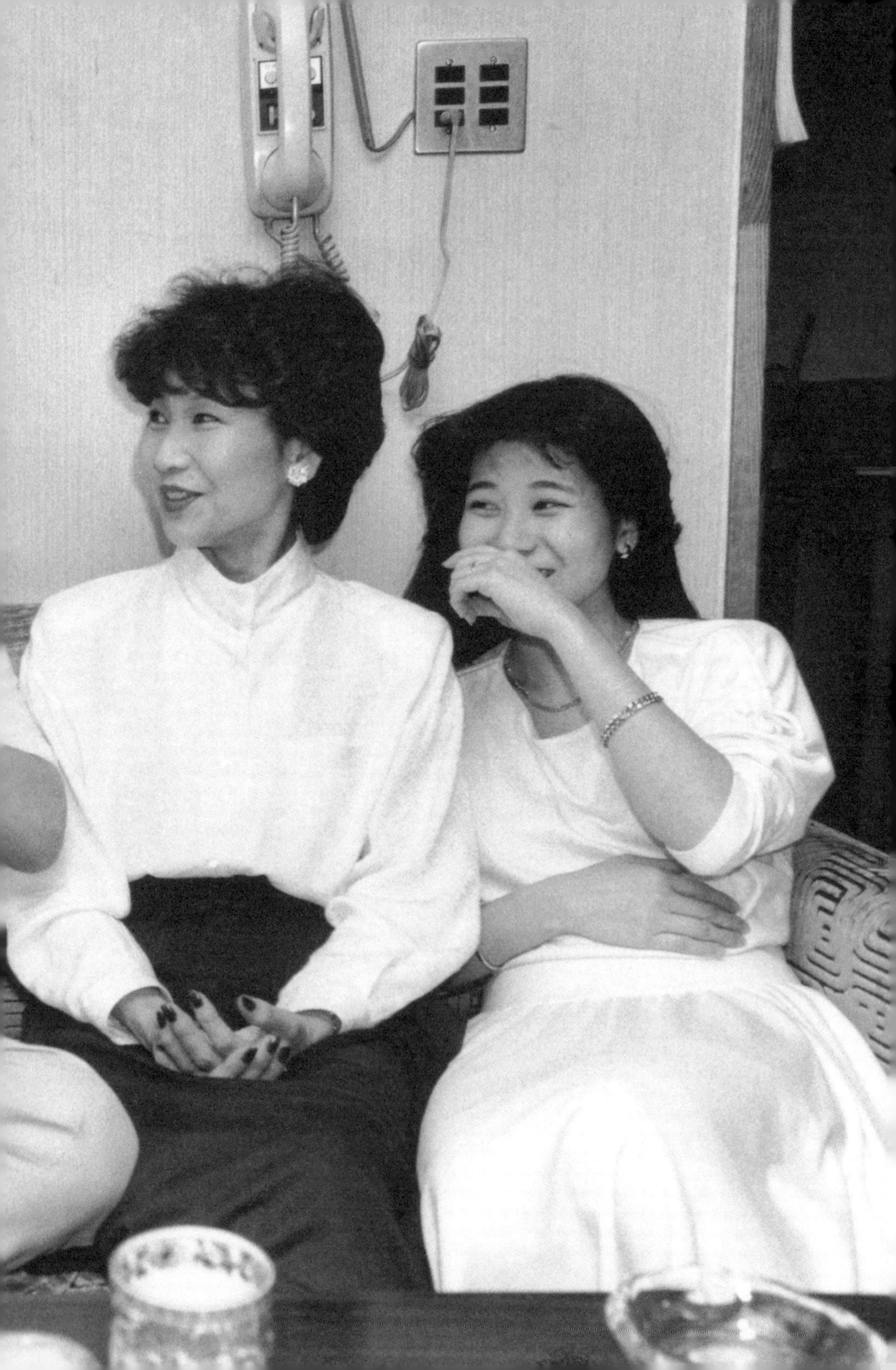

ギャグ漫画家の赤塚不二夫さん。右端が長女のリエさん。
その隣が前夫人の登茂子さん。左端が新夫人の真知子さん。

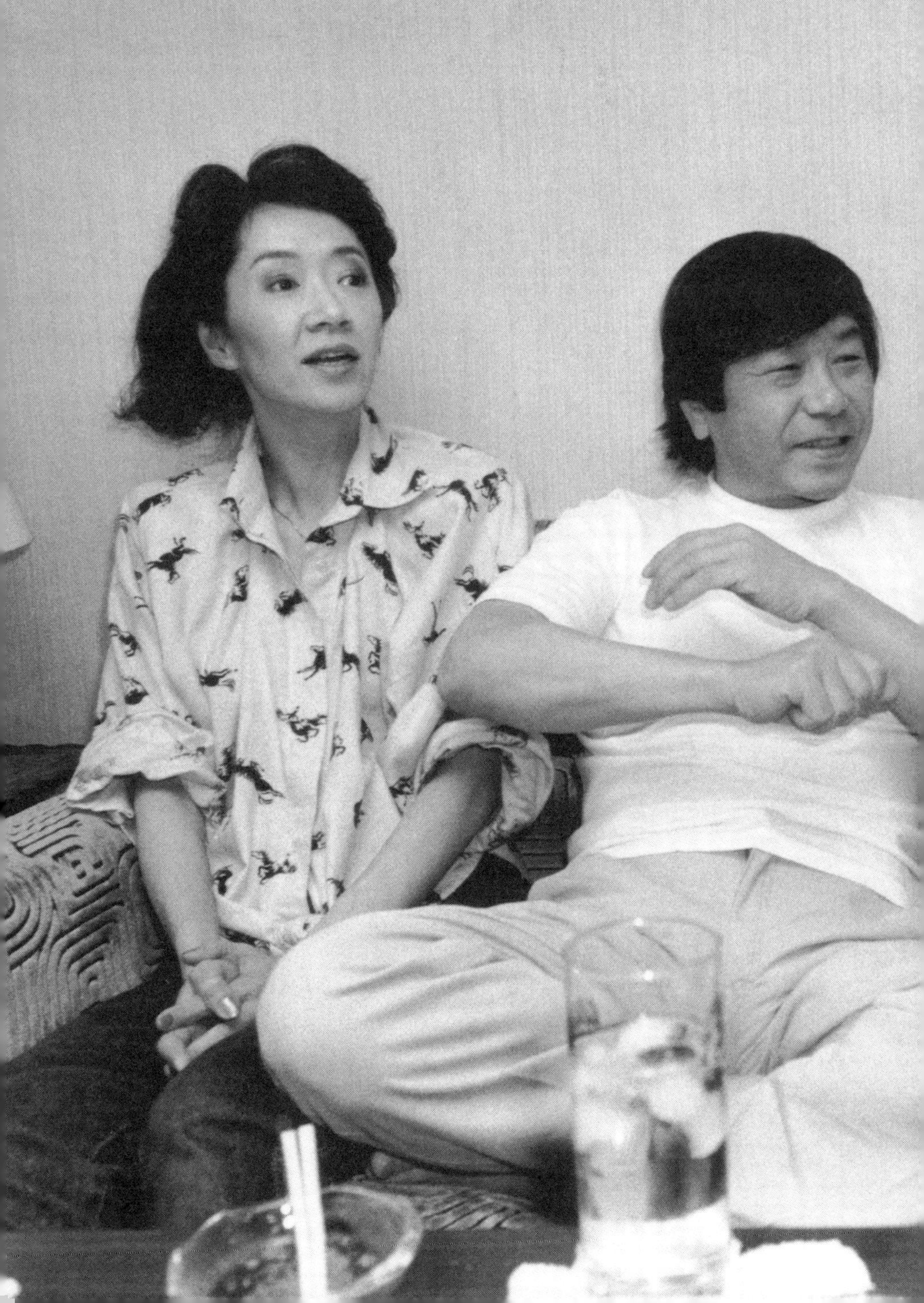

玉川高島屋で行われたイベント取材を終えて暗室作業から開放され、六月七日未明に三鷹の自宅に帰ると同時に電話のベルが鳴った。こんな深夜に電話がかかってくるということは、何かよくない緊急事態が起きたということだ。靴も脱がずに床の上を大またで急ぎ、受話器を取った。

「どうやら、国立か東村山の方で、老人ホームが燃えているらしい。未確認だがすぐに向かってくれ」

田島一昌デスクから指令が下った。「疲れているところすまないが」とかいう慰労の言葉が一切ないのが、田島デスクらしくてイイ。

——急げ。

何かが起こったならば、その被写体に向かって恐れずに突き進むだけだ。

「未確認だが」とか「何だかわからんが」といったことで出動するのはしょっちゅうだった。それが何かわかった時点で動き始めても、他誌に遅れをとるだけだからだ。例えば「何かがぶら下がっている」という通報を受けてすぐに現場に駆けつけると、その「何か」は首吊り自殺をした人の遺体だったということもあった。

肩からカメラバッグを下げたまま長靴に履き替えた。火災現場は消火のために水浸しになっていることが多いからだ。

表通りに走り出てタクシーを捕まえ、荒い息のまま運転手に国立方面に向かうように告げた。それからラジオのボリュームを上げてもらった。まだ、どの局もニュースとして火災を報じてはいなかった。

ビートたけしに判決
六月十日、東京地方裁判所において、フライデー襲撃事件で起訴されたビートたけしと「たけし軍団」に判決が下りる。たけしは傷害罪で懲役六カ月（執行猶予二年）、控訴せず刑が確定。たけし軍団メンバーは既に起訴猶予処分となっていた。

郷ひろみの結婚
六月十二日、松田聖子にフラれた郷ひろみが、俳優二谷英明と女優白川由美の娘二谷友里恵と結婚。後に離婚。

鉄人衣笠が国民栄誉賞
六月十五日、二日前に連続試合出場二一三一の世界新記録を樹立した広島カープの衣笠祥雄選手に国民栄誉賞授与が決定。

外貨準備高世界一
六月二十六日、日本の外貨準備高が西ドイツ抜き世界一となる。

狂乱地価
七月一日、東京都の年間地価上昇率が八五・七％を記録。銀座など都内一等地では一坪一億円を突破した。

急ぐ理由を運転手に説明し、人気《ひとけ》のない道路をできるだけ飛ばしてもらった。十五分ほど走ると、消防車のサイレン音が微かに聞こえてきた。それは空耳といえる程度の音だった。さらに、耳と目を研ぎ澄まし、信号をいくつか通り過ぎているうちに、消防車のサイレンが遠くからこだましてくるのがわかった。

「それ行けッ!」

運転手にハッパをかけ、サイレン音のする方角に向けて車を飛ばしてもらった。

サイレンの音がけたたましさを増した瞬間、赤い緊急ライトを点滅させた消防車が目の前に現れた。これで迷うことなく目的地に着けるだろうと、場所が特定できたことでひと安心した。

まもなくサイレン音がそこら中から鳴りだし、驚いた人々は道路に出て、通り過ぎる消防車や救急車、パトカーを不安そうに見守っていた。進行方向の暗い空が微かに紅く染まり、火事場独特の焦げた臭いがした時には、既に火災現場まで五十メートルのところだった。消防車や消火用のホースが道を遮っているため、これ以上車では近付けない。タクシーの運転手には近くに待機してもらい、紅い炎に包まれている建物に向かった。

サーチライトが燃える建物を煌々と照らし出していた。その三階建ての建物の周囲を撮影しながら、ひと回りした。周辺の消火状況や救出する人々の流れを見極めるためである。建物の内部を喰い散らかして襲いかかる、あまりにも鮮やかな炎。それとは対照的なドス黒い煙。すべてが意志を持った、貪欲で巨大な生き物のようだった。警察官や消防隊員の無線は鳴り続け、消火と救助の応援が次々と到着してきた。

「まだ、中に、いっぱい、いるの」

日本初の二十四時間放送
七月四日、NHK衛星放送テレビが日本初の二十四時間放送を開始。

世界人口五十億人
七月十一日、世界の人口が五十億人を突破する。

台湾の春
七月十五日、台湾で、蒋介石が進駐して来た一九四九年以来続いた戒厳令が解除される。

裕次郎死す
七月十七日、戦後を代表する国民的スター石原裕次郎が肝細胞癌で死去。享年五十二歳。

首都圏大停電
七月二十三日、猛暑による電力供給不足によって、首都圏一都五県二百八十万世帯で停電が発生し一兆八千億円の経済損失。

田中角栄の控訴棄却
七月二十九日、ロッキード事件丸紅ルート公判で、東京高等裁判所が田中角栄元内閣総理大臣に対する一審の実刑判決を支持、控訴を棄却。

老人ホームの女性職員が隊員に向かって泣き叫んでいた。その目には、自分の力ではどうすることもできない無力感ともどかしさが滲んでいた。

私は、黒い煙に翻弄されながらも命懸けで救出にあたっている隊員たちに感動を覚えた。しかし、現場が修羅場になればなるほど、冷静になろうと努めるカメラマンとしての自分がいた。

――あの建物の中に、動けない老人たちがまだ取り残されているのか!?

再度建物のまわりを一周し、進入できる場所を探した。警察によって固められた正面玄関からではだめだ。屋上から建物の中に入ろうと非常階段を探した。それは建物の裏側にあった。しかし、階段ではなく螺旋状の「滑り台」だった。放水された水が滑り台の上を滝のように流れ落ちていた。カメラバッグと首から下げていたカメラを、体に密着させるためにタスキ掛けにし、濡れないようにさらに背後にまわした。サーチライトの光が届かないその暗い滑り台を、流れ落ちる水に逆らいながら少しずつ上った。

二階に着いた時点で、持っていたタオルを流水に浸けて濡らし、軽くしぼった。ドアやドアノブが熱せられていると火傷をするからだ。熱気は感じられなかったが、用心のため二階のドアノブをその濡れタオルでにぎった。びくともしない。鍵が掛かっているようでドアは開かなかった。だが、ここまで来て引き返したくはない。私は、三階に向かって再び滑り台を上った。

――二階のドアは開かなかった。なぜだ。非常用の滑り台を使った形跡もなかった。

そういった疑問が頭をよぎったが、とにかく滑らないように上ることに集中した。三階のドアの鍵は掛かっていなかった。ゆっくり開けた。その時、不覚にも煙を吸い込んでしまった。咳が止まらなかった。濡れたタオルをしぼって口に当て、頭の後ろで縛った。建物の内部が暗

ナチス副総統自殺
八月十七日、ナチス閣僚のうち最後の生存者だった元国家社会主義ドイツ労働者党副総統ルドルフ・ヘスが収監されていたベルリンのシュパンダウ刑務所で自殺。

ジャパゆきさん対策
八月十九日、外務省は東南アジア、特にフィリピンからの出稼ぎ女性（ジャパゆきさん）が急増し、暴力団が介在する売春など人権問題となってきたことから、その対策として日比協議機関の設置を決定。出稼ぎ女性急増の背景には、バブル日本と他のアジア諸国との間に生じた極端な経済格差があった。

東京の不動産取引を監視
八月二十九日、政府は国土利用計画法により、東京都全域を土地取引監視区域に指定。

新国劇解散
九月七日、時代劇の老舗劇団「新国劇」が創立七十周年記念公演を行った後解散。

くてまったくわからないので、ストロボを光らせて状況を確認。煙と熱気に包まれた廊下を進み、階段を伝って二階に下りた。そこは、三階と比べものにならないほどの煙と熱に包まれていた。湿気によって眼鏡もカメラのレンズも曇った。何度拭いてもすぐに曇ってしまう。私は、撮影をいったん止めてメガネを外し、暗闇に目が慣れるまで、熱と煙が漂う屋内でカメラとカメラバッグを抱きながらしばらく待つことにした。放水された水が屋内を伝わってどこからか降り注いできた。

闇の中で視界が閉ざされていると、様々なことが頭の中を駆けめぐった。

――なんで、こんな所にいるのかな……。

ため息まじりにつぶやいた。きっかけは、室内に老人が残されているという女性職員の言葉だった。が、そうではなく、どういう因果でここにいるのか。なぜ私は、ここに居なければいけないのか、ということだ。外から火災現場を撮るだけで誌面を埋めるには十分なのだ。「誰のために、何のために写真を撮るのか?」「良い写真とは何か?」なんてことも頭をよぎった。「自分のため?」「眼前の惨状を伝えるため?」「人に感動を与えるため?」に撮るとかいう、ありきたりの言葉や文字で説明できるようでは本物の写真ではない。理屈抜きで感じてもらうだけでいいのかもしれない。が、いくら考えても結論など出ない。

――いつか神様にでも会ったら訊いてみるか。それまでは、こういった人間の生死の蠢《うごめ》きの中を、ぶっ倒れるまで這いずりまわるしかないのだ。

水と湿気と汗で体中がびしょ濡れだったが、炎の勢いが弱まり、黒煙も収まりはじめた。建物を照らすサーチライトの明かりが内部にまで届くようになった。その光が妙に有難かった。

マイケル来日
九月十日、マイケル・ジャクソンが来日。後楽園球場をはじめ全国四ケ所で十四公演を行い、入場者数は四十三万人にのぼった。

功明ちゃん誘拐事件
九月十四日、群馬県高崎市で自宅前の神社で遊んでいた荻原功明ちゃんが行方不明に。その後、身代金要求の電話が数回あったが、九月十六日になって自宅から五キロ離れた寺沢川で遺体が発見される。二〇〇二年に時効が成立。戦後の営利誘拐殺人事件としては唯一の未解決事件。

おニャン子クラブ解散
九月二十日、平日夕方に放送され中高生に絶大な人気があった『夕やけニャンニャン』の番組終了に伴い、『セーラー服を脱がさないで』などのヒット曲で知られる番組の人気アシスタントグループ「おニャン子クラブ」が解散。同グループからは、解散後も芸能界で活躍した新田恵利、国生さゆり、渡辺美奈代、渡辺満里奈、工藤静香などが輩出された。

建物を叩きつけていた放水音が弱くなると、遠くのサイレン音や喚声も聞こえてきた。

消火活動はまだ続いているが、私は腰を上げて写真を撮り始めた。暗いので部屋の中の様子がまったくつかめない。ストロボを何度か発光させ、その一瞬の光によって浮かび上がる光景を脳裏に焼き付け、同時にカメラの絞りとシャッタースピードも確認した。

ベッドの上に焼けた遺体らしきものがあるが、遺体なのか焼け落ちた天井の一部なのか見当がつかなかった。しかも、こういった状況の写真を撮っても画《え》にはなりにくい。

一九八五年八月に起きた「日航ジャンボ機墜落事故」で、御巣鷹山のその現場に一番乗りした「遊軍」の同僚カメラマンが口を揃えて話してくれたことを思い出した。

「目の前一面にバラバラになった遺体の肉片や機体の残骸が散乱していて、どこをどう写真に撮ったらいいかわからなかった。自衛隊がやって来て、救助活動を始めてからじゃないと写真が撮れなかった」

こういった凄惨を極める場所では、生きている人間の存在が必要なのだ。私は、消防隊員がやって来るのを待つことに決めた。

――それにしても暑い。

黒煙が減ったために、サーチライトの光が部屋の内部にまで入り込み、わずかではあるが明るくなった。また、暗闇に目が慣れてきたこともあって、朧気《おぼろげ》ではあったが室内の焼け崩れた惨状がわかるようになった。

懐中電灯の光がチカチカし始めると、まだ煙が立ち昇っている部屋に消防隊員が入って来て、消火と現場状況の確認を始めた。その時を待ち続けていた私は、シャッターを切った。「カ

天皇の沖縄訪問中止
九月二十二日、昭和天皇が腸通過障害のため宮内庁病院で手術。長年の念願であった初の沖縄訪問は中止になった。退院は十月七日。

沖縄の金環食
九月二十三日、全国各地で部分日食が観測されたが、夏季国体開催中の沖縄県那覇市では太陽が細いリング状になる金環食が三分ほど観測された。

赤報隊による銃撃発生
九月二十四日、朝日新聞名古屋本社の社員寮に銃弾が打ち込まれる事件が発生。阪神支局の時と同じく目出し帽の男が鉄筋四階建ての建物に散弾銃を持って侵入。一階の居間兼食堂にあったテレビに発砲した。事件後、赤報隊により「反日朝日は五十年前にかえれ」と戦前回帰を主張した犯行声明が送り付けられた。

杉並区人質事件
九月二十八日、暴力団組員が不動産会社社長宅に押し入り籠城。人質にとったお手伝いの女性を射殺し、警官一人を負傷させた後逮捕される。

シャ」というカメラのミラーが上下する金属音とともにストロボが光った。今度は、はっきりとわかった。ほとんどの遺体の膝が炎によって浮き上がっていた。それまでは燃え落ちたベッドや柱だとばかり思っていたものが、実は遺体だったのだ。

——そんなことはないだろう。

しかし、右目でファインダーを覗き、左目でストロボの光に浮かび上がる光景を何度も確認すると、間違いなくそれらは、動くことができずベッドの上で生きたまま燃えて亡くなった老人たちの、胸が締めつけられるような姿であった。

——なんで、こんな死に方なのか。孫や曾孫などの家族に看取られて大往生を遂げる老人もいるのに……。

心の中で手を合わせた。

この現場に長居はできない。手早く撮影を終え、屋内の階段を使って一階に下り正面玄関に向かった。一階は焼けてはいなかった。二階と一階、コンクリートの床一枚隔てただけでまったく異なる光景だった。白い壁には、予定表らしきものや看護師か誰かの似顔絵が貼られたままだった。それらを写真に撮りながら建物の外へと急いだ。警察によって張られた立ち入り禁止のロープが見えた。その時、消防隊員に案内されるようにして、警察の幹部と鑑識らしき人間がそのロープをくぐり抜けてこちらにやって来る姿が目に入った。

——まずい。

その幹部警官が、不審者に対する刺すような視線を、すれ違いざまに向けてきた。誰何《すいか》される隙を与えないよう足早に、しかし逃げ出すようにでもなく歩いた。ロープの内側に立って外

社名変更
十月一日、日本楽器製造が「ヤマハ」と社名変更。同日、小西六写真工業が「コニカ」に社名変更。

巨人リーグ優勝
十月九日、クロマティ・原辰徳・吉村禎章・篠塚利夫・中畑清と、三番から七番までずらりと三割打者が並ぶ強力打線を擁した王貞治監督率いる巨人が四年ぶりセ・リーグ優勝。

利根川教授ノーベル賞受賞
十月十二日、利根川進マサチューセッツ工科大学教授がノーベル生理学・医学賞を受賞。

ブラックマンデー
十月十九日、香港市場を発端に株の暴落が始まり、ヨーロッパからアメリカに波及。当日のニューヨーク市場の下落率は一九二九年の世界大恐慌時を上回り、過去最大の大暴落となりった（ブラックマンデー）。世界の市場は同時株安に陥る。

鈴鹿でF1グランプリ開催
十一月一日、十年ぶりに鈴鹿サーキットでF1日本グランプリが開催される。優勝はフェラーリのゲルハルト・ベルガー。

部からの侵入者に目を光らせている下っ端の警官は、後方からやって来る私を不審者だと感じていなかった。

――さすが、幹部は違う。

そういったことを考えながら、ロープをくぐり抜けた後は逃げるように走った。

野次馬が見守る中にもぐり込み、くすぶっているどころかまだ燃えているところもある建物を見上げた。

――よく戻って来られたな。黒縁の額はまだ使わなくて済みそうだ。

二度、三度と深呼吸し、改めて周辺の写真を撮り始めた。

老人ホーム周辺の喧騒は収まっていなかったが、その光景は建物の中に入った頃と一変していた。隣接する病院の駐車場に敷かれた多数の布団の中で、救出された老人たちが小さく丸まっていたのだ。夜の闇にうっすらと白く浮かび上がる、その白い布団に包《くる》まる老人たちの姿と、つい先ほど見た黒く焼け焦げた老人たちの遺体が並ぶ光景が、異次元の世界か夢のように思えた。

救出された老人の中には、救急隊員に尋ねられても自分の名前すら答えることができず、ぐったりしている老人もいた。夜間勤務の職員は女性二人。火災の連絡を受けて駆けつけた職員もいただろう。近所の住民も救助を手助けしているようだ。助け出された老人が抱き上げられ、または背負われている姿が目の前を横切った。

駆けつけてきた鎌田カメラマンと記者たちも精力的に取材活動をしていた。記者の取材に答えてくれた九十四歳の老人は次のように語った。

バブル内閣発足
十一月六日、中曽根首相の裁定により自民党総裁となった前幹事長竹下登が首班指名され、竹下内閣発足。全派閥を取り込み、結党以来初のオール主流派内閣となる。バブルを象徴する目玉政策は「ふるさと創生事業」。本年から翌年にかけて一律一億円を使途無限定で各市区町村に交付した。

岡本綾子がアメリカで賞金女王
十一月八日、岡本綾子が全米女子プロゴルフ選手権で外国人賞金女王となる。

日経平均暴落
十一月十日、円高ドル安をマーケットが嫌忌して日経平均株価二万一千円台に暴落。

怪物江川の引退
十一月十二日、巨人の江川卓投手が現役引退。

野村証券利益日本一
十一月十七日、業界最大手の野村証券が活発な株式取引の恩恵を受けて、九月期の決算で四千九百三十七億円の経常利益を上げ初の利益日本一を達成。

「もう歳も歳だし、ここで死んでもいいかなとも思ったんだよ。でも、どうにか身体が動いてベランダに出ることができた。そしたら、消防の人が助けてくれて……」

自力で避難できた老人は少ない。ほとんどの老人は、車椅子に乗り、杖をつき、もしくは這うようにしてベランダに出てきたところを消防士によって救出された。その老人たちは、一人ずつ消防士の背中にロープでくくりつけられ、ベランダに掛けられた十数本の梯子を伝って助け出されたのである。

特別養護老人ホーム（略称・特養）は、身体上、精神上の障害で、介添えがなくては日常生活を営むことができない老人のための施設である。入所しているのは、いわゆる「寝たきり老人」、または、身体が不自由で食事、排泄、歩行、入浴などが一人でできない老人たちだ。

松寿園の入所者七十四人の中でも、寝たきり老人は二十一人、それ以外の老人たちも重い障害を抱えていた。負傷者は二十五人。亡くなった十七人のうち十四人が、平均年齢八十一歳の寝たきり老人だった。松寿園では二階がその寝たきり老人にあてられていた。出火は六月六日午後十一時二十分。火元は二階にある枕カバーやシーツなどを収納するリネン室付近。瞬く間に炎は広がった。緊急避難用の滑り台に通じる二階のドアは閉まっていた。しかし、開いていたとしても、自力で這うことさえできない寝たきり老人たちにとって、滑り台はなんの役にも立たなかったに違いない。

撮影後、アンカーライターの斎藤さんが新潮社の写真部に来て、「撮影状況を説明しろ」と言った。写真を見ながら、何号室のどの位置から撮ったのか、といった細部まで尋ねられた。あまりに細かいところまで質問されるのでこちらから逆に質問した。

日本航空完全民営化
十一月十八日、日本航空株式会社法が廃止され、日本航空が完全民営化される。

韓国の春
十二月十六日、韓国で十六年ぶりの民主的選挙が行われた大統領選で盧泰愚が当選（一九九八年二月二十五日、第十三代大統領に就任）。陸軍士官学校で前大統領全斗煥と同期の軍人だったが退役後、文民政治家となり民主化宣言をする。

ファイナルファンタジー発売
十二月十八日、スクウェアがファミコンソフト「ファイナルファンタジー」の第一作を発売。「スーパーマリオブラザーズ」「ドラゴンクエスト」などと並ぶ大ヒットシリーズとなる。

若者のカリスマ逮捕
十二月二十二日、青少年に熱狂的ファンを持つシンガーソングライター尾崎豊が、覚せい剤取締法違反で逮捕される。その後、精神的不安から低迷し一九九二年早朝自宅近くで全裸で倒れているところを発見され、同日死亡。死因は覚せい剤中毒。

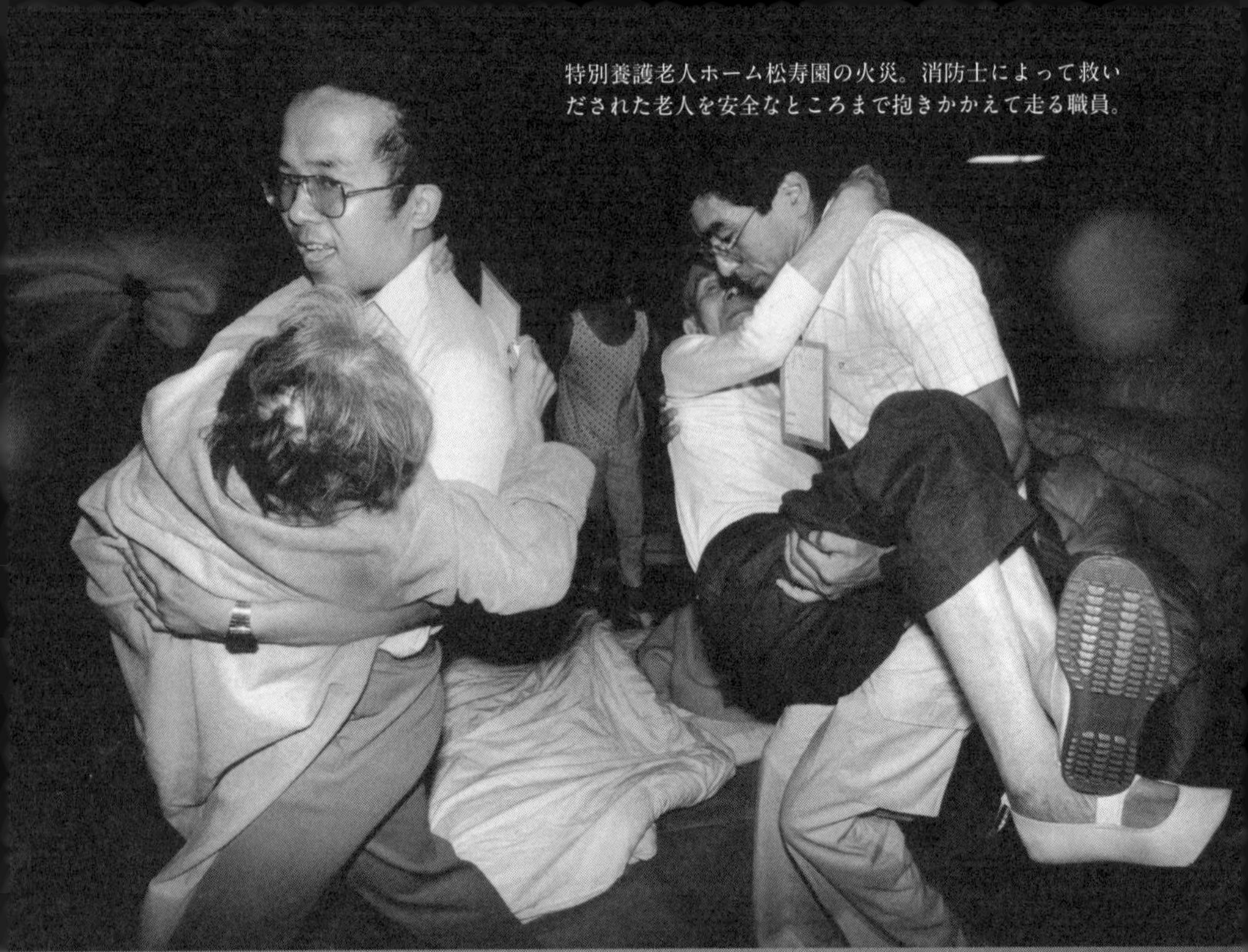

特別養護老人ホーム松寿園の火災。消防士によって救いだされた老人を安全なところまで抱きかかえて走る職員。

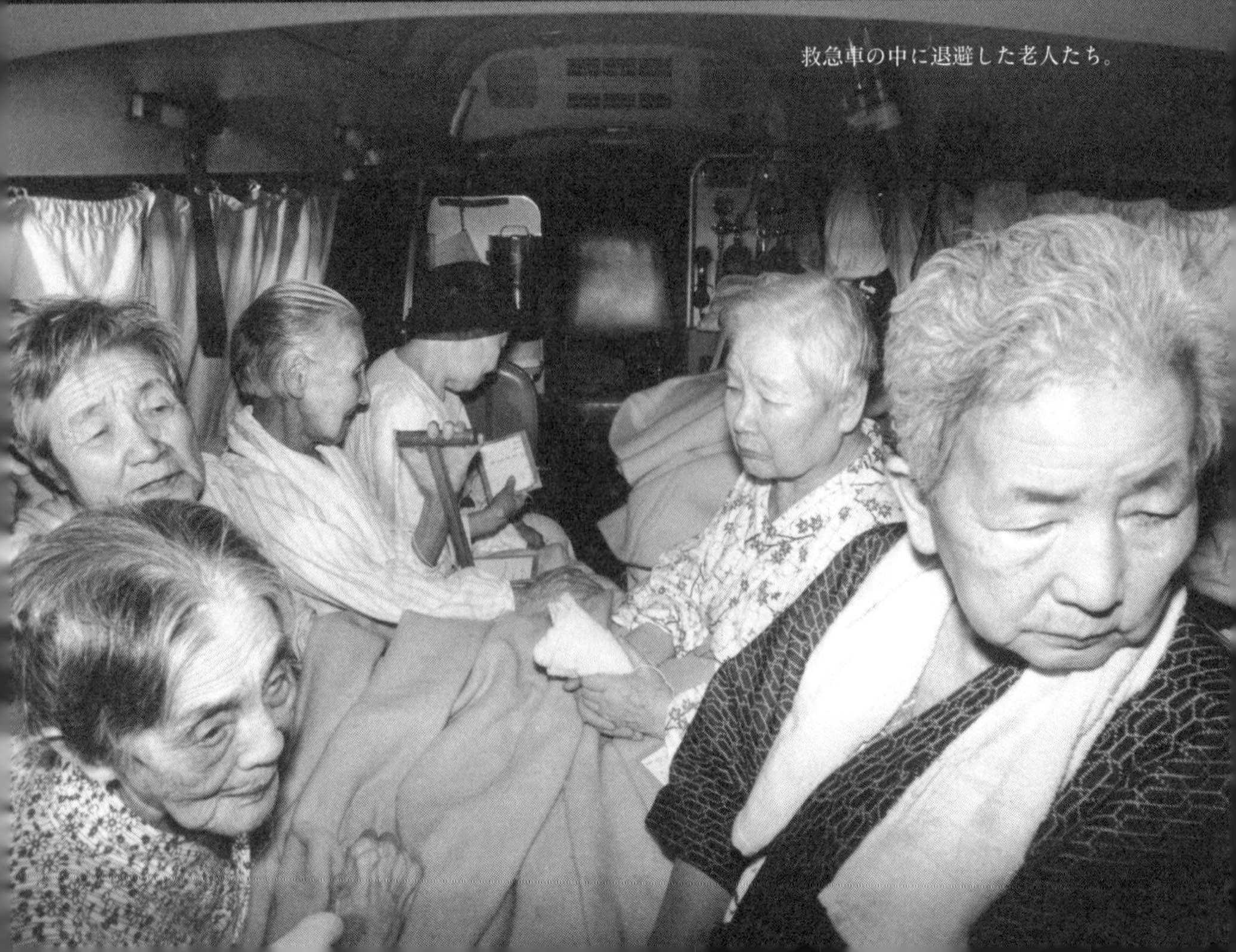

救急車の中に退避した老人たち。

近くの駐車場に敷かれた布団に包まる老人たち。

焼け落ちた室内と逃げられずに
ベッド上で焼死した老人。

「なんでそこまで正確なことが知りたいのですか?」
「このベッドで焼死した老人の、一人ひとりが誰かを知りたい」
後日、記者が亡くなった老人の家を訪ね、線香を上げに行くのだという。こういった編集部の心遣いに、私は涙が出た。

円高止まらず
十二月三十一日、東京円相場が一ドル百二十一円台を記録

横綱の失踪
十二月三十一日、立浪部屋所属の横綱双羽黒(本名北尾光司)が、立浪親方と若い衆に関する意見が対立し部屋を脱走してマンションに籠城。そのまま破門同然の廃業となった。その後、プロレス団体を渡り歩くも大きな実績は残せず、二〇一九年慢性腎不全のため永眠。享年五十五歳。

ヒット商品
Be-1(日産自動車)、家庭用自動パン焼き機(パナソニック)、アタック(花王)、通勤快足(レナウン)、スーパードライ(アサヒビール)、エビアン(カルピス食品工業)

変人荒俣宏と怪優嶋田久作―一九八七年十二月十七日

さすがイタリア、と唸《うな》らせる出来事があった。世界で初めてハードコア・ポルノ女優が国会議員に当選したのだ。一九八七年（昭和六十二年）六月十六日、勝利のVサインを高々と示しながら、惜し気もなく乳房を露わにするチチョリーナさん。なんとイタリア人らしい大らかさ、と腹の底から笑いがこみ上げてきた。

また、この六月は、米国が世界一の債務国に転落し、日本の「外貨準備高」が六百八十六億二百万ドルになり、西ドイツを抜いて世界一になったとＩＭＦ（国際通貨基金）から発表された月でもあった。既に世界一の座にある「経常黒字」と「対外資産」とを合わせ、日本は〝経済黒字の三冠王〟になった。しかし、世界中から「経済大国ニッポン」とか「日本は世界一の金持ち」とか持ち上げられ、しかも「ロン・ヤス」関係によって日米間も良好だ、などと浮かれてなどいられないのである。米国は世界中の富を吸い上げる超富裕国家だが、財政赤字と貿易赤字に苦しんでいた。米国は国益が脅かされるとなれば牙をむく。日本の鉄鋼、自動車、半導体、牛肉、オレンジ、その上〝聖域〟とされる米までもが攻撃の対象となり、米国は閉鎖的な日本のさらなる市場開放と内需拡大を要求。米国の圧力は臨界点に達し、それまで何度も繰り返されてきた「ジャパン・バッシング（日本叩き）」は、前にも増して過激になった。

流行・流行語

ワンレン（ワンレングス）へアスタイル流行、朝シャン（毎朝、通学や出勤前にシャンプーすること）、カウチポテト族（カウチ（ソファー）に寝そべってポテトチップを食べながらテレビやビデオを見て過ごす）、地上げ屋（地価高騰に乗じて強引な手段で土地を買いあさる不動産業者や暴力団など）、花キン（花の金曜日の略。週休二日制の会社が増えたことから休日前の金曜日）

ヒット曲

「命くれない」瀬川瑛子、『TANGO NOIR』中森明菜、『雪國』吉幾三、『STAR LIGHT』光GENJI、『Strawberry Time』松田聖子、『難破船』中森明菜

ベストセラー本

『サラダ記念日』俵万智、『ビジネスマンの父より息子への30の手紙』キングスレイ・ウォード、『塀の中の懲りない面々』安倍譲二、『マンガ日本経済入門』石ノ森章太郎、『ノルウェーの森』村上春樹、『MADE IN JAPAN』盛田昭夫

一方、世界一の金持ちと言われても実感がまったく湧かないのは〝ウサギ小屋〟に住んでいる〝働き蜂〟の私たち個々の日本人だ。人件費、いわば給料が多少増えたからといって、天文学的に膨れ上がった数字と現実の生活は別物のように感じられてならなかった。

七月四日、田中元首相に反旗を翻して結成された創政会が、田中派から正式に独立して「経世会（竹下派）」として旗揚げした。この日、「全英オープンテニス（ウィンブルドン選手権）」で、マルチナ・ナブラチロワが前人未到の六連覇を達成し〝偉大なる女王〟と呼ばれた。七月十七日には俳優の石原裕次郎さんが亡くなった。六年前に胸部動脈瘤の手術を受けた後、奇跡的に回復して慶應義塾大学病院の屋上から手を振る姿が印象的だったが、二度目の奇跡は起こらなかった。

猛烈な熱波に襲われて熱射病患者が続出の米国で、ＷＢＡ、ＷＢＣ両ヘビー級チャンピオンのマイク・タイソンが、ＩＢＦの王者トニー・タッカーを破って三団体統一王座に就いた。ヘビー級にしては小柄なタイソンが、自分よりも大きな男たちを次々にマットに沈める姿に驚きと小気味良さを感じた。

日本では、辛口ビール「アサヒ・スーパードライ」の人気が爆発。作家の落合信彦さんを起用し、パンチをきかせた軽快なＣＭも新鮮だった。

「この味いいねと君が言ったから七月六日はサラダ記念日」、俵万智さんの『サラダ記念日』もベストセラーになった。十月に巨人軍がセ・リーグで優勝し、王監督が初めて宙に舞ったが、右肩の故障が原因で、あの〝エガワル〟と呼ばれた傲岸不遜な態度の、私にとっては親しみのある江川卓投手が引退することになった。

ヒット映画
『ハチ公物語』、『竹取物語』、『マルサの女』、『トップガン』、『アンタッチャブル』、『プラトーン』

ヒットドラマ・アニメ
『男女7人秋物語』、『シティーハンター』

安倍晋太郎氏、宮沢喜一氏、竹下登氏というニューリーダー三候補が立候補していた自民党の総裁選。その本選挙を控えた大詰めの十一月十九日、永田町は「総裁は安倍でほぼ決まり」というムードが圧倒的だった。私は「安倍総裁実現対策本部」に詰めて、自民党の幹部がやって来ては帰って行く姿を撮っていた。ところが十一月二十日零時過ぎ、三候補から白紙委任を取りつけた中曽根康弘首相によって次期総裁が竹下登氏に決まった。翌月には竹下内閣が誕生し、宮沢氏は副総理兼大蔵相、安倍氏は自民党幹事長に収まった。

竹下新総裁が喜色満面ではしゃいでいた十一月二十日、グローバル化が進み、世界の金融・証券市場が一体化したことを象徴する事件が起こった。前日のニューヨーク証券取引所における「ブラックマンデー（暗黒の月曜日）」と呼ばれる米国史上最大の株価暴落（下落率二十二・六パーセント）を受けた東京証券取引所でも、下落率が十四・九パーセントという過去最大、最悪の相場となった。株安は、さらにヨーロッパにも及び、世界同時株安になったのである。ところが、金融緩和を続けていた日本の株価は、翌日には上昇し始め、半年後には下落分を取り戻した。

バグダッド発ソウル行きの大韓航空機が十一月二十八日に消息を絶ち、事故かテロかで捜査が進められていたが、乗客（ほとんどが中近東への出稼ぎから帰る韓国人労働者）、乗員合わせて百十五人は絶望視された。そして、十二月十三日、ビルマ（現ミャンマー）のアンダマン海で焼け焦げた機体の一部が発見され、大韓航空機は空中爆発したと判断された。

大韓航空機が消息を絶った二日後の十一月三十日、バーレーン国際空港でローマ行きの飛行機に乗り換えようとしていた日本人親娘と偽る不審な男女二人が逮捕され、取り調べを受けて

「帝都物語」で87年度ＳＦ大賞を受賞した荒俣宏さん（左）と
それが映画化されて主役を演じる怪優嶋田久作さん（右）

いた。男は服毒自殺を遂げたが、女は一命を取り留めた。その生き残った蜂谷真由美と名乗る女は、「大韓航空機爆破事件」の容疑者としてソウルに護送された。テレビの画面からは、韓国に到着したその女は両脇を支えられ、口には自殺防止用のマスクを噛ませられて、意識は朦朧としているように見えた。

一九八七年度最大のベストセラー『帝都物語』が映画化されるというので、十二月十七日に東京飯田橋の角川書店（現ＫＡＤＯＫＡＷＡ）に向かった。現代の変人ナンバーワンといわれ、『帝都物語』で一九八七年度ＳＦ大賞を受賞した荒俣宏さん（四十歳）と主役を演じる怪優、嶋田久作さん（三十二歳）の写真を撮るためだった。『帝都物語』は全十巻で、三百万部を突破したというからもの凄い。荒俣さんは単なる作家にとどまらず、幻想文学研究、路上観察学、博物学など、その博覧強記ぶりを多方面で発揮していた。

映画の粗筋は、平安時代中期の武将で非業の死を遂げた平将門《たいらのまさかど》の怨念を利用し帝都の破壊をもくろむ魔人と、その野望を打ち砕くために立ち上がった人々の凄まじいまでの攻防戦だ。嶋田久作さんの役柄は、肩に乗せている妖怪を操る魔物という設定である。

駐日大使の撮影に没頭―一九八七年九月〜一九八八年

『フォーカス』のギャラは、私の場合、週給制だった。二人の社員カメラマンは別にして、ほぼすべてのフリーカメラマンが週給制だったと思われる。

バブル景気も追い風となってギャラは良かったようだが、私にその実感はなかった。ただ、「フォーカスのおかげで、写真一枚のギャラが一・五倍くらいになった」と他誌のフリーカメラマンに感謝されたので、悪くはないのだと感じていた。しかし、良くなった分、労力や労働時間が飛躍的に増し、張り込みをしている際など「お前たちが帰らないからオレたちも帰れない」と首を傾げたくなるような戯言《ざれごと》を言う他社のサラリーマンカメラマンもいた。

『フォーカス』のカメラマンたちの中には、マンションのローンを組んだり、新車を買ったりする人もいたが、二十代から三十代にかけての私は、そういったことにまったく興味がなかった。その分を写真の撮影のために使った。

「写真で稼いだカネは、写真に返せ」

三木先生にそう言われていたことが大きく影響していたからであり、

「偉大なロバート・キャパを見ろ、彼は若き日のイングリッド・バーグマンの求婚を蹴って戦場に行ったんだ。良い仕事をしていれば美女はいくらでも付いてくる」

一九八八年の出来事

ペレストロイカとグラスノチ

一月一日、ソ連でゴルバチョフ書記長が主導したペレストロイカ（改革）とグラスノチ（情報公開）が開始される。ゴルバチョフは、社会主義体制下での改革を考えていたが、この改革を契機にソ連崩壊につながることになる。

ディスコで照明落下事故

一月五日、六本木のディスコ「トゥーリア」の店内で重量二トンの照明が落下し、死者三名、負傷者十四名という惨事となった。

台湾総統に李登輝就任

一月十三日、蔣経国総統の死を受けて台湾で実施された初の民主的選挙で、李登輝が中華民国総統、国民党主席として選任される。李登輝は、北京政府との内戦状態の一方的終結を宣言するとともに台湾の民主化を推進した。

ドラクエⅢの発売

二月十日、ファミコン用ソフト『ドラゴンクエストⅢ そして伝説へ…』がエニックスから発売され、発売当日にはゲームショップに長蛇の列ができ社会現象となる。

と囁かれ、そういうものかと淡い期待を抱いていたこともあった。

相撲でいうところの「金は土俵に埋まっている」と同じようなもので、いい仕事をしていれば、金も女も名誉も付いてくるということだろう。

ただ、私の場合、とにかく悔いの残らない写真を撮りたかった。そのため、稼いだカネを自ら決めたテーマや撮影したい人物に会うために使った。たとえば、竹中正久親分や田岡フミ子さんなどは成功したが、佐川君のように撮影を試みた末に断念したテーマもあり、今振り返っても思い出したくないほど、交通費や宿泊費などの無駄なカネも使った。もちろん、それ以外にも使った。使わなければ自分自身のスケールが小さくなっていくような、精神的な見栄もあったのかもしれないが、貯蓄しようなどという気にはなれず、目の前の撮影に夢中になっていた。

稼いだカネを注ぎ込んで新たにやってみようと思い立ったのは、二年前の四月に、そこが東京とは信じられないほどの庭園を有すオーストラリア大使館を訪れた時だった。最終的に、当時の平凡な新築マンション一戸分、二千三百万円程度、『フォーカス』の年収の二年分余をその「駐日大使の素顔」というテーマに使った。振り返ってみれば、これが私にとってささやかな〝バブル〟だった。

私は、オーストラリア大使館を取材した後、他の在日大使館について調べた。イタリア大使館は松平隠岐守定直の中屋敷があったところで、赤穂浪士四十七士のうち、大石主税良金《ちからよしかね》以下十人の切腹跡に石碑が建てられていて、東京の名所の一つになっていることがわかった。また、西ドイツ大使館は奥州盛岡南部藩の下屋敷、イギリス大使館は七戸藩上屋敷と櫛羅《くしら》藩上屋敷、

ハマコー辞任
二月十二日、元ヤクザで若い頃傷害事件を起こしたり、ラスベガスで一晩にして四億六千万円をすったり（小佐野賢治が用立てる）と、破天荒な議員として知られた浜田幸一衆議院議員が辞任。二月六日、自ら委員長を務める予算委員会で共産党の宮本賢治議長を「ミヤザワケンジ君（宮本賢治の間違い）は人殺し」と発言し、与野党の批判を受けたことが原因。

青函トンネル開通
三月十三日、世界一（現在二位）の長さと深さを有す青函トンネルが開通。青函連絡船の運航終了。

赤瓜礁海戦
三月十四日、ベトナムと中国が南沙諸島（スプラトリー諸島）の領有権を争い、ジョンソン南礁（赤瓜礁）で中国人民解放軍海軍とベトナム人民海軍が衝突。中国軍が勝利する。

イラクが化学兵器使用
三月十六日、イラク軍がクルド人の居住地域ハラブジャで化学兵器を使用。多くの住民が犠牲となった（ハラブジャ事件）。

七日市藩上屋敷、旗本の屋敷跡だったところで、それぞれオーストラリア大使館同様、広大な敷地を有していた。また、日本の地価高騰の煽りを受けて維持に苦しむアフリカ諸国の大使館があることも知った。

そこで、駐日本大使館の主とはどういった人物なのだろうという興味が湧いた。大使といっても臨時大使ではなく、世界中の国や地域から派遣されて来る特命全権大使である。そう易々と応じてくれるとは思わなかったが、駐日大使館の住所と大使の名前を調べ、『駐日大使の素顔』として写真展を開き、写真集にもまとめるので、できるならばお国の伝統衣装をまとった姿で撮影させていただきたいといった内容で、撮影依頼の手紙を一写真家として送った。

最初に返事をくれた大使は、江戸時代から日本と深い関係のあるオランダ大使だった。返事をもらってすぐの一九八七年（昭和六十二年）九月二十九日に港区の大使館を訪れた。挨拶を済ませると、何事が始まるのかと驚いている大使には目もくれず、四×五インチの大判カメラと大型ストロボをセットして撮影を始め、十分ほどで終えた。

後日、ポスターサイズに引き伸ばした写真を見せると、

「ワイフもいっしょに撮ってくれないか」

と言われて快諾した。

ブラジル大使の時は、ソファーに座っている大使の後頭部にピントを合わせ、振り向いてもらった瞬間を写した。この写真によって公邸に招かれ、大使と婦人のツーショットも撮ることができた。結果は、大使と夫人がそれぞれ計六回も衣装を替えるほど大掛かりなものとなった。

ギリシア大使はＥＵ連合の駐日大使の会議で、

東京ドーム完成
三月十七日、東京都文京区後楽に東京ドームが完成。以後、雨天の野球試合が可能となり、大規模コンサートにも利用されるようになる。

妊婦切り裂き事件
三月十八日、名古屋市のアパートで臨月の妊婦の腹を切り裂くという猟奇殺人事件が発生。二〇〇三年、公訴時効が成立。

上海列車事故
三月二十四日、中国の上海で修学旅行中だった高知学芸高校の生徒及び教師二十七名が列車事故により死亡。

ニコン誕生
四月一日、日本光学工業がニコンへ社名変更。

伝説のステージ
四月十一日、東京ドームで美空ひばりの「不死鳥コンサート」が開催され、五万人を集めたこの時、美空ひばりの体調は極度に悪化していて、まさしく命懸けのコンサートとなった。

マイケル・マンスフィールド駐日米国大使

ベルナール・ドラン駐日フランス大使

「ぜひ撮ってもらった方がいい」

私が撮影した写真を各国の大使に見せながら、説得までしてくれた。

西ドイツ大使やローマ法王庁の大使を撮ることができたのも、ギリシア大使のおかげだった。フランス大使の時は、クリスマスの準備中で、だだっ広いレセプションルームに大きなクリスマスツリーが飾られていた。そのツリーに付けられている無数の豆電球を光らせるため、すべてのドアを閉めて室内を真っ暗にし、ストロボを光らせた後、十秒ほど動かないでもらった。写真が気に入ったのか、大使は明治の元勲が着るような大使としての正装にまでなってくれた。

レバノン大使の時は、三歳の男の子がストロボのコード上やカメラの前を三輪車で走り回り、言うことを聞いてくれない。夫人に抱いてもらってようやく撮影を終えたが、その男の子の顔をよく見ると鼻水を垂らしていたので、再撮しなければならなかった。イラク大使夫妻は、国連の安全保障理事会による「イラン・イラク戦争」の停戦決議を受け入れるかどうかで大忙しの中を協力してくれた。イラン大使は三十歳半ばで駐日大使としては最年少だった。

撮影した写真は必ず大使にプレゼントし、またはスクラップブックをつくって大使秘書を説得してまわった。そうしているうちに、いつしか各大使館が催すナショナルデー、日本でいう建国記念日、または革命記念日などのレセプションに招待されるようになった。ロシア大使の撮影は難しいと予想していたが、その席でオランダ大使から直接紹介してもらい、年明けの一九八八年(昭和六十三年)一月五日に撮影することができた。

撮影依頼の手紙は返事は来なくても出し続けたが、最も効果的だったのが、この大使から大使への紹介だった。美しい夫人の尻にドッカリ敷かれている大使、浮気をしているという噂の

ジブリの二作品同時公開
四月十六日、スタジオジブリの『となりのトトロ』、『火垂るの墓』が同時公開。

天皇最後の記者会見
四月二十八日、昭和天皇が手術後初の記者会見。翌日の天皇誕生日は、天皇にとり生涯最後の一般参賀となる。

アフガンからソ連軍撤退
五月十五日、一九七九年の侵攻以来アフガニスタンに駐留を続けながら、ムジャヒディーンを中心とする反政府ゲリラとの戦闘に苦戦していたソ連軍が撤退を開始。

最後の園遊会
五月二十日、昭和天皇が最後の園遊会に出席されるも、恒例の天皇と出席者との直接会話は天皇の体調を考慮し中止。

ハナコ創刊
六月二日、マガジンハウスから女性向け生活情報誌「Hanako」が創刊される。

ある大使、宗教上の都合で夫人が撮影できない大使もいた。米国の大使や中国大使は任期切れ間際だったこともあり、各大使館に新任の大使が到着したことを教えてもらい、その新しい大使も撮った。マイケル・マンスフィールド駐日米国大使との面会時間は三十分。撮影後に握手をした時の、こちらを包み込むような手の温もりに感動した。出来上がった写真を持って行き、サインをしてもらったが、その時大使が愛飲しているというバーボン・ウィスキーのジャックダニエルをプレゼントされた。

撮影を始めてから二、三年はかかると覚悟していたが、一年で終えることができた。しかし、あまりにも忙し過ぎた。『フォーカス』の仕事を終えて午前二時頃に寝るのが習慣だったが、朝になって目が開いても体がピクリとも動かないという日が続いた。だが、限界は自分で決めない。とにかく、やれるところまでやってみることにして、駐日特命全権大使百七人の撮影を終えた。そして、新宿のニコンサロン（当時は新宿の京王プラザホテル内にあった）で写真展を開き、写真集も数百万円かけて自費出版し、約束を果たすことができた。写真展の開催と同時に、その京王プラザホテルで百万円以上もかけてオープニングパーティーを開いた。

夫人を伴なった大使およそ四十人が出席してくださったが、

「やり過ぎ、分不相応」

三木先生にどやされた。

トロントサミット開催
六月十九日から二十一日まで、カナダのトロントで第十四回先進国首脳会議（議長ブライアン・マルルーニーカナダ首相）が開かれる。

イラン民間機撃墜事件
七月三日、民間機イラン航空655便エアバスA300B2が、アメリカ海軍のイージス艦「ヴィンセンス」に撃墜され乗客二百九十八名が死亡。

リクルート創業者の辞任
七月六日、江副浩正リクルート会長がリクルート事件の責任をとって辞任。

天皇最後の公式行事
八月十五日、昭和天皇が日本武道館での戦没者追悼式に臨席。昭和天皇にとり政府公式行事への最後の出席となる。

イライラ戦争終結
八月二十日、イランとイラクの間で正式に停戦が成立。

退職金一億七千万円也――一九八八年六月十三日

韓国に引き渡された「大韓航空機爆破事件」の犯人の記者会見が、一九八八年（昭和六十三年）年一月十五日にソウルで開かれた。北朝鮮の金正日《キムジョンイル》書記の指令で「ソウルオリンピック」の開催妨害を狙った爆弾テロだったことや、蜂谷真由美を名のっていた犯人が、実は北朝鮮の特殊工作員の金賢姫《キムヨンヒ》であることも明らかにされた。記者会見での金賢姫は、声を詰まらせながらも「真相を語ることが亡くなった方々とその家族への罪滅ぼし」と涙を流しながら犯行を全面的に認めた。ソウルオリンピックへの不参加を表明していた北朝鮮は、居丈高に「徹頭徹尾虚偽、矛盾に満ちた捏造《ねつぞう》」と即座に全面否定した。が、米国政府は北朝鮮を「テロ支援国家」と認定。

二月十一日、元大関貴乃花が親方を務める藤島部屋、その創立七周年を記念してお祝いの会が東京紀尾井町のホテルニューオータニで催された。今では引退してしまった横綱若乃花関（本名花田勝）と横綱貴乃花関（本名花田光司）の二人もまだ詰襟の学生服姿の高校生と中学生だった。

ラスベガスのカジノで五億円近い金をすり、数々の武勇伝を持つあの浜田幸一議員がまたやってくれた。「宮本顕治共産党議長は殺人者だ」と発言し、二月に衆院予算委員長を辞任す

話題のCM
九月一日、日産自動車が「セフィーロ」を発売。CMキャラクターに起用された井上陽水による「くう・ねる・あそぶ」というキャッチコピーが大きな話題を呼び大ヒット。

国内初のコンピュータウイルス
九月十三日、国内初のコンピュータウイルスがパソコン通信「PC-VAN」で発見される。

韓国初の五輪開催
九月十七日、ソウルオリンピックが開幕し、十月二日まで開催される。

ツムラ誕生
十月一日、津村順天堂がツムラに社名変更。

ボードゲームで日本人優勝
十月十七日、ボードゲーム「モノポリー」の第八回世界選手権で百田郁夫が日本人初の優勝。

阪急ブレーブスの身売り
十月十九日、オリエント・リースがプロ野球球団阪急ブレーブスの買収を発表。

るはめになったのだ。三月三日、「スバル360」生誕三十周年を記念し、田島敏弘富士重工業社長が六本木の自宅から出勤する光景を撮った。三月十三日、本州と北海道を結ぶ世界最長の「青函トンネル」が開通し、青函連絡船は八十年の歴史に幕を閉じた。三月二十一日には「ふるさと創生」を謳って地方自治体に何やら面妖な一億円をバラ撒いた竹下登首相が「厳しさの中にも〝心配り〟を忘れず、部下を思いやる温かい気持ちが大事」と、防衛大学の卒業式でいかにも彼らしい訓示を述べた。

四月十日に、これも世界最長の「瀬戸大橋」が開通。四月二十四日には、「人間、シンボーだ！」が口癖の土俵の鬼、二子山理事長（元横綱初代若乃花）の還暦を祝い、新国技館で土俵入りが行われた。五年前に立田川親方が還暦を迎えた時は、脳溢血の後遺症で残念ながら土俵入りはできなかったが、二子山理事長は真っ赤な綱を締め、太刀持ちに間垣親方（元横綱二代目若乃花）、露払いに鳴戸親方（元横綱隆の里）を従えていた。

六月十三日、富山県高岡市で堀健治さん（八十一歳）を佐貫記者とともに取材。一九五二年（昭和二十七年）五月から九期三十六年の長きにわたり、高岡市長を務めた彼の退職金が一億七千万円だと聞いたからだ。恩給四百万円で生活できる堀さんは、「ずいぶんと多いので驚いています。三分の一は税金に取られるので、いま辞退するか、もらってから市に寄付するかなど考えているところ」と話してくれた。柔道八段で、高岡高商時代は柔道部の主将を務めた。健康法は冷水摩擦で、市長時代の三十六年間で、休んだのは三日だけだという。

七月五日に永田町の自民党本部で献血が行われた。森喜郎議員は「どれどれ、君の血は黒く

最後の『平凡パンチ』
十月二十七日、一九六三年に創刊され若い男性層の絶大な支持を受けていた週刊誌「平凡パンチ」（マガジンハウス）がこの日発売の号を最後に休刊。

大統領選でブッシュ勝利
十一月八日、アメリカの大統領選挙で共和党のジョージ・ハーバート・ウォーカー・ブッシュ（パパブッシュ）が民主党のマイケル・デュカキス候補を破って当選。

信用金庫女子職員が巨額横領
十一月十四日、青梅信用金庫の女子職員がオンラインを不正操作し、愛人の元暴力団組員の口座に九億七千万円を不正入金、横領容疑で逮捕される。

イスラム初の女性首相
十二月二日、パキスタン総選挙で勝利したベーナズィール・ブットーが首相に就任。イスラム国家では初の女性首相となるが、二〇〇七年に選挙遊説中自爆テロによって暗殺される。享年五十四歳。父親は軍事クーデター後に処刑されたズルフィカール・アリー・ブットー元首相。

学生服姿の高校生の元若乃花関（左）と
中学生の元貴乃花親方（右）

防衛大学の卒業式に出席した竹下登首相。国会答弁は「言語明良、意味
不明」と揶揄されたが、この日ばかりは言語・意味ともに明瞭だった。

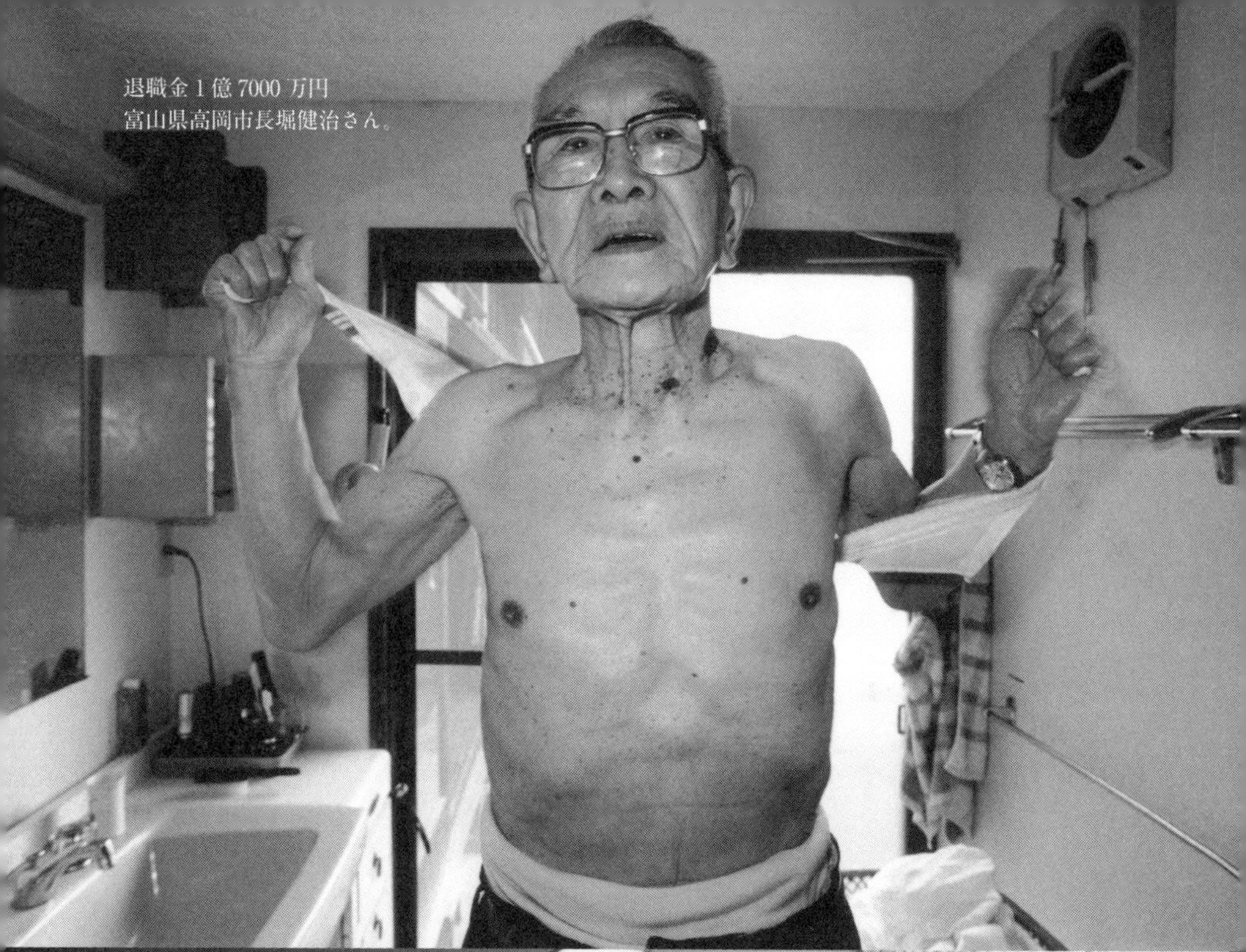

退職金 1 億 7000 万円
富山県高岡市長堀健治さん。

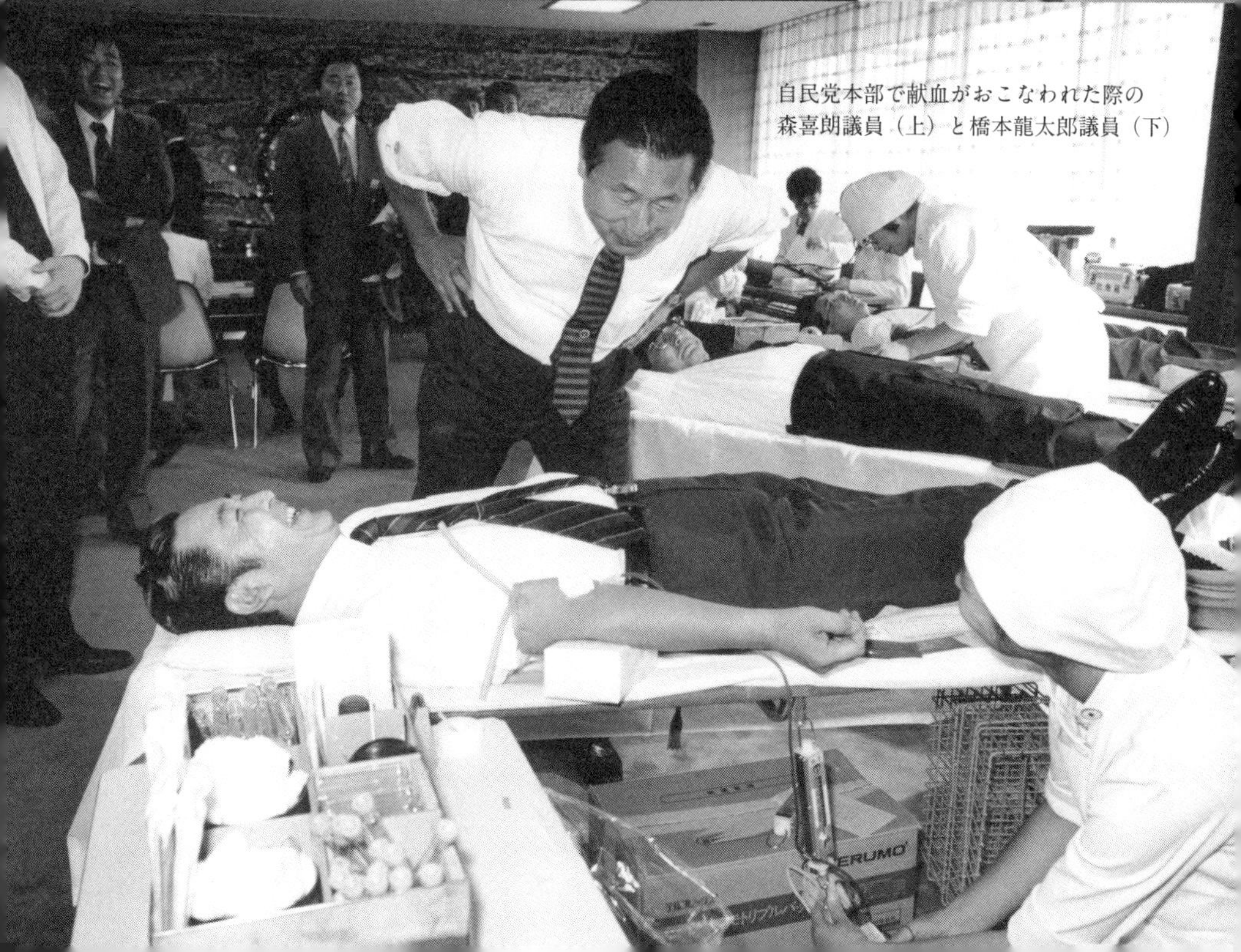

自民党本部で献血がおこなわれた際の
森喜朗議員（上）と橋本龍太郎議員（下）

はないかね？」と橋本龍太郎議員をからかい周囲を笑わせていた。二人とも後に首相になる人物だが、それにしても自民党議員は血色もよく健康優良体が多い。

三億円事件の時効
十二月十日、一九六八年に東京都府中市で発生した三億円強奪事件の民事時効が成立。

絶版となった『ちびくろサンボ』
十二月十二日、岩波書店が絵本『ちびくろサンボ』（原作ヘレン・バンナーマン）を結成したばかりの有田喜美子とその家族で構成される市民団体「黒人差別をなくす会」からの抗議を受けて絶版。他の主要出版社もそれに追従する。

国民雑誌となった『ジャンプ』
十二月十九日、この日発売の「週刊少年ジャンプ」（集英社）の発行部数が五百万部を突破。

パンナム航空機爆破事件
十二月二十一日、パンアメリカン航空一〇三便がロンドンのヒースロー空港を離陸して四十分後、スコットランド上空で貨物室に仕掛けられた時限爆弾の爆発により機体が空中分解する。乗員十六名、乗客二百四十三名、巻き添えになった住民十一名の計二百七十名が死亡。後にリビアの関与が判明。

慰謝料五十億円、ジョーン・シェパードさん――一九八八年七月十九日

国連の安全保障理事会による「イラン・イラク戦争」の停戦決議を両国が受け入れようとしている矢先の一九八八年（昭和六十三年）七月三日、米国海軍がイランの旅客機を戦闘機と間違えて撃墜し、二百九十八人が犠牲になった。

七月十九日、歌手でタレントのジョーン・シェパードさん（四十三歳）の自宅を訪ねた。二年間もゴタゴタを続けてきた演歌歌手の千昌夫氏（本名阿部健太郎）との離婚騒動が決着し、その取材をさせてもらうためだった。彼女の自宅は蔦《つた》の絡まる瀟洒《しょうしゃ》な建物だった。約百七十坪、時価五十億円。かつては駐日ウガンダ大使の公邸だった。シェパードさんに愛用のベンツの前で写真を撮らせてもらった。「イェーイ！」と両手を挙げる笑顔のなんと晴れやかなこと。

シェパードさんと千昌夫氏は、一九七二年（昭和四十七年）に結婚。夫婦揃って大企業のCMやバラエティー番組に出演したり、世界各地のホテルやビルなどに投資し、千昌夫氏は〝歌う不動産王〟と呼ばれるほど「財テク」に励んできた。

千昌夫氏との別居が発覚したのは一九八六年（昭和六十一年）八月頃。翌一九八七年（昭和六十二年）六月に、シェパードさんは米国カリフォルニア州サンマテオ地裁に千昌夫氏との離婚を提訴した。資産の半分の三百六十億円を要求して一歩も譲らず、弁護士には米国の〝離婚

昭和最後の現金強奪事件
十二月三十日、神戸市の太陽神戸銀行須磨支店前で現金輸送車が乗り逃げされ、現金三億二千二百五十万円が奪われる。七年後に時効となる。

ヒット商品
ドラゴン・クエストⅢ（エニックス）、フラワーロック（タカラトミー）、リンプー（資生堂）、シーマ（日産自動車）、ファイブミニ（大塚製薬）、リゲイン（三共）

流行・流行語
「ペレストロイカ」（ソ連改革）、「ドライ戦争」（アサヒビールと他社の辛口ビールを巡る競争）、「アグネス論争」（アグネス・チャンの子連れ出勤を巡り、作家林真理子と上野千鶴子らアグネスの擁護派との間の論争）、「しょうゆ顔とソース顔」、「ワンレン・ボディコン」（バブル時代を象徴するファッショントレンド）、「渋カジブーム」

愛車に腰かけて喜びを表すジョーン・シェパードさん。

格闘技界〟のナンバーワン寝業師と呼ばれる人物を立てた。千昌夫氏にとって心理的なインパクトは大きく、一時は復縁を持ちかけたりもした。しかし、シェパードさんは「マサオの母親役はもうゴメン」と復縁を断固拒否。七月十五日に霞が関の東京家庭裁判所に出廷し、離婚調停書にサイン。「これからはお友だち」と握手して別れた。シェパードさんは、午後からこの自宅前で記者会見し、短い離婚声明を読み上げ、笑顔で手を振って自宅の奥に姿を消した。

慰謝料は五十億円とも二百億円ともいわれ、いずれにしても日本の芸能界においては史上最高の金額だった。その後の千昌夫氏は、一九九〇年（平成二年）から始まる「バブル景気の崩壊」によって、それまでの不動産投資が仇《あだ》となり、借金が膨れ上がって二〇〇〇年（平成十二年）二月に個人事務所「アベインターナショナル」が経営破綻。負債総額は一千三十億円。その煽りを受け、この豪邸は会社名義になっていたため、シェパードさんは立ち退くことになった。

イランの旅客機が誤って撃墜されてから約三週間後の七月二十三日、日本では東京湾で海上自衛隊の潜水艦「なだしお」と大型釣船の「第一富士丸」が衝突。第一富士丸は沈没し、釣り客と乗員三十人が死亡し、十七人が重軽傷を負うという痛ましい海難事故が起こった。翌八月二十日には「イラン・イラク戦争」の停戦が正式に成立。一九八〇年（昭和五十五年）にペルシャ湾での覇権を狙ったイラク軍がイランの空軍基地を急襲して以来、八年が経っていた。

九月十九日、入院中の昭和天皇が吐血され、重態に陥った。翌日に容態は安定したが、政府は万一の事態に備えて新元号などの検討に入った。その「平成」「修文」「正化」という新元号の候補が漏れ、マスコミに取り上げられて話題になった。この頃、二つの出版社から、その日

ヒット曲

『パラダイス銀河』光GENJI、『DAYBREAK』男闘呼組、『乾杯』長渕剛、『MUGO・ん…色っぽい』工藤静香

ベストセラー本

『こんなにヤセていいかしら』川津祐介、『ゲームの達人』シドニー・シェルダン、『キッチン』吉本ばなな『ダンス・ダンス・ダンス』村上春樹『トパーズ』村上龍

ヒット映画

『ラストエンペラー』、『危険な情事』、『となりのトトロ』、『火垂るの墓』、『敦煌』、『AKIRA』、『ぼくらの七日間戦争』

ヒットドラマ

『純ちゃんの応援歌』、『とんぼ』、『教師びんびん物語』、『はぐれ刑事純情派』、『とんねるずのみなさんのおかげです』

の日本の光景を撮影して欲しいという内容の依頼状が届いた。その日と曖昧な表現だったが、「昭和最後の日」に違いないとわかった。その依頼状は一千人以上のプロ写真家に送られていたのではないだろうか。

北朝鮮による「大韓航空機爆破事件」という許されざる暴挙はあったが、九月十七日に「ソウルオリンピック」は無事に開催された。男子百メートルで優勝したベン・ジョンソン選手の薬物使用が競技後に判明し、九秒七九の世界新記録が取り消され、金メダルも剥奪された。圧倒的なスピードで突っ走る、彼の背中を見ていた「ロサンゼルスオリンピック」の覇者カール・ルイスの「シンジラレナイ」という表情が印象的だった。十月四日、下半身が繫がったベトナムの結合双生児〝ベトちゃんドクちゃん〟の分離手術が、日本人医師団が派遣されたホーチミン市立ツーズー病院で行われ、ベトちゃんには左脚、ドクちゃんには右脚がそれぞれ残された。十月三十一日には、アラスカ沖の氷に閉じ込められていた三頭のコク鯨が救出されたというニュースが流れた。

「バブル景気」にも関らず、国家財政は借金だらけで火の車。だから消費税導入が急務だ、と与党自民党が躍起となっていた。「土光臨調」の頃百兆円だった赤字国債が百六十兆円（現在は一千兆円、地方債と合わせると一千三百兆円）に迫り、増加に歯止めが掛かる気配さえない。しかし事実なのだろうか。実態を目にしていないので皆目わからない。

しかし、その論議以上に、国会は「リクルート事件」一色だった。国会での証人喚問は激しく、東京地検特捜部の捜査も厳しさを増していた。リクルート事件とは、リクルート社の創業者江副浩正会長が、自身の政界進出と事業拡大のため、未上場の関連子会社である不動産会社のリクルートコスモス社（現コスモスイニシアフ社）の値上がり確実な未公開株を、中曽根康弘前首相や竹下登首相、藤波孝生元官房長官、安倍晋太郎自民党幹事長、渡辺美智雄自民党政調会長をはじめ、政財官界の九十人以上に、一九八四年（昭和五十九年）末から翌一九八五年（昭和六十年）四月にかけ、賄賂としてバラ撒いた贈収賄事件のことで、四年経ったこの一九八八年六月十六日に発覚していた。

国家財政の危機をよそに、金権体質の呪縛から逃れられない政治家たちは、その黒い恩恵にどっぷり浸かっていたのである。彼らは、「妻が株をもらった、家族が、秘書が……」と醜態をさらし、特に責任逃れ一筋だった宮沢喜一副総理兼大蔵大臣は早々に辞任に追い込まれた。だが、消費税については与野党の激しい攻防の末、数には勝てず十二月二十四日に参院本会議で導入が決まり、翌一九八九年四月一日から三パーセントの消費税がかかることになった。

写真週刊誌の絶頂と黄昏

一九八九年（昭和六十四年）年一月七日午前六時三十三分、昭和天皇が十二指腸乳頭周囲腫瘍（腺癌）により皇居の吹上御所で崩御された。昨年九月十九日に大量の吐血をして以来、一時は奇跡的な回復をされた昭和天皇だったが、吐血と下血を繰り返し、日ごとに衰弱されて波乱に満ちた八十七年の生涯を閉じられた。

その日、私はその日の光景を撮るために小雨の降る中を歩き回り、雨が上がって夕陽が沈む頃、昭和天皇の「大喪の礼」が行われる予定の新宿御苑を撮って「昭和最後の日」の写真とした。その紅い夕陽が滲んでいる空を見ているだけで、一つの時代が終わったのだと感じた。昭和六十四年は一週間で幕を閉じ、皇太子明仁親王の新天皇即位とともに、翌一月八日に新元号「平成」となった。

二月十三日、昭和最後の疑獄事件「リクルート事件」の主人公、江副浩正リクルート社前会長が贈賄容疑で逮捕され、葛飾区の東京拘置所に収監された。これを境に藤波孝生元官房長官ら政治家や高級官僚たちも収賄容疑で起訴または逮捕されることになった。リクルートコスモス社株の売却益のうち九百万円を受け取っていた真藤恒ＮＴＴ元会長も逮捕された。師と仰ぐ

一九八九年の出来事

漫画の神様死す
二月九日、『鉄腕アトム』『ジャングル大帝』『リボンの騎士』『ブラック・ジャック』等々、多くの名作漫画を世に出し、戦後ストーリー漫画のスタンダードを確立した漫画家・アニメーターの手塚治虫が死去。

オウムによる最初の殺人
二月十日、オウム真理教の教祖麻原彰晃の指示により、オウムに疑問と不満を持ち脱会を申し出た男性出家信者を、教団幹部早川紀代秀・村井秀夫・岡崎一明・新実智光らが殺害。

大喪の礼
二月二十四日、昭和天皇の大喪の礼が竹下内閣の主催で行われる。世界各国から国家元首、特使、大使等、百六十四カ国、二十七機関の約七百人が参列

昭和天皇の「大喪の礼」が行われた新宿御苑。

土光敏夫さんが亡くなってわずか数カ月後のことだ。東京拘置所に収監される真藤さんの脳裏には、国民から〝メザシの土光さん〟と慕われた、清廉な恩師の面影がどのように去来したのだろうか。

二月二十四日には、内閣の主催による昭和天皇を送る大喪の礼が、葬場となる新宿御苑を中心に厳かに行われ、ジョージ・ブッシュ（パパ・ブッシュ）米国新大統領をはじめ、世界中から多くの元首級のVIPが集まり、史上最大規模の葬儀となった。

空前の好景気というのに、三月に小学館の『タッチ』が廃刊、既に文芸春秋社の『エンマ』もなく、乱立していた類似写真誌の多くが次々とその姿を消していた。一九八一年（昭和五十六年）に『フォーカス』が創刊され、二年前に「3FET」と呼ばれる五誌が乱立した時点で、写真週刊誌市場は飽和状態。先行する写真週刊誌の発行部数が喰われるといった〝共喰い状態〟だった。発行部数低下の原因は、ビートたけしさんの「フライデー編集部殴り込み事件」や「岡田有希子さんの飛び降り自殺の写真掲載」により、写真週刊誌に対して読者が冷ややかになったことにもある。報道の倫理を問われ、取材方法の批判もあり、反省すべき点も多かった。しかし、人間の手に負えぬ時代の大きなうねり、社会全体の趣向の変化が大きかった。

五月末に東京地検特捜部によるリクルート事件の捜査が終了。中曽根康弘元首相や竹下登首相をはじめとする限りなく黒い大物は逃げ切ったが、竹下内閣の支持率は史上最低のたった七パーセントにまで落ち込んだ。六月三日、迷走の果てに竹下内閣は総辞職に追い込まれた。

この日の夜から翌六月四日未明にかけ、戒厳令が敷かれていた北京で「天安門事件」が起こった。最高指導者鄧小平をはじめとする中国共産党政府首脳は、民主化の要求と共産党の腐

女子高生惨殺事件
三月二十九日、江東区の埋め立て地で遺体が発見されたことから事件（女子高生コンクリート詰め殺人事件）が発覚。事件の概要は、昨年の十一月二十五日、埼玉県三郷市の路上で四人の少年により自転車で帰宅途中の高校三年の女子生徒が拉致される。その後、足立区綾瀬の少年宅に監禁され四十日間にわたって間断なく強姦、リンチを受け続けた末、女子生徒は栄養失調と極度の衰弱で死亡。少年たちは死体をドラム缶に詰めコンクリートを流し込んで廃棄。犯罪史上稀にみる凶悪事件で、社会に大きな衝撃を与えた。

消費税三%
四月一日、消費税法が施行される。税率は三%（一九九七年四月からは五%、二〇一四年四月からは八%）

朝日新聞珊瑚記事捏造事件
四月二十日、朝日新聞のカメラマンが沖縄県西表島で海底のサンゴに自ら「K・Y」と落書きし、社会問題とした写真記事（見出しは「サンゴ汚したK・Yってだれだ」）が朝日新聞夕刊に掲載される。

敗を糾弾する学生を中心とした百万人規模のデモを「動乱」と決めつけ、完全武装した中国人民解放軍によって武力鎮圧させたのである。市民への無差別発砲や装甲車が無抵抗の市民を轢き殺す残虐な場面、または戦車の前に立ちはだかる学生の勇姿などが、外国メディアによって世界中に報じられた。後に中国共産党政府は、死者が三百十九人と発表したが、実際にどれほど多くの市民が殺されたのか、定かではない。ただ、権力者が国民の命をもてあそんだ残忍な光景が天安門広場で繰り広げられ、共産党一党独裁による中国の民主化への道が閉ざされたことは確かだった。

七月二十三日、自民党が参院選で結党以来の大惨敗を喫し、議席数を七三から三六に半減させて単独過半数割れを起こし、少数与党に転落した。

リクルート事件によって竹下内閣が総辞職に追い込まれ、その後を受けて、六月三日に首相に就任したばかりの宇野宗佑《そうすけ》氏は、その惨敗の責任を取って八月十日に退陣。「鉄の女」サッチャー英国首相が十年以上もその地位に君臨しているのに比べ、日本の宇野首相はたった六十九日、恥ずかしいほど短命だった。主たる原因は、強引にスタートさせた「消費税」、うやむやのうちに終結した「リクルート事件」、米国に押し切られた「農産物自由化」という自民党への「政治不信」にあった。さらに、宇野首相が「愛人になってくれたらこれだけ出す」と指を三本立てたことを、神楽坂の美人芸者に暴露されたことも追い討ちをかけた。その芸者がひと月三百万円だと思っていた金額が、実は三十万円だったこともあって、首相としての品格を疑われただけでなく、そのあまりのシミッタレぶりが国民から失笑された。まさに、何もない迷惑なだけの首相だった。

大ヒット小型ゲーム機発売
四月二十一日、任天堂から携帯型ゲーム機「ゲームボーイ」が発売される。

不世出の歌姫没す
六月二十四日、戦後昭和を代表する国民的歌手、美空ひばりが死去。七月六日には女性として初の国民栄誉賞を受賞。享年五十二歳。

アイドルの自殺未遂
七月十一日、人気歌手の中森明菜が、交際関係にあったアイドル歌手近藤真彦の自宅で手首を切り自殺未遂。

ロリコン殺人犯の自供
八月九日、七月に幼女姉妹に対する強制猥褻の容疑で逮捕されていた宮崎勤が、四人の幼女の誘拐殺人（東京・埼玉連続幼女誘拐殺人事件）を自供。宮崎の父親は四年後に自殺。宮崎がロリコン漫画のマニアであったことから、いわゆる「オタク」に対する偏見が強くなる。二〇〇七年六月十七日に死刑を執行される。

一方の土井たか子党首の社会党は、政治に関心を持つ女性が増えたことから、積極的に女性候補を擁立して〝マドンナ旋風〟を巻き起こし、改選議席の倍以上の四十六議席を獲得した。

十月五日、中国の侵略によって一九五九年（昭和三十四年）からインドで亡命生活を余儀なくされていたチベットの最高指導者ダライ・ラマ十四世が、ノーベル平和賞を受賞。世界平和やチベット仏教、文化の普及活動を続けてきたことが高く評価された。ダライ・ラマが求める「独立ではなく高度な自治」を中国が受け入れ、チベット国民が挫折と苦難を乗り越えて自由と正義を手にすることを祈るばかりである。

巨大な変革期に入っていた東欧では「民主化革命」が大詰めを迎えていた。天安門事件が起きた日と同じ六月四日、ポーランドでは自由選挙が実施され、独立自主管理労働組合「連帯」が勝利。ひと足先に民主化を成し遂げていたハンガリーでは、オーストリアとの国境にある鉄条網を撤去。そのためオーストリア経由で西ドイツへの亡命を求める東ドイツ市民が殺到。それが引き金となって、十一月に東西冷戦の象徴ベルリンの壁の撤去が開始された。チェコスロバキアでは共産党政権が倒れ、ルーマニアでは〝ルーマニアの妖精〟と称えられた女子体操のナディア・コマネチ（オリンピック金メダリスト）が徒歩で国境を超えてハンガリーへ、さらにオーストリア経由で米国に亡命した。コマネチの笑顔をテレビで見た時、遠い国の出来事が急に身近に感じられた。

それまで東欧の民主化革命は比較的穏健だったが、ルーマニアでは血で血を洗う凄惨なものとなった。民主化を要求する国民と治安部隊との間で激しい銃撃戦となって多くの人々が犠牲となり、独裁者として君臨してきたニコラエ・チャウシェスク大統領とエレナ夫人はクリスマ

礼宮の婚約
八月二十六日、明仁天皇の次男・礼宮（現秋篠宮）文仁が、川嶋紀子との婚約を発表。

角栄引退
十月十四日、脳梗塞を患っていた田中角栄元首相が政界引退を表明。

巨人、日本一となる
十月二十九日、日本シリーズで藤田元司監督率いる巨人が近鉄相手に三連敗から四連勝の大逆転で日本一。

弁護士一家殺人事件
十一月四日、教祖麻原の指示によってオウム真理教の幹部六人が、オウム真理教からの被害に取り組んでいた坂本堤弁護士一家（夫妻と一歳の長男）を殺害。犯行現場に教団のプルシャ（バッジ）が落ちていたにも関わらず、警察の不手際もあり、一九九五年に岡崎一明の自供で遺体が発見されるまで事件は発覚しなかった。

スの十二月二十五日、逃亡先のルーマニア南部の都市トゥルゴヴィシュテで、革命軍によって公開処刑（銃殺）に処された。

その十二月、ブッシュ米国大統領とゴルバチョフソ連最高会議議長による「マルタ会談」において、第二次世界大戦末期から四十四年続いた「東西冷戦」が終結することとなった。

一方、日本と米国間の経済摩擦の問題はどうなっていたかというと、一九八八年一月にCBSレコードを二千七百億円で買収したソニーが、三カ月前の一九八九年九月に五千二百億円でハリウッドの老舗映画会社コロムビア・ピクチャーズを、十月には三菱地所が二千二百億円でニューヨークのロックフェラー・センターを買収していた。これらは「ジャパンマネー」による海外資産の買いあさりの象徴とされ、日米経済摩擦の真っ只中ということもあり、米国民の反感を増大させ、「ジャパン・バッシング」の火に油をそそぐ結果となった。

また、一九八九年（平成元年）十二月二十九日の大納会で、東京証券取引所の日経平均が三万八千九百十五円という史上最高値に到達。一九八八年と一九八九年の二年間だけで八十パーセント強、平均三十四・四パーセントも上昇した。ある大手証券会社の運用会議で「三年後には日経平均は十万円！」という威勢のいい言葉が飛び交ったという。昭和天皇の崩御以来、時間が凝縮され、時代の流れが加速度を上げているように感じた。

ベルリンの壁崩壊
十一月十日、前日に東ドイツ政府が旅行および国外移住の大幅な緩和を発表したことから東西の市民が壁に殺到。撤去作業が始まる。

史上最高の株価
東証の大納会で日経平均株価が史上最高値の三万八千九百五十七円四十四銭を記録。

ヒット商品
『ゲームボーイ』（任天堂）、『ハンディカムTR-55』（ソニー）、『ユーノスロードスター』（マツダ）、『レガシィ』（富士重工業）

ヒット曲
『Diamonds』プリンセス・プリンセス、『世界でいちばん熱い夏』プリンセス・プリンセス、『とんぼ』長渕剛、『太陽がいっぱい』光GENJI、『愛が止まらない』『淋しい熱帯魚』Wink、『恋一夜』工藤静香、

ベストセラー本
『TUGUMI』『白川夜船』吉本ばなな、『消費税こうやればいい』山本雄二郎、『人麻呂の暗号』藤村由加、『時間の砂』シドニー・シェルダン

夢の終わり。はじけ散ったバブル―一九九〇年～一九九一年

「もう一息で株価は四万円を超える」とシアワセな初夢を見ていた投資家たちが、一九九〇年（平成二年）一月四日、年始めの大発会の日を迎えた。ところが、東京証券取引所の株価は、おおかたの投資家の期待を裏切り、売り先行で始まった。

株価下落の要因は、円安と金融引き締めによる利上げ、外資の売り浴びせ、急激な信用収縮など、様々な指摘があるが、結局は実態を伴わない株高、土地高であったことが本質的な要因だろう。

一九八九年には年間五・四兆円もの買い越しをしていた銀行は、一九九〇年一月から三月までの年度末決算に向け、三カ月間で一・五兆円もの売り越しに転じた。

その一月四日の終値は、三万八千七百十二円。この時、投資家たちは単なる「揺り戻し」程度にしか考えていなかった。しかし、三月三十日には二万九千九百八十円と三万円を割り込む。さらに株価は下がりにさがり、一九九〇年十二月二十九日の大納会では、二万三千八百四十八円まで下落し、一年で一万五千円も下がるといった異常な状況に陥るのである。

なお、株が暴落中の二月には「オウム真理教（現アレフ）」の教祖、麻原彰晃《しょうこう》（本名松本智津夫）が「真理党」を結成し、信者二十五人とともに衆院選に出馬。〝彰晃マーチ〟と名付け

一九九〇年の出来事

土俵に女は上がらせない
一月五日、森山真弓内閣官房長官による女性初の総理大臣杯授与を日本相撲協会が拒否し、論議を呼ぶ。

『ちびまる子ちゃん』始まる
一月七日、人気漫画『ちびまる子ちゃん』のテレビアニメがフジテレビ系列で始まる。後に最高視聴率三十九・九％のお化け番組となる。

初のセンター試験
一月十三日、第一回大学入試センター試験が実施される。

勝新太郎の逮捕
一月十六日、ハワイのホノルル国際空港で入国時に俳優勝新太郎がコカインとマリファナを下着に隠し持っていたことが発覚、現行犯逮捕される。逮捕後の記者会見では「気が付いたらパンツの中に入っていた」「もうパンツは履かないようにする」等の迷言を吐く。翌年帰国し、日本でも麻薬及び向精神薬取締法違反の容疑で逮捕され、懲役二年六カ月、執行猶予四年の有罪判決を受ける。

られた「ショーコ、ショーコ、ショコショコショーコ、アサハラショーコ」という奇態な歌声にのせて、党首麻原の巨大なマスクをかぶった〝彰晃軍団〟と白いコスチュームの女性信者が派手なパフォーマンスを繰り広げて選挙戦を展開。しかし、まったく振るわず全員落選。〝泡沫候補〟として供託金を没収されるというお粗末な大惨敗劇だった。

しかし、既にその時、オウム真理教は在家信者の死亡や男性信者殺害を隠蔽していただけでなく、教団の反社会性を批判し「オウム真理教被害者の会」を組織した坂本堤弁護士とその妻、一歳の長男を殺害し、新潟県と富山県の県境付近の山中に埋めていたのである。

その後、オウムの隠蔽《いんぺい》していた凶悪犯罪は次々と発覚することになる。また、一九九四年（平成六年）六月に「松本サリン事件」、一九九五年（平成七年）三月には、同時多発テロ「地下鉄サリン事件」などを起こして多数の人を殺害し、麻原およびを殺害実行犯十三人が逮捕され、二〇〇六年（平成十八年）六月の死刑確定。その刑が執行されるのは、二〇一八年（平成三十年）七月と、ずっと後になってからである。

六月十日、ペルーでは日系二世のアルベルト・フジモリ氏が大統領に当選したことから、南米と日本が一気に身近になり、国民はペルーに親しみを感じるようになった。

六月二十九日には、礼宮文仁《あやのみやふみひと》親王と川嶋紀子《きこ》さんが結婚し秋篠宮家が創設され〝紀子さんフィーバー〟が起こった。夫の髪を直す紀子さんの写真が新聞などに掲載されたが、この紀子さんの行為に対して宮内庁がクレームを付けた。一般の国民や外国人から見れば仲睦まじく微笑ましいお二人の姿も、慣例を重視する宮内庁からすれば文句の一つも付けたかったのだろう。

日本が記録的猛暑に見舞われ、全国各地が渇水騒ぎにあった八月二日、「イラクがクウェー

長崎市長、銃撃される
一月十八日、長崎市の本島等市長が「天皇に戦争責任はある」と発言したことから地元右翼団体の幹部に拳銃で撃たれ重傷を負う。

ローリング・ストーンズ来日
二月十四日、ローリング・ストーンズが初の来日公演を行う。東京ドームで二十七日まで十回の公演。

ソ連初の大統領
三月十五日、ソ連のミハイル・ゴルバチョフ最高会議議長が初代大統領就任。

東独の春
三月十八日、東ドイツで初の自由選挙が実施される。

南米で初の日系大統領誕生
六月十日、ペルー大統領選挙で日系のアルベルト・フジモリが初当選（七月二十八日就任）。

共産党のトップに志位和夫
七月十三日、日本共産党第十九回大会において三十五歳の若さで志位和夫が書記局長に選出される。

トに侵攻」というニュースが流れた。国境を突破した戦車三百五十両を核とするイラク軍の奇襲を受け、クウェート軍はたった二十時間で粉砕され、占領された八月八日にクウェートはイラクに併合された。この武力による併合は国際社会の激しい反発を招き、翌一九九一年（平成三年）一月に勃発する「湾岸戦争」、いわば多国籍軍による武力行使のきっかけとなった。

十月三日は東西ドイツの再統一で世界中が沸いていたが、既に日本では天井知らずと思われた「バブル景気」に陰りがはっきりと見え始めていた。

異常に膨張した日本のバブル経済は、坂道を転がるように落ちていくことになる。日銀は「金融引き締め策」として、一九八九年十月に公定歩合を引き上げ三・七五パーセントとしていたが、この一九九〇年三月と八月にも引き上げて六パーセントとした。また、大蔵省も過度に加熱した土地価格の高騰を抑えるため、不動産融資を抑制させるための「不動産融資総量規制」を金融機関に対して実施した。しかし、それらの諸政策は遅過ぎて失敗。予想を超えた急激な景気後退をもたらす結果となり「バブル崩壊」につながった。

十月一日の東京証券取引所の日経平均株価は急落して二万円を割り込み、市中に溢れていた金の流れも急激にしぼんだ。一方、円高が進行して一ドル二百三十五円が百二十円と高騰したことで、輸出は好調だった。円高と株安だけではない。土地価格が下落し始めた。不動産価格は必ず値上がりするという「土地神話」が崩壊したのである。バブルが弾けた一九九〇年末における日本の土地資産は約二千五百兆円。これをピークとして、十六年後の二〇一六年（平成二十八年）には半分の一千二百五十兆円になってしまうのである。

土地や株が下落したことにより、投機目的で多額の資金を銀行から借りていた企業がバタバ

ドイツ統一
十月三日、西ドイツに東ドイツが編入される形でドイツが統一される。

住銀のドン、辞任
十月七日、住友銀行の磯田一郎会長が元支店長の巨額融資の不正仲介事件で引責辞任。

西武が日本シリーズを制す
十月二十四日、日本シリーズで西武が巨人に四連勝のストレート勝ちで日本一に。

平成天皇即位の礼
十一月十二日、明仁天皇（平成天皇）即位の礼が皇居宮殿で挙行。国家元首、王室を含む世界百六十カ国から首脳が来日。

スーパーファミコン発売開始
十一月二十一日、世界的大ヒットとなった任天堂の家庭用ゲーム機「ファミコン」の後継機「スーパーファミコン」が発売開始。

サッチャー辞任
十一月二十二日、「鉄の女」と呼ばれ、十一年にわたってイギリスを率いたマーガレット・サッチャー首相が辞任。

タと倒れた。銀行などの民間金融機関は、その回収不能に陥った資金を「不良債権」として抱え込むことになった。巨額の貿易黒字と円高を背景とした海外投資は撤退を余儀なくされ、国内消費は冷え込んだ。

しかし、一九九〇年当時、私も含めたほとんどの日本人は、傍観者のごとくこれらの出来事を別世界のアクシデントのように感じていて、後に「失われた十年」さらに「失われた二十年」と呼ばれる、長い経済停滞の時代に入ったにも関わらず、我が身を襲う前触れとは感じていなかった。

日本人初の宇宙飛行士、ＴＢＳ社員の秋山豊寛《とよひろ》さんが、滞在中のソ連の宇宙ステーションミールから生放送をしたことや、合法化された独立自主管理労働組合「連帯」のレフ・ワレサ議長がポーランドの大統領に当選したといった明るいニュースが駆けめぐっていた十二月、私は東京湾の十三号埋立地（港区台場）の取材をしていた。

「世界都市ＴＯＫＹＯ」を目指した「東京臨海副都心開発計画（東京テレポートタウン）」に基づく建設が急ピッチで進んでいたからだ。

総事業費約九兆円という世界最大級、地方政府としては空前絶後のこの都市再開発プロジェクトは、東京が国際金融センターとしての役割を求められ、バブル景気真っ只中の一九八九年に建設が始まった。そして、一九九〇年に日本経済が転落し始めても止まる気配はなく、地盤改良や共同溝造りなどで大型ダンプが行き交い、巨大な重機が轟音を立てていた。東京都の計画によると、東京湾の埋立地四百四十八ヘクタールに六万人が住み十一万人が働く〝未来都

ユニバーサルスタジオの買収
十一月二十六日、松下電器産業がアメリカのユニバーサルスタジオを買収。赤字を抱えて、六年後に株式の八割を売却。

ワレサ大統領誕生
十二月九日、ポーランドの大統領選挙で「連帯」のレフ・ヴァウェンサ（ワレサ）議長が当選（十二月二十二日就任）。

ヒット商品
『スーパーファミコン』（任天堂）、『ナロンエース』（大正製薬）、『キリン一番搾り』（麒麟麦酒）、『オーザック』（ハウス食品）

流行・流行語
「ダウンジャケット」、「チノパンツ」、「ピーコート」、「ボーダーレス」（境界がないこと）、「成田離婚」（新婚旅行から成田空港に返って来た時に離婚）

ヒット曲
『おどるポンポコリン』ＢＢクィーンズ、『浪漫飛行』米米ＣＬＬＵＢ、『さよなら人類』たま、『情熱の薔薇』ザ・ブルーハーツ、『くちびるから媚薬』工藤静香、『真夏の果実』サザンオールスターズ

市〟が、二〇〇〇年（平成十二年）に完成する予定になっていた。

また、オフィス需要が高まると言われ出した一九八八年三月に策定され、一九八七年（昭和六十二年）年に施行された「リゾート法」によって、日本各地で巨大なホテルやリゾートマンション、ゴルフ場、スキー場、マリーナなどの建設ラッシュが始まった。新宿では日本一（当時）の超高層ビル、東京都新庁舎が竣工したばかりで、二つの尖塔が権力の象徴のごとく天に向かって聳《そび》え立っていた。

この臨海副都心開発は鈴木俊一都政の最後の総仕上げでもあった。ここを会場にして「東京世界都市博覧会（東京フロンティア）」を開催する計画も発表された。

しかし、バブル景気の崩壊によってこの計画は翻弄されることになった。東京世界都市博覧会の開催は、一九九五年（平成七年）四月、鈴木俊一都知事に替わって新都知事に就任した青島幸夫氏によって中止される。臨海副都心開発計画も一時は見直されたが事業自体は中止には至らず、一九九九年（平成十一年）四月に、新都知事に就任した石原慎太郎氏によって臨海副都心開発事業は推進された。

翌一九九一年（平成三年）も世界は熱かった。一月にはユーゴスラビアが民族主義と宗教対立によって泥沼の内戦に突入し、一月十七日には米軍の率いる多国籍軍による対イラク大規模航空作戦「砂漠の嵐作戦」、いわゆる「湾岸戦争」が幕を開けた。多国籍軍には、米軍を中核とする三十五カ国の軍隊が参加していた。二月中旬までイラク国内への空爆を続けた多国籍軍は、次の攻撃目標をクウェートやイラク南部に展開するイラク地上軍部隊に転換し、二月二十

ベストセラー本
『愛される理由』二谷友理恵、『真夜中は別の顔』『明日があるなら』シドニー・シェルダン、『「NO」と言える日本』盛田昭夫・石原慎太郎、『「1998年日本崩壊」エドガー・ケイシーの大予告』五島勉、『文学部唯野教授』筒井康隆、『恋愛論』紫門ふみ

ヒット映画
『天と地と』、『タスマニア物語』、『稲村ジェーン』、『あげまん』、『ゴースト　ニューヨークの幻』

ヒットドラマ・アニメ
『すてきな片想い』、『世界で一番君が好き！』、『キモチいい恋したい！』、『想い出にかわるまで』、『ちびまる子ちゃん』

四日に「砂漠の剣作戦」を決行。わずか三日でイラク南部を制圧、首都クウェート市も奪還し、ブッシュ米大統領が二月二十八日に停戦を宣言。四月六日には、イラクのサッダーム・フセイン大統領が国連安保理決議を受け入れて湾岸戦争は正式に停戦した。

六月三日、雲仙普賢岳（長崎県島原半島）の悪魔のような大火砕流によって、死者・行方不明者四十三人という悲劇が起こった。犠牲者の中には取材中の報道陣もいた。『読売新聞』の田井中次一カメラマンは、右手の人差し指をシャッターを押す格好のまま亡くなっていた。『日本経済新聞』の黒田耕一カメラマンはカメラをかばうように抱きかかえたまま倒れていた。『フォーカス』の土谷忠臣カメラマンも犠牲になった。

七月六日、日本光学（現ニコン）が発行する『ナイスショット』の取材でオーストラリアに出発。私は、昭和天皇が崩御されてからしばらく経った頃、「遊軍」を離れてフリーランスの写真家となり、『フォーカス』も含め、新たに創刊された『月刊アサヒ』やPR誌など、様々な仕事をするようになっていた。この仕事もその中の一つであり、オーストラリア取材だけでもこれで四度目だった。撮影というのは、普段は孤独なものだが、このような広告的な仕事では、現地のコーディネーターやモデル、助手らを含めると十人以上になり、格別に楽しいものだった。

シドニーでのモデル撮影を終えてアウトバック（内陸部の砂漠地帯）へ、さらに男三人が交代で運転しながら時速百二十キロ以上で寝ずにぶっ飛ばし、エアーズロックとクーバーペディ間を往復した。途中で、次のマクドナルドまで五百キロという看板を見た時には三人揃って大

一九九一年の出来事

女性初の快挙
一月十九日、登山家の田部井淳子が女性として世界初の六大陸最高峰登頂。

金で湾岸戦争を支援
一月二十四日、日本政府は既に決定した四十億ドルに加えて湾岸戦争の多国籍軍に九十億ドルの追加支援を決定。結局、日本が支払った支援金は百三十五億ドルという膨大な額に上ったが、その財源は赤字国債と消費税等の増税。さらに戦後クウェートが出した感謝広告に掲載された国名の中に日本は入っていないという始末だった。

謎の失踪事件
三月九日、熱海の海岸で釣りをしている最中に行方不明となっていたものまねタレントの若人あきら（現我修院達也）が小田原市の図書館で無事発見される。本人によるとその間の記憶は喪失したと証言。

声で笑ったが、ヘッドライトの照明めがけて突進してきた牛には「避け切れない！」と肝をつぶした。

また、異様に紅い夕焼けに驚いて写真を撮ったが、これはフィリピンのピナトゥボ火山の大噴火の影響だということが後にわかった。

エアーズロックの撮影を終えクーバーペディに無事に帰って来ると、レンタカー会社の社長に、

「日本人は狂ってる。〝カミカゼ〟もいい加減にしてくれ」

お叱りを受けた。

この時に親しくなったコーディネーターに面倒を見てもらい、私は数年後にシドニー郊外の小さな白い教会で結婚式を挙げた。当日は土砂降りだったが、神父は「あなた方お二人は、四十日ぶりに雨を降らせてくれた、シドニーにとって幸運を招くカップルです」と感謝の言葉をかけてくれた。

しかし、自分にも手が負えないムズカシイ性格の私は、二年もしないうちに離婚することになった。一人で立ち上がれる直前の幼い娘を手放さなければならなくなったことは、実に口惜しかったが、家庭裁判所にはフリーの写真家に味方してくれる奇特な調停委員は誰一人いなかった。

都庁移転と銀行合併
四月一日、東京都庁が千代田区丸の内から新宿区西新宿に移転し、丹下健三設計の新東京都庁舎が開庁。東京の新しいシンボルとなる。協和銀行と埼玉銀行が合併し、協和埼玉銀行発足（後にあさひ銀行と行名変更。現在、りそな銀行・埼玉りそな銀行）。

自衛隊初の海外派遣
四月二十六日、海上自衛隊のペルシャ湾掃海派遣部隊が出発。戦後初の海外派遣となる。

ウルフの引退
五月十四日、ウルフの異名で知られた大横綱千代の富士が現役引退（通算一千四十五勝）、年寄十七代陣幕を襲名（後に十二代九重に名跡変更）。

元インド首相の暗殺
五月二十一日、昨年の選挙で下野したラジーヴ・ガンディー元インド首相がタミール過激派によって暗殺される。母親であるインディラ・ガンディー元首相もシーク教徒に暗殺されている。

バブル弾けてエロ勃興。AVの帝王村西とおる——一九九一年七月十三日

オーストラリアから帰国すると、バブル崩壊後の膿《うみ》はさらに止めどもなく溢れ出していた。不動産関連の大型倒産は続出し、野村證券をはじめとする四大証券は大口投資家、特に大企業の投資家に対し、総額六千六百億円にものぼる禁じ手の「損失補填」をしていたというスキャンダルも飛び出して、際限がないほどの金融不祥事が相次いでいた。

戦後最大の経済犯罪と言われる「イトマン事件」で逮捕された許永中氏や「不動産融資総量規制」の煽りを受けて資金繰りの悪化が表面化した不動産開発投資会社「イ・アイ・イ・インターナショナル」の高橋治則氏など、世間を騒がせているバブル絡みの経済事件の中でも最も目を引いた人物は、〝北浜の天才相場師〟と呼ばれた尾上縫《ぬい》という料亭の女将さんである。この事件は、大阪の東洋信用金庫が同社の預金残高を上回る、総額三千二百四十億円もの「架空預金証書」を不正に発行していたというものだった。

尾上さんは、一九九一年（平成三年）八月に詐欺罪で逮捕され、七億円の保釈金を払って翌一九九二年（平成四年）三月に一旦保釈された（二〇〇三年四月、懲役十二年の実刑が確定）。逮捕後に、ピーク時の金融機関からの借入金総額が、延べ二兆七千七百三十六億円だったことが判明。尾上さんが支払った額は、延べ二兆三千六十億円で、留置場で破産手続きを行った際

バブルの残り香
五月三十一日、東京の芝浦にディスコクラブ「ジュリアナ東京」オープン。夜な夜な若い男女が集い、「お立ち台」の上でワンレン・ボディコン、超ミニの女性たちが扇を振りながら踊り狂う様は社会現象となる。

四大証券のスキャンダル
六月二十日、四大証券会社（野村證券、大和証券、日興証券、山一證券）で大口投資家への損失補てんが行われていことが発覚。

旧ソ連の軍事同盟が崩壊
七月一日、一九五五年に北大西洋条約機構（NATO）に対抗して結成されたソ連と東ヨーロッパの軍事同盟ワルシャワ条約機構が解体される。

『悪魔の詩』翻訳者の暗殺
七月十一日、一九八八年に発表された英国作家サルマン・ラシュディの『悪魔の詩』を翻訳した筑波大学教授が大学構内で首を切られ殺害される。イスラム教を冒涜する内容だとされ、ラシュディはイランの最高指導者ホメイニから死刑宣告を受けていた。

の彼女の負債総額は四千三百億円だった。個人の負債としては日本史上最高額だ。東洋信用金庫も、この年の十月に三和銀行（現三菱東京UFJ銀行）に吸収合併された。狂気の沙汰どころか異次元の出来事のようで、私は実感が湧かなかった。

ところがどっこい、バブル景気が弾け、日本経済が雪崩のごとく崩れ落ちるのを喜んでいる人物がいた。

〝アダルトビデオ〟の帝王、村西とおる監督（本名草野博美）である。私が彼に会ったのは七月の末だった。芝浦に開店したばかりの巨大ディスコ「ジュリアナ東京」が異常な盛り上がりを見せ、ボディコンのミニスカ姿のギャルたちがお立ち台で羽根扇を振って踊るパラパラがブームになっていた頃である。

ここで、一九八〇年代の性風俗業界がどういう状況だったか振り返ってみよう。

一九八〇年（昭和五十五年）、東京吉原のソープランドが百軒を突破し、「ビニ本」や「裏本」に続いて「裏ビデオ」が大量に出回り始めた。年の暮には、大阪にノーパン喫茶「あべのスキャンダル」がオープンし、翌一九八一年（昭和五十六年）には、東京にもノーパン喫茶が出現。半年もしないうちに、都内だけで約二百軒にまで増えた。イヴちゃんの「USA」もその中の一つだった。秋になると「マントル（普通のマンションで営業する風俗業）」や「ホテトル（ホテルに女性を呼んで行う風俗営業）」、「のぞき部屋」などの新業種が誕生。〝夫婦交換〟が流行りはじめ、一九八三年（昭和五十八年）には〝愛人バンク〟と〝デート喫茶〟のブームが起こった。新風営法が施行された一九八五年（昭和六十年）以降、過激なサービスは

大人気のAV女優広瀬由夏さん。

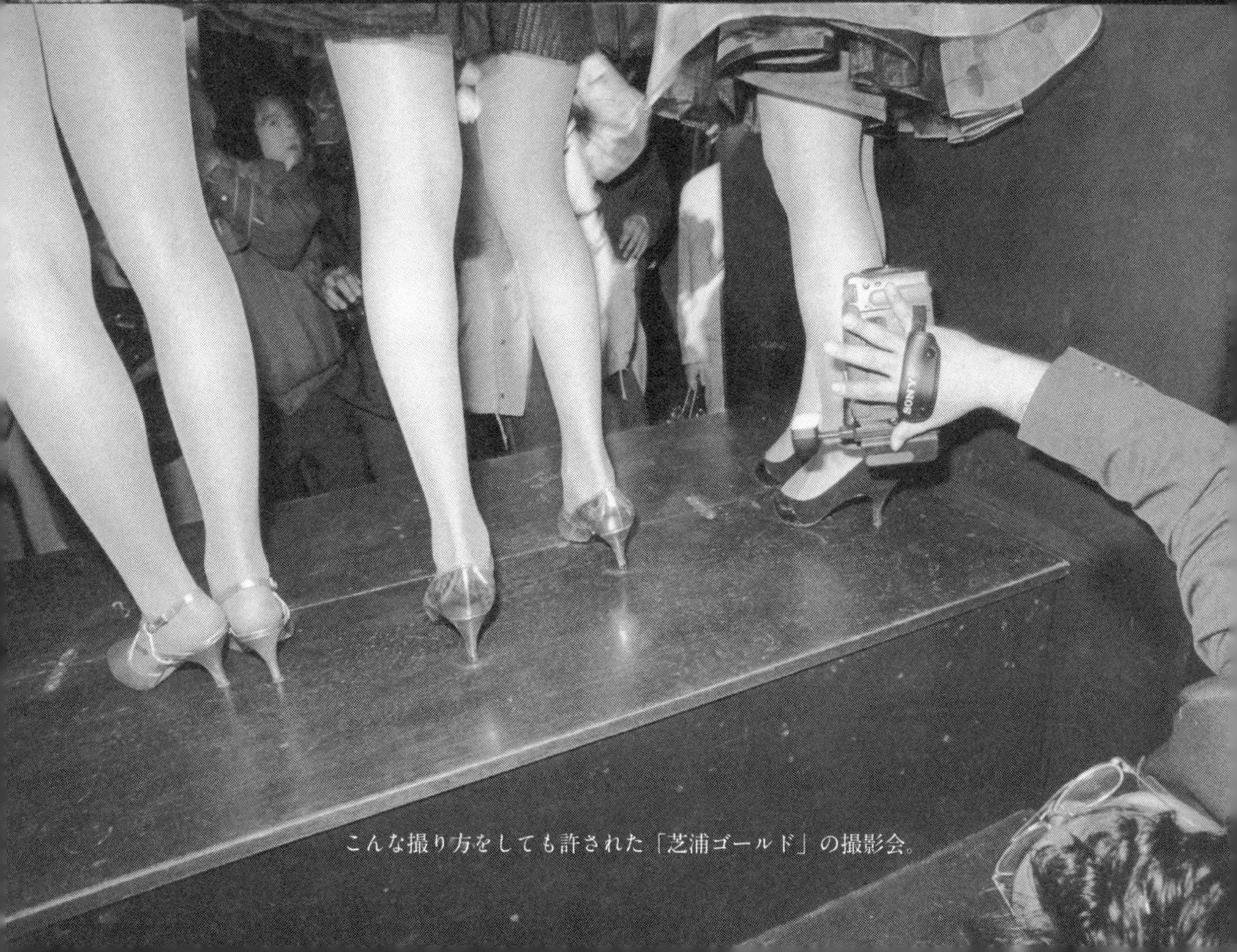

こんな撮り方をしても許された「芝浦ゴールド」の撮影会。

1991（平成3）年12月4日、ジュリアナ東京と覇を競う「芝浦ゴールド」（港区海岸3丁目）で撮影会が催された。ただの撮影会ではない。ＡＶ女優の撮影会なのだ。カメラやビデオカメラをもって参集した男たちは、カワイイ顔やグラマラスなボディを撮影するよりも、彼女らの股間の撮影に夢中になっていた。

影をひそめるが〝キャバクラ〟が雨後の筍のごとく次々とオープンした。一九八七年（昭和六十二年）、厚生省が神戸市内の風俗店で働いていた女性を「エイズ」の日本女性患者第一号と発表したことにより、パニックが巻き起こってピンク業界は大打撃を受けたが、本番なしの〝ファッションヘルス〟が息を吹き返した。そして、一九八〇年代末にかけて、性風俗のトレンドはアダルトビデオ（AV）に移っていった。

AVといえば、村西とおる監督抜きにして語ることはできない。村西はAV業界のレジェンドとも言える人物であるが、彼の半生は実にユニークである。

村西監督は福島県いわき市で極貧の幼少年時代を過ごしたが、性に目覚め始めると、近所の川から拾ってきた流木で実家の敷地に小屋を立て、親に知られないよう音を立てずに女のコを背負ってその小屋に連れ込み、コトに及んでいたという。

村西監督は地元の高校を卒業すると同時に上京し、池袋のバーのバーテンを経て百科事典の訪問販売セールスマンになる。巧みなセールストークによって売り上げを伸ばしたが、北海道でモグリの英会話スクールを開いて失敗。しかし、そこでめげないのが村西とおる監督である。次に「インベーダー・ゲーム」のリース商売を始めて、あっという間に億万長者になった。さらに、それを軍資金として、札幌に「北大神田書店」を立ち上げる。北大神田書店、何とも奇妙な名前だが、彼が後に語ったところによると、北海道における「知」の拠点は北海道大学、そして東京の神田神保町は出版のメッカ、だから北大神田書店としたそうである。安易というよりも実に奇抜な発想だ。どうやら、村西とおる監督は「出版」に対してリスペクト、というより憧憬のようなものを抱いていたようである。

世界初のインターネットサイト
八月六日、ティム・バーナーズ＝リーによって、インターネット社会の先駆けとなる世界初の「World Wide Web（www）」サイトが開設。

ソ連で「八月クーデター」発生
八月十九日、ソ連のモスクワでゲンナジー・ヤナーエフ副大統領とウラジーミル・クリュチコフKGB議長を中心とする守旧派によるクーデターが発生。守旧派は一時全権を把握し、ゴルバチョフ大統領を軟禁するが、改革派のボリス・エリツィンロシア共和国大統領と多数の市民による抵抗によって失敗。結果的に、このクーデターがソ連崩壊の引き金となった。

SMAPデビュー
九月九日、後に国民的アイドルグループとなるジャニーズ事務所の『SMAP』が『Can't Stop!! -LOVING-』でCDデビュー。二〇一六年解散。

韓国と北朝鮮の国連加盟
九月十七日、韓国と北朝鮮が国連に同時加盟。バルト三国（エストニア、ラトビア、リトアニア）も国連に加盟。

では、その書店は何を売ったか。およそ「知」とはかけ離れた、エロ本である。それも、表では売ることができない違法の〝裏本〟である。そしてその裏本の製作販売は当たり、四十八店舗を擁するまでに成長させた。原価二百五十円が、末端価格五千円から一万円になる実にボロイ商売だった。莫大な利益を手にした村西監督は、リンカーン、キャデラックなどの高級外車四台をまとめてキャッシュで購入し乗り回すほどの羽振りの良さだった。しかし、好事魔多し。一九八四年（昭和五十九年）、「猥褻《わいせつ》物《ぶつ》頒布《はんぷ》等《とう》違反《いはん》」で全国に指名手配され、あえなく逮捕。懲役一年五カ月、執行猶予四年の実刑判決を受け、全国最大規模の裏本制作販売を誇った北大神田書店グループは解散した。

七転び八起き。釈放後の村西監督、今度はアダルトビデオの世界に転進する。当時、家庭用ビデオデッキの普及と歩調を合わせるかのように、アダルトビデオは急速に成長していた。村西監督もその順風に乗りつつあった。しかし、常に波乱が起きるのが村西とおる監督の人生である。一九八六年（昭和六十一年）、村西監督は女優とスタッフ総勢十六名でハワイロケを敢行中、旅券法違反などの容疑で逮捕され「懲役二百七十年」という求刑を受ける破目になった。結局、罰金二千二百万円で決着し、半年ほどの拘留を経て帰国することができた。帰国後は、アダルトビデオをドラマ路線からドキュメンタリー本番路線に切り替えて大成功。その爆発的な売り上げによって、村西監督が実質的なオーナーを務める「ダイヤモンド映像」は業界最大手となった。

アイデアマンの村西監督は、女優の顔面に射精する〝顔射〟や駅弁売りのような格好でセックスする〝駅弁ファック〟など多彩な演出と旺盛なサービス精神、派手なパフォーマンスに

真子内親王誕生
十月二十三日、秋篠宮紀子妃が長女真子内親王を出産。

宮澤総裁誕生
十月二十七日、海部俊樹首相の退陣に伴う自民党総裁選挙で、宮澤喜一当選。十一月五日、宮澤内閣発足。

西武ライオンズ日本一
十月二十八日、日本シリーズで西武ライオンズが広島カープに四勝三敗で勝利し、二年連続の日本一。

大ヒットパソコン発売
十一月一日、日本電気（NEC）が「PC-9801NC」を発売。大ヒットとなる。

フレディ死す
十一月二十四日、『I Was Born to Love You』『We Are The Champions』『Bohemian Rhapsody』等のヒット曲で知られるイギリスのロックバンド、クイーン(Queen)のボーカル、フレディ・マーキュリーがニューモシスチス肺炎のため死去。

タイヤモンド・グループ

幕張メッセでおこなわれたダイヤモンド・グループの
未来に向けた宣伝活動の会場にて。腋毛の女王黒木香
さんらAV女優に囲まれた村西とおる監督。

よって、それまでアダルトビデオにつきまとっていた「暗さ」を取り払い、その雰囲気を明るいものにした。しかも、村西は監督業だけでは飽きたらず、カメラマン、そして男優として自らパンツを脱いで本番の〝ハメ撮り〟までやってしまうほど精力絶倫でもあった。

村西監督が君臨する「ダイヤモンド映像」が中核となり、「ビッグマン」「パワースポーツ企画販売」などのAV系製作販売会社が「ダイヤモンド・グループ」を形成していた。グループ全体での売り上げは年間五十億円。時価十億円で買い取った、地下一階地上五階建てのダイヤモンド映像本社ビルは渋谷区上原にあり、事務室やスタジオだけでなく、生活の場としても使われていた。

一九九一年（平成三年）七月十日、雑誌『AERA』の仕事で、私は村西監督に会うためノンフィクション作家の佐野眞一さんと、その〝AV城〟の緩やかにカーブする螺旋階段を上り、二階にある応接室でしばらく待つことにした。ちなみに、村西監督はこのビルの他にも渋谷区初台のマンションと世田谷区桜上水の地下一階、地上五階の超豪邸を保有していた。

応接室は天井から豪華なシャンデリアが下がり、深々とした絨毯が敷き詰められ、なぜか白いピアノが置いてあった。自社作品のビデオが詰まったイタリア製の豪華なキャビネットの上には、見事なしめ縄を張った神棚まで設《しつら》えてあった。

このビル内で、村西監督と彼に率いられたAV女優、製作スタッフが共同生活を営み、盆も暮も休日も私生活さえなしに二十四時間エロ仕事に励むのだという。AV女優に対して村西監督は、信じられないほどの甘い声で優しく接するが、男性スタッフに向かうとジキルとハイド

破門された創価学会
十一月二十八日、日蓮正宗が池田大作会長との長年の確執から、信徒団体である創価学会を破門。

名門パンナムの倒産
十二月四日、アメリカの老舗航空会社パンアメリカン航空（パンナム）が運航停止、倒産。

CIS発足とソ連の消滅
十二月八日、ロシアのボリス・エリツィン大統領、ウクライナのレオニード・クラフチュク大統領、ベラルーシのスタニスラフ・シュシケビッチ最高会議議長はベラルーシのベロヴェーシの森で、ソビエト社会主義共和国連邦の消滅と連邦を構成していた十五カ国のうちバルト三国を除く十二カ国によって結成された国家連合体独立国家共同体（CIS）の創立を宣言（ベロヴェーシ合意）。これによってソビエト連邦は消滅し、ゴルバチョフ書記長は辞任を表明。

戦後生まれの県知事誕生
十二月十一日、高知県知事選で元NHK記者の橋本大二郎（橋本龍太郎元首相は異母兄）が当選。戦後生まれでは初の知事が誕生。

のごとく豹変する。ちょっとしたミスにも立ち直れないほど罵倒し、時にはサンドバックのように殴り、蹴る。あまりの厳しさに逃げ出したスタッフは百人を下らないという。

坊主頭に黒いTシャツを着て裸足で現れた村西監督は、「ナイスですね」「ゴージャス」「ファンタスティック」などの単語を織り交ぜ、独特の馬鹿丁寧な「ゴザイマス」言葉を連発して笑っているが、眼の底には、アダルトビデオ業界という特殊な世界を生き抜いて来たふてぶてしさと、ある種の狂気が宿っているように見えた。

アダルトビデオは天職と言い切る村西監督は、AVはアートではなく金儲けだと割り切り、ヤリまくってバンバンつくり、一本三時間ほどのハイペースで仕上げ、他社なら月に四、五本がせいぜいのところ三十本も製作していると話した。

七月十三日、ダイヤモンド・グループの未来に向けた宣伝活動が、千葉市の幕張メッセで開催された。その会場に、白いスーツ姿で軽やかに現れた村西監督は、知的なお嬢さま口調でスケベな言葉を連発する〝腋毛の女王〟黒木香さんら、専属のAV女優たちに囲まれてサービス精神を発揮してくれた。この頃が村西監督の頂点だったのかもしれない。結局、村西監督特有のどんぶり勘定が祟った。「天からスケベが降ってくる」という謳い文句で「ダイヤモンド衛星通信」を設立、参入した通信衛星放送事業やビデオ映画、写真週刊誌の発刊、不動産への過剰な投資などの結果、翌一九九二年（平成三年）十一月にグループの中核であるダイヤモンド映像が四十五億円の負債を抱えて倒産。AV界の帝王は奈落の底に突き落とされ、AV城も差し押さえとなった。どうやらビルは砂上の楼閣だったようだ。

ヒット商品
携帯電話『ムーバ』NTT、『ウィンドウズ3・0』マイクロソフト、パソコン『PC-9801NC』NEC、『カルピス・ウォーター』カルピス食品工業

流行・流行語
ワンレン・ボディコンを着込み扇を振りながら踊るジュリアナ東京スタイル、「エコロジー」、「ストリート系インディーズブランド」、「ヘアヌード写真集」、「バツイチ」

ヒット曲
『ラブ・ストーリーは突然に』小田和正、『SAY YES』チャゲ&アスカ、『愛は勝』KAN、『どんなときも。』槇原敬之、『はじまりはいつも雨』ASKA、『あなたに会えてよかった』小泉今日子、『LADY NAVIGATION』B'z、『しゃぼん玉』長渕剛、『Eyes to me／彼は友達』ドリームズ・カム・トゥルー

この一九九一年の暮れに衝撃的なニュースが世界中を駆けめぐった。揺れ続けていた超大国ソ連が解体し、連邦を構成していた多数の国が独立。国名は改称され「ロシア連邦」となったのである。ゴルバチョフの唱えた「ペレストロイカ（改革）」「グラスノスチ（情報公開）」という政策は、一党独裁によって腐敗したソ連を民主化させたが、その結果は共産主義体制の破綻、ソ連自体が内側から崩壊するという結末を迎えることになった。

一九九二年九月、日本人二人目の宇宙飛行士毛利衛《まもる》さんが搭乗したスペースシャトル、エンデバー号がケネディ宇宙センターから打ち上げられ、翌十月には、天皇皇后両陛下が初の中国訪問。また、下落していたNTT株価が四十五万三千円の最安値をつけた。

一九九三年（平成四年）一月、皇太子徳仁《なるひと》親王と小和田雅子さんの結婚が決定し、大相撲の曙関が外国人として初めて横綱になった。そうした明るい話題もあったが、二月には前年の八月に一万四千三百三十九円という安値をつけた東証の日経平均株価が、一万七千円台に持ち直したものの（二〇〇三年（平成十五年）四月二十八日には七千六百七円にまで下落）、円は一ドル百二十円台からさらに高騰しそうな気配で（一九九五（平成七年）年四月十九日に七十九円台に高騰）、景気は依然として低迷していた。

企業倒産が相次ぎ、不況の影響が一段と深刻になっていたこの年から数年以内に、銀行の「不倒神話」が崩れる。不良債権を抱え込み、その損失処理を先送りにしてきた北海道拓殖銀行をはじめ、公的資金四兆円を投入した日本長期信用銀行（現新生銀行）、同じく日本債券信用銀行（現あおぞら銀行）、地方銀行十数社や住宅金融専門会社八社のうち七社、四大証券のひとつ山一證券と三洋証券などに加え、複数の生命保険会社までもが倒産または消滅し、経営

ベストセラー本
『Santa Fe 宮沢りえ写真集』撮影：篠山紀信、『もものかんずめ』さくらももこ、『血族』山口瞳、『だから私は嫌われる』ビートたけし、『water fruit 樋口可南子写真集』撮影：篠山紀信、『ホーキングの最新宇宙論』スティーヴン・ホーキング、『宜保愛子の幸せを呼ぶ守護霊』宜保愛子

ヒット映画
『おもひでぽろぽろ』、『ちびまる子ちゃん』、『波の数だけ抱きしめて』、『ターミネーター2』、『ホーム・アローン』、『プリティ・ウーマン』、『トータル・リコール』、『ダンス・ウィズ・ウルブズ』、『ゴッドファーザーPARTⅢ』、『バックドラフト』

ヒットドラマ
『101回目のプロポーズ』、『東京ラブストーリー』、『逢いたい時にあなたはいない…』、『しゃぼん玉』、『もう誰も愛さない』、『学校へ行こう！』

基盤を高めるため、地方銀行や信用金庫だけでなく、大手都市銀行でさえも「銀行再編」の名の下に合併し、メガバンク化、グループ化して生き残りを図らねばならない時代になった。バブル絶頂期の一九八九年には、日本の銀行は、円高によるドル換算の結果その総資産が膨れ上がり、世界トップ10のうち、住友銀行を筆頭に七、八行を占めていたのにも関わらずである。

しかも、財政赤字に苦しむ米国の要求に耐えかねた海部俊樹内閣は、十年間で四百三十兆円を公共投資に注ぎ込んでいた。財源は国債、つまり未来の国民の借金で賄うという。既に少子高齢化は視野に入っていたが、それは後回しにされた。

（一九九四年（平成六年）の村山富市内閣で二百兆円積み増しされ、十三年間で六百三十兆円）

一九九三年（平成五年）二月初旬、「札幌雪祭り」の真駒内会場を、雪で造られた城や巨像などを見ながら歩き回っていると、いつしかその裏側に出た。華やかな表側に浮かれて気付かなかったが、裏側は唖然とさせられるほど何もなかった。味も素っ気もなかった。

幻想だったなどと言い訳するには、あまりにも生々し過ぎるバブル経済の崩壊という重い現実が日本人に圧しかかっていたが、雪祭り会場のその裏側の光景は、特定の資産価値（株や土地など）が実態からかけ離れて上昇した、バブルと呼ばれる特に一九八八年から一九八九年を頂点とする日本経済と、それを良しとして流されて来た、行き当たりばったりの日本人を象徴しているような感じがして、その写真を撮った。

「札幌雪祭り」の真駒内会場。雪で造られた城や巨像などの裏側。

あとがき

本書を執筆する際に「自分史を入れるように」という指令が下った。「自分史？」これには参った。なぜか思い出したくもない、忘れたいことばかりが浮かんでくるではないか。それ以上に記憶の四隅をつついて書くなんて、これだけは御免だと考えた。しかし、他人《ひと》さまのことを書いておいて（世の中にはよくあることだが）それはあまりにも失礼、書かざるを得ないと腹をくくった。

改めて八〇年代から九〇年代初頭を振り返ってみれば、とくに『フォーカス』に携わっていた八年間ほどは、私にとってヒリヒリするほど面白く、実に刺激的な時代だった。その八年間が、いまでは〝長い一日〟に感じられる。あくまでも大雑把に振り返ってみれば、である。ただ、一九九二年二月二十二日、恩師である三木淳先生が急逝されたことは痛恨の極みだった。一切の音がこの世から消し飛んでしまったかのようだった。

のちに父親が亡くなったときは「オヤジも逝ったか」という程度にしか感じなかった不肖のセガレであるが、その時は親父の十六歳の時の写真と親父が三木先生に語った言葉が私の胸に去来した。写真は、親父が一九四五年（昭和二十年）に予科練（海軍飛行予科練習生）に合格した時の写真だった。訓練中の八月十五日に終戦を迎えたことで部隊に配属されることなく死をまぬがれ、私がこうして生を得ている不思議を感じた。そして言葉とは、（後日、三木先生に聞かされたことだが）私の大学卒業時に親父が三木先生に挨拶に伺った際、「先生にセガレをお預けいたします。煮るなり焼くなりお好きにしてください」とヤクザのごとく頼んだ言葉だった。

一方、写真週刊誌の草分けである『フォーカス』はというと、初代編集長後藤章夫氏の跡を受けて二代目編集長に田島一昌氏、三代目編集長山本伊吾氏とつづき、九〇年代後半から発行部数が激減、低迷しながらもカネのかかる写真取材をつづけ発行されていた。

後藤氏はその後、『フォーカス』担当常務として重責を担っていたが、二〇〇〇年（平成十二年）七月にガンで逝去した。さらに、新潮社顧問で新潮社の〝天皇〟とも〝怪物〟とも呼ばれた『フォーカス』生みの親、斎藤十一《じゅういち》氏が十二月に脳梗塞で逝去すると、翌二〇〇一年（平成十三年）八月七日発売の一〇〇一号をもって『フォーカス』は休刊となった。一九八一年（昭和五十六年）十月の創刊から二十年足らずの使命を終えたのである。『フォーカス』休刊の知らせを受けた時、私は驚くと同時に身体の中を冷たい風が吹き抜けていくような感覚に陥ったことを覚えている。

ともあれ、八〇年代から九〇年代初頭にかけて起きた、『フォーカス』スタイルの写真週刊誌の急激な隆盛と衰退、バブル経済の勃興と崩壊、政治がらみの贈収賄汚職、東西冷戦の終了とソ連の消滅。それらを報道する側の一兵卒として経験できたこと、こればかりは幸せだったのかもしれない。

本書の執筆にあたって、『フォーカス』の記事はもとより、以下の著書・記事等を参考資料としました。

『さらば「フォーカス」！』斎藤勲（飛鳥新社）、現代の肖像「村西とおる」佐野眞一（朝日新聞出版『アエラ』一九九一年七月三十日号）、『バブル　日本迷走の原点』永野健二（新潮社）、『1989年12月29日、日経平均3万8915円　元野村投信のファンドマネージャーが明かすバブル崩壊の真実』近藤駿介（河出書房新社）

須田慎太郎（すだ・しんたろう）

1957年千葉県生まれ。日本大学芸術学部写真学科卒。在学中から日本報道写真の先駆者・三木淳に師事。1986年日本写真協会新人賞受賞。2005年～07年『ZOOM Japan』編集長。主な写真展に「ウォンテッド」「人間界シャバ・シャバ（及び同・2）」「人間パフォーマンス」「緊張の糸は切れたか」など。主な写真集・著書に『駐日大使の素顔』（フォトルミエール）、『スキャンダラス報道の時代――80年代』『鯨を捕る――鯨組の末裔たち』（翔泳社）、『新宿情話』『あかいひと』（バジリコ）、『人間とは何か』（集英社）、『ももが教えてくれること』（主婦の友社）、『日光東照宮』（集英社インターナショナル）、『写真家 三木淳と「ライフ」の時代』（平凡社）、『エーゲ永遠回帰の海』（立花隆との共著／書籍情報社）、『本土の人間は知らないが、沖縄の人はみんな知っていること――沖縄・米軍基地ガイド』（矢部宏治との共著／書籍情報社）、『戦争をしない国――平成天皇メッセージ』『天皇メッセージ』（矢部宏治との共著／小学館）など。また、電子書籍として『立花隆と「エーゲ永遠回帰の海」へ』『沖縄の米軍基地――U.S. Military Bases in Okinawa』などがある。

金ピカ時代の日本人

2019年7月10日　初版第1刷発行

著者　**須田慎太郎**
発行人　**長廻健太郎**
発行所　**バジリコ株式会社**
〒162-0054
東京都新宿区河田町3-15 河田町ビル3F
電話　03-5363-5920
ファクス　03-5919-2442
http://www.basilico.co.jp

印刷・製本　**中央精版印刷株式会社**

ISBN978-4-86238-243-6